新疆少数民族手工艺产业发展研究

李钦曾 著

中国纺织出版社有限公司

内 容 提 要

本书主要运用社会学、经济学、艺术人类学和跨学科的理论与方法，深入阐释新疆少数民族手工艺产业发展中存在的问题。从新疆少数民族手工艺产业发展现状调查，发展平台、机制与政策，与手工艺教育、科研、设计的协同发展等方面进行研究。

本书适合新疆少数民族、边疆乡村振兴、非物质文化遗产、手工艺设计产业研究领域的学者和师生，以及相关部门的政府工作人员阅读。

图书在版编目（CIP）数据

新疆少数民族手工艺产业发展研究 / 李钦曾著.

北京 : 中国纺织出版社有限公司, 2025. 1. -- ISBN 978-7-5229-1960-7

I. F426.8

中国国家版本馆CIP数据核字第2024V459N9号

责任编辑：华长印　朱昭霖　　责任校对：寇晨晨
责任印制：王艳丽

中国纺织出版社有限公司出版发行
地址：北京市朝阳区百子湾东里A407号楼　邮政编码：100124
销售电话：010—67004422　传真：010—87155801
http://www.c-textilep.com
中国纺织出版社天猫旗舰店
官方微博 http://weibo.com/2119887771
北京华联印刷有限公司印刷　各地新华书店经销
2025年1月第1版第1次印刷
开本：710×1000　1/16　印张：12.5
字数：210千字　定价：98.00元

凡购本书，如有缺页、倒页、脱页，由本社图书营销中心调换

目录
CONTENTS

第一章　新疆少数民族手工艺产业发展现状调查 …………… 001

　　第一节　新疆少数民族手工艺资源禀赋调查 …………… 002
　　　　一、新疆少数民族手工艺的社区传统 …………… 002
　　　　二、新疆少数民族手工艺项目的数量 …………… 004
　　第二节　新疆少数民族手工艺生产经营主体调查 …………… 014
　　　　一、家庭作坊 …………… 014
　　　　二、农民专业合作社或联合社 …………… 016
　　　　三、小微手工艺企业 …………… 025
　　　　四、文创设计企业 …………… 027
　　　　五、乡村精英 …………… 029
　　第三节　新疆少数民族手工艺品市场调查及分析 …………… 031
　　　　一、实体市场 …………… 032
　　　　二、线上市场 …………… 039
　　　　三、预期市场 …………… 041
　　　　四、限制因素 …………… 042
　　余　论 …………… 045

第二章　新疆少数民族手工艺产业的发展平台、机制与政策研究 …………… 049

　　第一节　平台建设 …………… 049
　　　　一、手工艺生产性保护区 …………… 050

二、传统工艺工作站 ………………………………………… 051
　　三、非遗扶贫就业工坊 ……………………………………… 053
　　四、展览展示平台 …………………………………………… 056
　　五、集合品牌 ………………………………………………… 059
　　六、在线交易平台 …………………………………………… 062
第二节　机制建设 ………………………………………………… 064
　　一、信息共享机制 …………………………………………… 064
　　二、综合协调机制 …………………………………………… 065
　　三、长期扶持机制 …………………………………………… 067
第三节　政策支持 ………………………………………………… 068
　　一、对口援疆政策 …………………………………………… 069
　　二、财税政策 ………………………………………………… 072
　　三、硬件设施扶持政策 ……………………………………… 072
第四节　媒介支持 ………………………………………………… 074
　　一、多媒体宣传矩阵建设 …………………………………… 074
　　二、文旅官员直播带货活动 ………………………………… 076
余　论 ……………………………………………………………… 078

第三章　新疆少数民族手工艺教育与手工艺产业问题研究 ……… 081

第一节　新疆少数民族手工艺家庭、家族教育现状 …………… 082
第二节　新疆手工艺学历教育现状 ……………………………… 085
　　一、基础教育阶段的手工艺教育 …………………………… 085
　　二、专科、本科阶段的手工艺教育 ………………………… 099
　　三、硕士研究生阶段的手工艺教育 ………………………… 100
　　四、博士研究生阶段的手工艺教育 ………………………… 102
第三节　新疆手工艺短期培训现状 ……………………………… 104
　　一、新疆各级政府组织的手工艺短期培训活动 …………… 105
　　二、政府与高校联合实施的中国非遗传承人群研培计划 … 106
　　三、企业或行业协会组织的手工艺短期培训活动 ………… 108
　　四、存在的问题与对策 ……………………………………… 109
余　论 ……………………………………………………………… 112

第四章 新疆少数民族手工艺科研与手工艺产业问题研究 ………… 115

第一节 新疆少数民族手工艺科研的对象 …………………………… 116
一、新疆少数民族手工艺知识的形态 ……………………………… 116
二、新疆少数民族手工艺科研需要注意的问题 …………………… 118

第二节 新疆少数民族传统图案知识生产 …………………………… 120
一、加强传统图案摹绘与著录工作的必要性及存在的问题 ……… 120
二、加强传统图案元素解析与提取工作的必要性及存在的问题 … 126

第三节 新疆少数民族传统技艺研究 ………………………………… 129
一、机械设备研发 …………………………………………………… 129
二、工艺流程研究 …………………………………………………… 132
三、色彩研究 ………………………………………………………… 140
四、材料研究 ………………………………………………………… 143

第四节 新疆少数民族工艺品的质量标准研究 ……………………… 149
一、全国工艺品质量标准建设现状 ………………………………… 150
二、新疆工艺品质量标准建设现状 ………………………………… 151
三、制定工艺品质量标准的必要性 ………………………………… 153

余 论 …………………………………………………………………… 158

第五章 新疆少数民族手工艺设计与手工艺产业问题研究 ………… 161

第一节 新疆少数民族手工艺品设计现状调查 ……………………… 162
一、设计质量调查 …………………………………………………… 162
二、受众调查 ………………………………………………………… 165

第二节 新疆少数民族传统生活方式下的手工艺设计需求与策略 … 166
一、传统生活方式下的手工艺品设计需求 ………………………… 167
二、基于保护传承的手工艺品设计策略 …………………………… 169

第三节 新疆少数民族现代生活方式下的手工艺设计需求与策略 … 172
一、现代生活方式下的手工艺品设计需求 ………………………… 172
二、基于时尚生活的手工艺品设计策略 …………………………… 176

第四节 新疆少数民族手工艺旅游文创产品的设计需求与策略 …… 177
一、手工艺旅游文创产品的设计需求 ……………………………… 177

二、手工艺旅游文创产品设计策略 …………………………… 179
余　论 …………………………………………………………… 180

参考文献……………………………………………………… 183

第一章

新疆少数民族手工艺产业发展现状调查

至2020年底，现行标准下新疆所有的贫困县、乡镇、村庄、团场、连队的人口全部完成了脱贫❶。由此，新疆少数民族贫困地区，尤其是南疆四地州的贫困治理工作迈入了一个全新的时代。《中共中央 国务院关于实现巩固拓展脱贫攻坚成果同乡村振兴有效衔接的意见》明确指出："坚持有序调整、平稳过渡。过渡期内在巩固拓展脱贫攻坚成果上下更大功夫、想更多办法、给予更多后续帮扶支持，对脱贫县、脱贫村、脱贫人口扶上马送一程，确保脱贫群众不返贫。在主要帮扶政策保持总体稳定的基础上，分类优化调整，合理把握调整节奏、力度和时限，增强脱贫稳定性。"❷也就是说，在"后扶贫时代"，贫困治理的重点将由之前的绝对贫困转向相对贫困，将由之前的"脱贫攻坚"转向当下的乡村振兴和共同富裕。手工艺是新疆各民族独特的文化资源、产业资源，既是"乡村振兴"的重要内容，又是巩固拓展脱贫攻坚成果、解决相对贫困问题、实现共同富裕的重要路径。本章将从手工艺资源禀赋情况、手工艺生产经营主体现状、手工艺品市场现状三个方面，阐述笔者的调研结果。

---

❶ 32个贫困县、3666个贫困村、308.9万现行标准下贫困人口全部脱贫。见吴卓胜，刘善芳. 新疆最后10个贫困县摘帽[EB/OL]. 央广网，2020-11-15.

❷ 中共中央 国务院关于实现巩固拓展脱贫攻坚成果同乡村振兴有效衔接的意见[J]. 中华人民共和国国务院公报，2021(10)：4-10.

第一节　新疆少数民族手工艺资源禀赋调查

新疆大多数村镇都具有丰富且优质的手工艺资源禀赋，这是手工艺产业发展的前提。非遗保护领域尤其重视手工艺资源禀赋的调查，"实施中华文化资源普查工程，构建准确权威、开放共享的中华文化资源公共数据平台。……完善非物质文化遗产、馆藏革命文物普查建档制度。"❶多年来取得了显著的成果，该成果可用于指导新疆少数民族手工艺产业发展。据统计，全疆73%以上的手工艺项目分布在农村，尤其是少数民族集中的农村。

一、新疆少数民族手工艺的社区传统

在新疆，少数民族手工艺具有深厚的文化传统和历史底蕴。例如，阿克苏地区新和县依其艾日克镇加依村距离克孜尔千佛洞风景区104.9公里❷，具有良好的乐器制作传统，生产的维吾尔族传统乐器在国内外享有盛誉，这是其获得"中国新疆民间手工乐器制作第一村"❸"中国少数民族特色村寨""中国美丽休闲乡村""中国最美乡村旅游模范村""全国第二批乡村旅游重点村""国家对口援建典型经验做法""国家级非物质文化遗产代表性项目保护单位名单"等荣誉的主要原因。目前，维吾尔族传统乐器制作是该村的支柱产业。村民们都认为，他们的祖先向龟兹王宫的乐器匠人们学会了制作各类乐器的技艺。当地有俗语曰，"十步之内，必有工匠"❹，不会制作乐器的青年人，会被村民们视作不尊重祖先。

在新疆各少数民族群众的日常生产生活中，手工艺品有着广泛而丰富的功能，要么自给自足，要么馈赠亲朋，要么到集市上售卖。笔者以刺绣为例来佐证手工艺的社区传统。从帽子、发巾、服装、手绢、首饰、包袋等身上物品，到枕巾、枕

---

❶ 中共中央办公厅 国务院办公厅印发《关于实施中华优秀传统文化传承发展工程的意见》[J].中华人民共和国国务院公报，2017(6)：18-23.

❷ 从加依村（天籁加依景区）经吐和高速、S307省道，至克孜尔千佛洞风景区，总里程为104.9公里（数据来自百度地图）。

❸ 该村生产的乐器又被称作"龟兹乐器"，该村的维吾尔族乐器展示中心也被命名为"龟兹文化乐器展示中心"。

❹ 李慧，王艺钊. 来加依村，听一曲天籁之音[N]. 光明日报，2022-09-26.

头、被罩、床罩、床旗等床上物品,再从花毡、壁毡、坐垫、靠垫、墙帷、饰帘等家居装饰品,到彩带、坐骑鞍鞯、鞋靴等生产用品[1],刺绣几乎无处不在。"在柯尔克孜族的人家中,四周墙上悬挂着绣有花卉图案或刺绣的大红墙帷,炕上整整齐齐地码着各类绣花靠枕、枕头、被面、毛毯、围帘、壁帘、镜梳带等。这些布单有红、蓝、黄等各种颜色,有圆、方、菱等各类几何图案。重重叠叠、各式各样的手工刺绣布满了整个房间,看上去美丽而生动,仿佛进入了一个色彩斑斓的世界。依据柯尔克孜族的风俗,姑娘出嫁,父母要给她赠送功能齐全的毡房,毡房内壁上挂的巨型壁毯和帷幔,床上的床帷和叠放整齐的被子、褥子和枕头,地上铺的地毯,炕上铺的花毡、坐褥等,大都是色泽鲜艳而精美绚丽的刺绣品。这一屋的饰品,全部要靠千针万线精心绣出,可见刺绣技艺深深扎根在柯尔克孜族人的生活中。"[2]

手工艺品在新疆少数民族乡村的礼俗空间中有着广泛而丰富的运用。手工艺品是新疆少数民族人民群众精神生活的重要组成部分,反映了新疆各少数民族人民群众的智慧,对美好生活的热爱和追求,传递出善良、和谐、勤劳、团结、好客与热情奔放的民族性格[3]。因此,在岁时、节庆、生育、婚姻等节日中,他们一般会穿传统民族服饰,在周围环境中陈设富有地域和民族特色的手工艺器物,用以烘托和营造氛围。以上为新疆少数民族手工艺的生存与发展提供了非常好的民俗空间,乃至市场需求。

新疆各级政府为少数民族手工艺社区文化传统的涵育提供了良好的政策、资金、人力资源等方面的支持。20世纪80年代以后,由于城镇化建设、居民生计方式、社会变革、市场经济发展等方面的影响,许多传承久远的传统手工艺品种正面临着不断衰落、消亡、甚至已经消亡的危机。由此,传统手工艺的复兴进入各级政府的视野。1997年,将传统手工艺的保护传承和发展纳入《传统工艺美术保护条例》这一纲领性文件。2011年,将传统手工艺的保护传承和发展纳入《中华人民共和国非物质文化遗产法》。新疆文旅厅非遗处、新疆非遗保护研究中心,以及各地、州、县、市、师的文旅局和文化馆、非遗保护中心,做了大量与传统手工艺保护传承相关的普查、搜集、整理、认定、申报、宣传、振兴等工作,为新疆传统手工艺

---

[1] 李钦曾.民间美术欣赏系列之四十五新疆民间美术欣赏——哈萨克族毡绣和布绣[J].中国美术教育,2020(1):93-96.

[2] 新疆维吾尔自治区文化厅.新疆非物质文化遗产名录图典[M].乌鲁木齐:新疆青少年出版社,2012:233-234.

[3] 同[1].

代表作名录体系构建奠定了基础。由此，新疆各级政府建构了相对健全的传统手工艺保护传承体系。2017年，国务院办公厅转发文化和旅游部、工业和信息化部、财政部《中国传统工艺振兴计划》，启动了促进中国传统工艺传承与振兴的计划。在国家以及新疆各级政府和相关力量的努力下，新疆已经形成了数量众多的，具备良好的传承基础、产业链基础的，具有一定生产规模的，具有较大从业人口容量的，具有较大市场潜力的，能带动广大少数民族群众创业增收的，易于形成示范带动效应的传统手工艺项目。

二、新疆少数民族手工艺项目的数量

《国务院办公厅关于转发文化部等部门中国传统工艺振兴计划的通知》指出："建立国家传统工艺振兴目录。以国家级非物质文化遗产代表性项目名录为基础，对具备一定传承基础和生产规模、有发展前景、有助于带动就业的传统工艺项目，建立国家传统工艺振兴目录。实施动态管理，鼓励地方参照建立本级的传统工艺振兴目录。对列入振兴目录的项目，予以重点支持。"《第一批国家传统工艺振兴目录》将传统工艺分为纺染织绣、服饰制作、编织扎制、雕刻塑造、家具建筑、金属加工、剪纸刻绘、陶瓷烧造、文房制作、漆器髹饰、印刷装裱、食品制作、中药炮制、器具制作14个门类。本书借鉴以上分类方法，根据新疆少数民族手工艺资源禀赋情况，对其做了适当的调整，将"编织扎制"合并到"纺染织绣"中，"雕刻塑造""金属加工""陶瓷烧造""漆器髹饰""剪纸刻绘"整合为"雕刻剪塑"，将"家具建筑"与"器具制作"做了拆分与合并（改为"民居建筑""器具制作"），将数量较少的"中药炮制""印刷装裱""文房制作"三个类别合并到"其他"中。由此，将新疆少数民族手工艺项目分为7个门类：纺染织绣、服饰制作、雕刻剪塑、民居建筑、食品制作、器具制作、其他。新疆少数民族手工艺项目的禀赋，主要通过是否入选国家或省级非遗代表性名录，是否入选国家级非遗代表性项目保护单位，是否入选各级生产性保护示范基地，是否入选国家传统工艺振兴目录，代表性非遗传承人的数量等指标体现出来。笔者依次描述不同类别的项目数量情况。

（一）织染绣类

织染绣是新疆少数民族传统手工艺中的大类，被称作"指尖上的手工艺"或"指尖经济"。目前，新疆织染绣从业人员已达30余万人，年销售额达20亿元，带动了42万名相关产业的妇女就业。自2008年以来，新疆共有24个织染绣类手工艺项目入选"自治区级非遗代表性名录"。自2018年以来，新疆共有17个织染绣类手工艺项目入选"国家传统工艺振兴目录"。分类、项目名称、分布地区、项目情况，如表1-1所示。

表1-1　新疆织染绣类手工艺项目

分类	项目名称	分布地区	项目情况
刺绣	维吾尔族刺绣	哈密市	国家级非遗代表性项目，哈密市文化馆入选国家级非遗代表性项目保护单位名单，入选第一批国家传统工艺振兴目录
	蒙古族刺绣	博湖县	国家级非遗代表性项目，博湖县非遗保护中心入选国家级非遗代表性项目保护单位名单，入选第一批国家传统工艺振兴目录
	哈萨克毡绣和布绣	兵团第六师、木垒县、吉木乃县、富蕴县、尼勒克县	国家级非遗代表性项目，昌吉州木垒哈萨克自治县文化馆入选国家级非遗代表性项目保护单位名单，兵团第六师红旗农场入选国家级非遗生产性保护示范基地，入选第一批国家传统工艺振兴目录，兵团第六师红旗农场入选第二批国家级非遗生产性保护示范基地名单，红旗农场绣丽美民族刺绣专业合作社再次入选2023—2025年国家级非物质文化遗产生产性保护示范基地名单
	柯尔克孜族刺绣	温宿县	国家级非遗代表性项目，温宿县文化馆入选国家级非遗代表性项目保护单位名单，入选第一批国家传统工艺振兴目录
	柯尔克孜族绣花布单制作技艺	温宿县	自治区级非遗代表性项目
	锡伯族刺绣	察布查尔锡伯自治县	国家级非遗代表性项目，察布查尔锡伯自治县文化馆入选国家级非遗代表性项目保护单位名单，入选第一批国家传统工艺振兴目录，新疆兰派文化创意产业有限公司入选2023—2025年国家级非物质文化遗产生产性保护示范基地名单
	回族刺绣	焉耆回族自治县、乌鲁木齐市米东区	自治区级非遗代表性项目
	塔吉克族刺绣	塔什库尔干塔吉克自治县、阿克陶县	自治区级非遗代表性项目
	塔塔尔族刺绣	塔城地区	自治区级非遗代表性项目
棉布	传统棉纺织技艺（维吾尔族帕拉孜纺织技艺）	伽师县、拜城县	国家级非遗代表性项目，伽师县、拜城县文化馆入选国家级非遗代表性项目保护单位名单，入选第一批国家传统工艺振兴目录

续表

分类	项目名称	分布地区	项目情况
棉布	维吾尔族花毡、印花布织染技艺	且末县、英吉沙县	国家级非遗代表性项目，且末县文化馆、新疆大漠土艺馆、英吉沙县文化馆入选国家级非遗代表性项目保护单位名单，入选第一批国家传统工艺振兴目录
毛	维吾尔族花毡制作技艺	柯坪县、且末县、吐鲁番市、塔城地区	国家级非遗代表性项目，柯坪县文化馆、且末县文化馆、新疆大漠土艺馆、塔城地区文化馆入选国家级非遗代表性项目保护单位名单，入选第一批国家传统工艺振兴目录
毛	维吾尔族毛纺织及擀制技艺（维吾尔族、哈萨克族、蒙古族）	柯坪县	国家级非遗代表性项目，柯坪县文化馆入选国家级非遗代表性项目保护单位名单，入选第一批国家传统工艺振兴目录
毛	哈萨克族毛纺织及擀制技艺	阿勒泰地区	自治区级非遗代表性项目
毛	蒙古族毛纺织及擀制技艺	和静县	自治区级非遗代表性项目
毛	维吾尔族地毯织造技艺	洛浦县	国家级非遗代表性项目，洛浦县时代地毯厂入选国家级非遗代表性项目保护单位名单和国家级非遗生产性保护示范基地，入选第一批国家传统工艺振兴目录
毛	维吾尔族驼毛切克曼布制作技艺	叶城县	自治区级非遗代表性名录
毛	哈萨克族花毡制作技艺	塔城地区、阿勒泰地区	自治区级非遗代表性项目
毛	哈萨克族毛线编织技艺	托里县	自治区级非遗代表性项目
毛	柯尔克孜族约尔麦克（毛线编）编织技艺	克孜勒苏柯尔克孜自治州	自治区级非遗代表性项目
皮	哈萨克族皮革编织技艺	布尔津县	自治区级非遗代表性项目
丝绸	维吾尔族艾德莱斯绸织染技艺	洛浦县	国家级非遗代表性项目，洛浦县文化馆入选国家级非遗代表性项目保护单位名单，入选第一批国家传统工艺振兴目录
草和枝条	哈萨克族芨芨草编织技艺	托里县	国家级非遗代表性项目，托里县文化馆入选国家级非遗代表性项目保护单位名单
草和枝条	苇编技艺	莎车县、沙雅县	自治区级非遗代表性名录
草和枝条	维吾尔族枝条编织	吐鲁番市高昌区	国家级非遗代表性项目，吐鲁番市高昌区文化馆入选国家级非遗代表性项目保护单位名单

（二）服饰制作类

服饰制作是新疆手工艺项目中的大类。自2008年以来，新疆共有12个民族传统服饰制作类手工艺项目入选"自治区级非遗代表性名录"。自2018年以来，新疆共有6个民族传统服饰制作类手工艺项目入选"国家传统工艺振兴目录"。按照服饰种类，可分为民族服饰、帽、鞋靴3个类别，如表1-2所示。

表1-2　新疆服饰制作类手工艺项目

分类	项目名称	分布地区	项目情况
民族服饰	维吾尔族服饰	于田县、麦盖提县、喀什市	国家级非遗代表性项目，入选第一批国家传统工艺振兴目录
	蒙古族服饰	博湖县	国家级非遗代表性项目，入选第一批国家传统工艺振兴目录
	哈萨克族服饰	伊犁哈萨克自治州、阿勒泰地区	国家级非遗代表性项目，入选第一批国家传统工艺振兴目录
	柯尔克孜族服饰	乌恰县	国家级非遗代表性项目，入选第一批国家传统工艺振兴目录
	塔吉克族服饰	塔什库尔干塔吉克自治县	国家级非遗代表性项目，入选第一批国家传统工艺振兴目录
	回族服饰	焉耆县	自治区级非遗代表性项目
	乌孜别克族服饰	伊犁州	自治区级非遗代表性项目
帽	维吾尔族花帽制作技艺	阿图什市、鄯善县	自治区级非遗代表性项目
	维吾尔族皮帽制作技艺（策勒县台力派克、英吉沙县皮帽、疏勒县皮帽、阿图什市白皮帽，维吾尔族卡拉库尔胎羔皮帽制作技艺）	策勒县、英吉沙县、疏勒县、阿图什市、沙雅县	国家级非遗代表性项目，沙雅县文化馆入选国家级非遗代表性项目保护单位名单
	柯尔克孜族白毡帽制作技艺	阿克陶县	自治区级非遗代表性项目
鞋靴	维吾尔族乔鲁克（靴）制作技艺	叶城县	自治区级非遗代表性项目
	俄罗斯族鞋靴制作技艺	塔城市	自治区级非遗代表性项目

（三）雕刻剪塑类

雕刻剪塑是新疆手工艺中的大类。自2008年以来，新疆共有17个雕刻剪塑类手工艺项目入选"自治区级非遗代表性名录"。自2018年以来，新疆共有4个雕刻剪塑类手工艺项目入选"国家传统工艺振兴目录"。按照材质及技艺，可分为金属、玉石、陶瓷、布、塑、纸、雕刻7个类别，如表1-3所示。

表1-3 新疆雕刻剪塑类手工艺项目

分类	项目名称	分布地区	项目情况
金属	铜器制作技艺（喀什维吾尔族铜器制作技艺）	喀什市	国家级非遗代表性项目，喀什市文化馆入选国家级非遗代表性项目保护单位名单
	维吾尔红铜制作技术	库车市	自治区级非遗代表性项目
玉石	和田玉玉雕（维吾尔族传统玉雕技艺）	和田地区	自治区级非遗代表性项目
	错金银	乌鲁木齐市天山区	国家级非遗代表性项目，乌鲁木齐市天山区文化馆入选国家级非遗代表性项目保护单位名单
	石雕	阜康市	自治区级非遗代表性项目
	宝石嵌画	乌鲁木齐市水磨沟区	自治区级非遗代表性项目
	石刻彩绘	乌鲁木齐市	自治区级非遗代表性项目
陶瓷	维吾尔族模制法土陶烧制技艺	英吉沙县、喀什市、吐鲁番市、伽师县、兵团第三师图木舒克市	国家级非遗代表性项目，英吉沙县文化馆、喀什市文化馆、新疆大漠土艺馆入选国家级非遗代表性项目保护单位名单，入选第一批国家传统工艺振兴目录
布	布偶	乌鲁木齐	自治区级非遗代表性项目
塑	泥塑	乌鲁木齐市天山区	自治区级非遗代表性项目
	面人（面塑）	乌鲁木齐市水磨沟区	自治区级非遗代表性项目
	陶塑	奎屯市	自治区级非遗代表性项目
纸	维吾尔族剪纸	克拉玛依市、沙湾市、哈密市、乌鲁木齐市头屯河区、沙依巴克区	自治区级非遗代表性项目
雕刻	葫芦雕刻	洛浦县	自治区级非遗代表性项目
	哈萨克族骨雕技艺	昌吉市	自治区级非遗代表性项目
	蒙古族骨雕技艺	和静县	自治区级非遗代表性项目
	微雕	乌鲁木齐市沙依巴克区	自治区级非遗代表性项目

(四)民居建筑类

民居建筑是新疆手工艺中的小类。自2008年以来,新疆共有8个民居建筑类手工艺项目入选"自治区级非遗代表性名录";自2018年以来,新疆共有4个民居建筑类手工艺项目入选"国家传统工艺振兴目录"。按照材质及技艺,可分为民居、水井2类,如表1-4所示。

表1-4 新疆民居建筑类手工艺项目

分类	项目名称	分布地区	项目情况
民居	哈萨克族毡房营造技艺	塔城地区、福海县	国家级非遗代表性项目,塔城地区非遗保护研究中心入选国家级非遗代表性项目保护单位名单
	蒙古包制作工艺	博湖县	自治区级非遗代表性项目
	柯尔克孜族毡房制作技艺	乌恰县	自治区级非遗代表性项目
	俄罗斯族民居营造技艺	塔城市	国家级非遗代表性项目,塔城市文化馆入选国家级非遗代表性项目保护单位名单
	维吾尔族民居建筑技艺(阿依旺赛来民居营造技艺)	和田地区	国家级非遗代表性项目,和田地区文化馆入选国家级非遗代表性项目保护单位名单
	拔廊房营造技艺	木垒哈萨克自治县	自治区级非遗代表性项目
	维吾尔族建筑装饰技艺	喀什市	自治区级非遗代表性项目
水井	坎儿井开凿技艺	吐鲁番市高昌区	国家级非遗代表性项目,吐鲁番市高昌区文化馆入选国家级非遗代表性项目保护单位名单

(五)食品制作类

食品制作是新疆手工艺中的大类,有时也被冠以"饮食类手工艺"或"舌尖上的手工艺"等称谓。自2008年以来,新疆共有26个食品制作类手工艺项目入选"自治区级非遗代表性名录";自2018年以来,新疆共有2个食品制作类手工艺项目入选"国家传统工艺振兴目录"。按照材质及技艺,可分为面食与饭菜、肉与奶、蜂蜜与糖、饮料与酒、油与醋、水果与干果6个类别,如表1-5所示。

表1-5 新疆食品制作类手工艺项目

分类	项目名称	分布地区	项目情况
面食与饭菜	传统面食制作技艺（馕制作技艺）	新疆维吾尔自治区	国家级非遗代表性项目，新疆艺术研究所（新疆非遗保护研究中心）入选国家级非遗代表性项目保护单位名单
	柯坪维吾尔族恰皮塔（薄馕）制作技艺	柯坪县	自治区级非遗代表性项目
	传统面食制作技艺（塔塔尔族传统糕点制作技艺）	塔城市、乌鲁木齐市	国家级非遗代表性项目，伊犁哈萨克自治州塔城地区塔塔尔族文化协会入选国家级非遗代表性项目保护单位名单
	抓饭烹饪技艺	新疆维吾尔自治区	自治区级非遗代表性项目
	巴里坤八大碗制作技艺	巴里坤哈萨克自治县	自治区级非遗代表性项目
	回族宴席九碗三行子	焉耆回族自治县	自治区级非遗代表性项目
肉与奶	新疆羊羔肉烹饪技艺	乌鲁木齐市	自治区级非遗代表性项目
	维吾尔族卡瓦甫（烤鱼、烤全牛）	巴楚县、策勒县	自治区级非遗代表性项目
	锡伯族全羊席	乌鲁木齐市	自治区级非遗代表性项目
	哈萨克族乳制品加工技艺	伊犁哈萨克自治州	自治区级非遗代表性项目
蜂蜜与糖	养蜂技艺	尼勒克县	自治区级非遗代表性项目
	核桃麻糖制作技艺	叶城县、策勒县	自治区级非遗代表性项目
饮料与酒	黑桑葚卡瓦斯制作技艺	和田	自治区级非遗代表性项目
	阿瓦提维吾尔族慕萨莱思酿造工艺	阿瓦提县	自治区级非遗代表性项目
	维吾尔族斯尔开（葡萄果醋）制作技艺	阿图什市	自治区级非遗代表性项目
	柯尔克孜族波杂酿造技艺	特克斯县	自治区级非遗代表性项目
	俄罗斯族比瓦酿造技艺	阿勒泰地区、塔城地区	自治区级非遗代表性项目
	新疆蒙古族奶酒酿造技艺	布尔津县、和静县、博乐市等	自治区级非遗代表性项目
	奇台古城窖酒酿造技艺	奇台县	自治区级非遗代表性项目

续表

分类	项目名称	分布地区	项目情况
饮料与酒	三台酒酿造技艺	吉木萨尔县	自治区级非遗代表性项目
油与醋	土法榨油	皮山县	自治区级非遗代表性项目
	酿醋技艺	玛纳斯县、阜康市	自治区级非遗代表性项目
水果与干果	哈密瓜种植技艺	哈密市	自治区级非遗代表性项目
	瓜果储藏技艺	泽普县	自治区级非遗代表性项目
	葡萄干晾制技艺	吐鲁番市	自治区级非遗代表性项目

（六）器具制作类

器具制作也是新疆手工艺中的大类。自2008年以来，新疆共有30个器具制作类手工艺项目入选"自治区级非遗代表性名录"；自2018年以来，新疆共有5个器具制作类手工艺项目入选"国家传统工艺振兴目录"。按照材质及技艺，可分为乐器制作、箭弩、木器、金属、马具、皮具6个类别，如表1-6所示。

表1-6 新疆器具制作类手工艺项目

分类	项目名称	分布地区	项目情况
乐器制作	民族乐器制作技艺（维吾尔族乐器制作技艺）	疏附县	国家级非遗代表性项目，疏附县文化馆入选国家级非遗代表性项目保护单位名单，疏附县吾库萨克镇托万克吾库萨克村热合曼·阿布都拉传习所入选国家级生产性保护示范基地，入选第一批国家传统工艺振兴目录
	民族乐器制作技艺（维吾尔族乐器制作技艺）	新和县	国家级非遗代表性项目，新和县文化馆（文工团）入选国家级非遗代表性项目保护单位名单，新和县依其艾日克镇加依村入选国家级生产性保护示范基地，入选第一批国家传统工艺振兴目录
	维吾尔族乐器制作技艺	墨玉县	自治区级非遗代表性项目
	蒙古族托布秀尔制作技艺	温泉县、博湖县等	自治区级非遗代表性项目
	塔吉克族乐器制作技艺	塔什库尔干塔吉克自治县	自治区级非遗代表性项目
	哈萨克族弹拨乐器制作技艺	奎屯市	自治区级非遗代表性项目

续表

分类	项目名称	分布地区	项目情况
箭弩	传统箭术（锡伯族射箭）	察布查尔锡伯自治县	国家级非遗代表性项目，察布查尔锡伯自治县文化馆入选国家级非遗代表性项目保护单位名单，入选第一批国家传统工艺振兴目录
	弓箭制作技艺（锡伯族弓箭制作技艺）	察布查尔锡伯自治县	国家级非遗代表性项目，察布查尔锡伯自治县文化馆入选国家级非遗代表性项目保护单位名单，入选第一批国家传统工艺振兴目录
	锡伯族弓箭制作技艺	察布查尔锡伯自治县	自治区级非遗代表性项目
	蒙古族弩制作技艺	博尔塔拉蒙古自治州	自治区级非遗代表性项目
木器	木器彩绘	沙雅县	自治区级非遗代表性项目
	维吾尔族木制大门制作技艺	于田县	自治区级非遗代表性项目
	维吾尔族窗棂制作技艺	和田县	自治区级非遗代表性项目
	维吾尔族木雕技艺（维吾尔族木器器具制作技艺）	于田县、新和县、喀什市、阿克苏市	自治区级非遗代表性项目
	维吾尔族畜力车套具制作技艺	沙雅县	自治区级非遗代表性项目
	柯坪维吾尔族库休克（木勺）制作技艺	柯坪县	自治区级非遗代表性项目，入选少数民族传统手工技艺产业化发展项目目录
	哈萨克族木制器具制作技艺	特克斯县、乌鲁木齐县	自治区级非遗代表性项目
	哈萨克族桦树皮工艺品制作技艺	阿勒泰市	自治区级非遗代表性项目
金属	维吾尔族传统小刀制作技艺	英吉沙县、沙雅县	国家级非遗代表性项目，英吉沙县文化馆入选国家级非遗代表性项目保护单位名单
	哈萨克族小刀制作技艺	玛纳斯县	自治区级非遗代表性项目
	维吾尔族金银首饰制作技艺	喀什市	自治区级非遗代表性项目
	维吾尔族铜器制作技艺	喀什市、岳普湖县、库车市	自治区级非遗代表性项目
	维吾尔族铁器制作技艺；维吾尔族铁皮制品制作技艺	于田县、轮台县	自治区级非遗代表性项目
	哈萨克族银首饰制作技艺	乌鲁木齐市水磨沟区	自治区级非遗代表性项目
马具	哈萨克族马皮滑雪板制作技艺	阿勒泰市	自治区级非遗代表性项目
	哈萨克族马鞍制作技艺	奇台县、额敏县	自治区级非遗代表性项目

续表

分类	项目名称	分布地区	项目情况
马具	蒙古族马鞍制作技艺	精河县	自治区级非遗代表性项目
	柯尔克孜族马鞍制作技艺	温宿县	自治区级非遗代表性项目
	哈萨克族马拉雪橇制作技艺	布尔津县	自治区级非遗代表性项目
皮具	哈萨克族皮革制品技艺	阿勒泰地区	自治区级非遗代表性项目
	蒙古族皮制品制作技艺	和布克赛尔蒙古自治县、温泉县	自治区级非遗代表性项目

（七）其他类

主要包含中药炮制、文房制作等类别。前者主要包含医药、茶、土碱、肥皂4个类别，有1个项目入选国家级非遗代表性项目名录和国家级传统工艺振兴目录，1个项目入选自治区级非遗代表性项目名录，1个项目入选区级非遗代表性项目名录；后者主要包含造纸、绘画2个类别，有1个项目入选国家级非遗代表性项目名录和国家级传统工艺振兴目录，2个项目入选自治区级非遗代表性项目名录，如表1-7所示。

表1-7 新疆其他类手工艺项目

分类	项目名称	分布地区	项目情况
医药	维吾尔医药（维药传统炮制技艺）	和田地区	国家级非遗代表性项目，保护单位为新疆维吾尔医学专科学校
	维吾尔医药（木尼孜其·木期力汤药制作技艺）	和田地区	国家级非遗代表性项目，保护单位为和田地区维吾尔医院
茶	维吾尔医药（和田药茶制作技艺）	和田地区策勒县	国家级非遗代表性项目，保护单位为策勒县文化馆，入选国家级非遗代表性项目保护单位名单。
	维吾尔族保健茶制作技艺	策勒县	自治区级非遗代表性项目，保护单位为策勒县文化馆
	保健茶制作技艺	喀什市	自治区级非遗代表性项目
土碱	土碱烧制技艺	兵团第六师五家渠市	国家级非遗代表性项目
肥皂	传统制皂技艺；库车肥皂	伊犁哈萨克自治州、库车	阿克苏地区级非遗保护项目
造纸	维吾尔族桑皮纸制作技艺	吐鲁番市	国家级非遗代表性项目，保护单位为吐鲁番市大漠土艺馆，入选第一批国家传统工艺振兴目录；和田托提瓦柯桑皮纸国家贸易有限公司入选国家级非遗生产性保护示范基地名单

续表

分类	项目名称	分布地区	项目情况
绘画	新疆蒙古族唐卡	乌苏市、和静县东归文化馆	自治区级非遗代表性项目
	木刻版画	伊宁市	自治区级非遗代表性项目

第二节　新疆少数民族手工艺生产经营主体调查

新疆少数民族手工艺的生产经营主体，主要有家庭作坊、农民专业合作社或联合社、小微手工艺企业、文创设计企业和乡村精英5种类型。

一、家庭作坊

家庭手工作坊，又称"家庭作坊"，既是农户"庭院经济"的重要组成部分，也是手工艺产业的重要生产经营主体。乡村手工艺人工作室也属于家庭手工作坊的范畴❶。家庭手工作坊，多以家庭或者家族为单位，是家庭传承的主要载体，一般通过父传子、母传女的方式进行。在"一户一设计""一户一业"等精准扶贫、特色产业发展等基本原则的指导下，新疆各级政府都出台了支持、鼓励家庭手工作坊的政策和措施，而且将其作为"龙头企业—农民合作社—家庭手工作坊"链条建设的重要环节，或作为"家庭手工作坊—农民专业合作社—文化创意产业园"链条建设的重要环节。家庭手工作坊是支撑手工艺农民专业合作社的主力，也是构成非遗扶贫就业工坊、扶贫车间或文化创意产业园区的重要单位。

政府为手工艺人家庭作坊的建设提供了诸多帮助和支持。例如，新和县政府帮助国家级非遗代表性传承人艾依提·依明建设了乐器工坊，不仅建设了乐器制作间、培训教室、展示间、弹奏场地，还建设了农家书屋等基层公共文化设施，甚至还在

---

❶ 乡村手工艺人工作室与普通的家庭手工作坊略有差异：工作室多见于乡镇，为乡镇的文化名片；其负责人多是各级代表性传承人或工艺美术大师，或是具备一定资质、在当地具有一定影响力的手工艺人，或偏绘画性质的手工艺人；工作室的建设和推广多受到当地文化和旅游厅/局、人力资源和社会保障厅/局等部门的支持，将其纳入"乡村文化和旅游能人"培育的序列。但也有例外，伊宁市塔什科瑞克乡为彩画师古努·阿里根建设的"彩石画工作室"就位于阿依墩村。

四合院的院墙上绘制了民间艺人弹奏维吾尔族乐器以及跳舞的图画。此举不仅强化了手工作坊的形象，也展示了新农村建设的成果。现在，他的工坊年产乐器可达1500件左右，净利润可达100多万元。产值如此之大，可能与艾依提·依明的国家级代表性传承人这一身份有关，还与其工坊学徒工数量较多有关。吐尔军·努尔东为艾依提·依明的徒弟，在春末夏秋等旅游旺季，每月可领到6000元左右工资；在秋末冬春等旅游淡季，每月也可领到5000元左右工资。伊犁哈萨克自治州伊宁市塔什科瑞克乡前后共花费6万余元，为阿依墩村的村民古努·阿里根建设了"彩石画工作室"，现在她的作品远销新疆内外，2019年净收入达到5万余元，2022年11月入选《首届自治区乡村文化和旅游能人支持项目拟入选人员名单》。

一般来说，大部分手工艺项目的代表性传承人、技艺卓绝的手工艺者都拥有自己的手工作坊。下面，笔者以土陶手工艺村——位于喀什地区英吉沙县芒辛镇的恰克日库依村为例，来说明手工艺家庭作坊的收入情况。

2020年5月初，笔者带队赴该村调研。恰克日库依村在当地又被称作"9村"，位于城乡结合区，毗邻穆孜鲁克湿地景区、中国第一大杏园、新疆英吉沙国家湿地公园、喀什噶尔古城景区、泽普金湖杨国家森林公园等旅游景点，盛产色买提杏、杏干、喀什甜杏、新疆巴旦杏，有英吉沙小刀、民族花帽、花毡和印花布织染技艺、英吉沙模制法土陶烧制技艺、塔吉克族鹰舞、维吾尔刀郎麦西热甫、塔吉克族引水节和播种节等民俗文化。2018年该村被农业农村部推介为"中国美丽休闲乡村"，2020年该村被授予"第六届全国文明村镇"称号，2022年该村被列入第六批中国传统村落名录。

目前，该村共有阿不都热合曼·买买提明、依麻木·艾力、吾不力·麦麦提、地力木拉提·托合提等20户土陶作坊。其中，阿不都热合曼·买买提明不仅是家族的第七代传承人，还是第一批国家级非遗代表性传承人（2007），他的土陶作坊已经有近40年的历史。他熟练掌握模制法土陶的所有技能，了解所有规矩，他的妻子、三个儿子和儿媳们也掌握这些技艺，平时他们就是手工作坊的员工，全家人以此为生。他的作坊制作的土陶器，一部分卖给了慕名而来的游客，另一部分卖给了本地的维吾尔族居民。作坊每年可烧制10~12窑，多时可烧制15窑。现在每年收入可达20万元左右。缘于国家级代表性传承人身份，他的土陶制品价格较高，一般来说一个30~40厘米的罐子或水壶，可以卖到400~500元。

依麻木·艾力为自治区级非遗代表性传承人，他的土陶作坊已有十几年的历史。平时，他的妻子和姐姐是其作坊的主要劳动力。他的作坊烧制的土陶制品以精致美观而著称，受到新疆内外游客和爱好者的青睐。他制作的土陶制品，每件可以卖到100~300元，年收入保持在7万~8万元。吾不力·麦麦提的家庭作坊主要生产密集型装饰风格的土陶，年收入可达5万元左右。

可见，与手工艺类农民专业合作社、小微企业相比，家庭作坊具有显著的优势与劣势。优势方面，家庭作坊不影响农业、牧业、工业等第一、二产业的生产，可充分利用富余劳动时间来创业增收。同时，农户居家创业，不影响照护儿童、赡养父母以及家务劳动，不会引发留守儿童、留守老人、留守妇女以及婚姻不稳定等次生社会问题。此外，还极大地保留了传统手工艺的原生态性、纯正性、独特性。劣势方面，家庭手工作坊的员工数量较少，劳动时间难以保证，技艺水平、产品质量、生产效率、收入水平参差不齐，大部分家庭作坊的生产规模很小，产量较小，销售渠道比较狭窄，对本地农村市场过分依赖，自营销能力和抗风险能力比较弱，在市场交易中极易出现"大的订单完成不了，小的订单意义又不大"的尴尬局面。

二、农民专业合作社或联合社

农民专业合作社是新疆少数民族手工艺产业的主要形态，也是少数民族群众参与市场经济的主要平台，还是政府、社会、高校等产业力量介入手工艺产业发展的主要平台。《中华人民共和国农民专业合作社法》指出："农民专业合作社，是指在农村家庭承包经营基础上，农产品的生产经营者或者农业生产经营服务的提供者、利用者，自愿联合、民主管理的互助性经济组织。"农民专业合作社的减贫作用非常显著。刘林对新疆连片特困地区少数民族贫困农户进行调研后发现，"社会资本中农户家庭每多一人参加专业性合作经济组织，就可使该农户沦为能力贫困的概率比下降64.8%"[1]。较之家庭作坊，农民专业合作社在抵御风险能力、经营管理能力、规模化生产以及新产品开发、工艺改良、品牌打造、市场销路拓展、获得贷款等方面具有更为显著的优势。据调查，新疆少数民族手工艺农民专业合作社所属的行业，大多为纺织服装、服饰业，其次为文教、工美、体育和娱乐用品制造业。

（一）手工艺农民专业合作社的设立

新疆各级政府为少数民族手工艺农民专业合作社的建设提供了很多优惠政策及措施。例如，为了推动维吾尔族传统乐器制造产业发展，新和县税务部门和村两委鼓励、支持自治区级非遗代表性传承人——阿卜杜拉·伊卜拉伊木，注册了"新和

---

[1] 刘林.新疆连片特困地区少数民族贫困农户自我发展能力提升研究[M].北京:经济科学出版社,2018:3.

县依其艾日克镇加依嘉音乐器农民专业合作社"❶。政府不仅为合作社提供了免费的场地，还帮助他获得贷款，并减免了一部分水电暖气费用。阿卜杜拉·伊卜拉伊木如此说："在税务部门的帮助下，我成立了乐器制作合作社，刚开始我都不知道要如何申报，我经常打电话向税务局干部咨询，他们怕我在电话里听不懂，经常到合作社对我们进行'一对一''点对点'的辅导和宣传，有了好的税收政策扶持，我们也有信心将民族特色手工乐器继续扩大生产，把合作社办得更好。"❷

大部分手工艺农民专业合作社的前身都是家庭作坊。目前，伽师县克孜勒博依镇现代粗布产销农民专业合作社❸的前身，就是传统棉纺织技艺项目国家级非遗代表性传承人——吐尔逊·木沙创办的家庭作坊。买买提江·吐尔逊是吐尔逊·木沙的长子，也是新疆棉纺织技艺的第五代传承人。2016年3月，他在伽师县克孜勒博依镇居维其村创办了该合作社。注册资本为87万元，股东有29人，每个股东出资3万元、持股比例为3.4%，经营范围主要包括传统手工、机械纺织粗布生产与销售等。据买买提江·吐尔逊言，好的时候每月可达16000元的销售额。

（二）手工艺农民专业合作社理事长

手工艺农民专业合作社理事长即法定代表人，一般由各级政府认定的代表性传承人，或者工艺美术大师，或者精通某种手工艺的人，或者具有一定组织能力的人来担任。例如，维吾尔族传统乐器制作技艺的国家级生产性保护示范基地——加依村的"新和县依其艾日克镇加依嘉音乐器农民专业合作社"，其理事长就由该非遗项目的自治区级代表性传承人阿卜杜拉·伊卜拉伊木担任。兵团级代表性传承人库拉西不仅担任了位于第六师红旗农场三场槽子的"绣丽美民族刺绣专业合作社"的理事长，还担任了红旗农场民族手工艺产业孵化园的负责人，以及国家级非遗生产性保护示范基地的负责人。

---

❶ 新和县依其艾日克镇加依嘉音乐器农民专业合作社成立于2014年8月，截至2023年3月，股东有5人，分别为喀迪尔·伊卜拉伊木、艾合买提·如米尔、艾买尔·艾则孜、阿卜杜拉·伊卜拉伊木、艾合买提·肉孜，各出资20%，目前有员工50人左右，成员出资总额15万元，实缴资本15万元，主要经营范围包括乐器加工、制作、维修及销售，乐器制作技术服务咨询，培训服务等。

❷ 张涛,郭开放.新和县税务局："税务力量"助力"小乐器"成就大产业.[EB/OL].中新网新疆,2021-04-14.

❸ 伽师县克孜勒博依镇现代粗布产销农民专业合作社,法定代表人为买买提江·吐尔逊,企业类型为农民专业合作社,所属行业为零售业,位于伽师县克孜勒博依乡先拜巴扎村,成立于2016年3月。

从2017年到2022年底，笔者在南北疆少数民族比较集中的地区，共访谈过130多位手工艺农民专业合作社理事长或股东，发现大部分手工艺农民专业合作社的管理层，都为初高中或中专学历，大专或者本科学历的人数极少，存在经营管理理念比较落后、僵化，管理制度缺失或不规范，创新活力不足，甚至国家通用语言文字能力不高等问题。笔者认为，政府应从农民专业合作社运营、管理、员工培训、市场拓展、品牌打造等方面为其发展提供支持。

（三）手工艺农民专业合作社的成员

手工艺农民专业合作社的构成主体中，既包含家庭作坊，又包含可以独立完成某道、多道工序或者整个流程的手工艺人或学徒，还包含"与农民专业合作社业务直接有关的生产经营活动的企业、事业单位或者社会组织"❶等个人或实体。尽管《中华人民共和国农民专业合作社法》要求"成员地位平等，实行民主管理"❷。但是，笔者在调查中发现，在合作社的实际运行中，社员之间并不是一种平等的关系。根据认缴出资额及责权利❸，可细分为股东、理事长、理事、执行监事或者监事会成员以及享有附加表决权的"社员"、一般"社员"等类型，还有一部分"非社员"❹——他们不属于合作社的"社员"，但参与合作社组织的生产经营活动。实际上，理事长、理事、执行监事或者监事会成员与社员之间是一种比较松散的生产合作关系，与非成员之间的关系更为松散，在参与动机、劳动时长、培训次数、履行章程和约定等方面，社员与非社员的义务与权利存在比较大的差别。新疆少数民族手工艺农民专业合作社的股东人数不等，多的可达100多人，最少可为5人，认缴出资额也多少不一，多的可达50万元，少的有0.1万元。例如，木垒县阿合木尼恰克工艺美术品制造农民专业合作社❺，有股东12名，注册资本21万元，其中法定代表人买拉木古丽·阿合亚尔认缴资金为8万元，持股比例为38.09524%，其他股东认缴出资额1万~3万元；新和县依其艾日克镇加依村加依嘉音乐器农民专业合作社，

---

❶《中华人民共和国农民专业合作社法》第十九条。

❷《中华人民共和国农民专业合作社法》第四条。

❸《中华人民共和国农民专业合作社法》第十四条规定："设立农民专业合作社，应当召开由全体设立人参加的设立大会。设立时自愿成为该社成员的人为设立人。"

❹ 这部分人具备生产能力，但没有按照章程的规定向合作社出资，也没有履行入社手续。

❺ 木垒县阿合木尼恰克工艺美术品制造农民专业合作社成立于2014年1月，位于雀仁乡雀仁村服务区，主要经营范围包括哈萨克刺绣工艺美术品、旅游纪念品、骑具马鞭的加工、制作、销售；为本社成员提供技术培训、技术交流、技术信息咨询服务等。

法定代表人为阿卜杜拉·伊卜拉伊木，有股东5名，注册资本为15万元，认缴出资额为15万元，阿卜杜拉·伊卜拉伊木认缴出资额为3万元，持股比例为20%，其他股东认缴出资额也为3万元，持股比例也是20%；吐鲁番市鄯善县的凯丽曼民族手工艺品农民专业合作社❶，股东有12人，注册资金为200万元，实缴资金为189.7万元，克里木汗·买买提尼亚孜认缴出资额为179.7万元，持股比例为89.85%，其他股东认缴出资额为0.1万~7.6万元，持股比例为0.05%~3.8%。

通过对上述手工艺农民专业合作社理事长或股东的调查，笔者发现很多手工艺农民专业合作社都存在股权结构比较单一等问题：多为家庭或家族股权，自然人持股，企业、社会组织、事业单位等实体单位持股的现象比较少见，这就导致合作社的抗风险能力和融资能力较差、经营规模较小。笔者以为，可通过以下两种方法来解决上述问题。第一，帮助农民专业合作社理顺、优化和丰富股权结构，鼓励和支持企业、社会组织、事业单位等实体单位，或企业家、文化名人、网络名人或影视明星加入合作社。第二，围绕手工艺产业链各要素，整合疆内外手工艺合作社或企业、文创设计企业、公益基金会、景区旅游文创产品销售店、"新疆礼物"运营商、网上销售平台、高校相关院系和科研院所构建新疆少数民族乡村手工艺产业发展共同体，引导和扶持成立"农民专业合作社联合社"。

手工艺农民专业合作社的日常生产一般有驻社生产、居家生产两种方式。这两种方式可大致对应上文中"社员"和"非社员"两类手工艺人。例如，在新和县依其艾日克镇加依嘉音乐器农民专业合作社，选择驻社生产的多是技术精湛、经验丰富的手工艺者，这样可以保证有更多的劳动时间、更高的产品质量以及更高的工资收入；选择居家生产的手工艺人，要么需要照顾老人、婴儿或身体有残疾不方便离家，要么其所从事的工序技术含量较低，在家也可以完成。由于劳动时间少，工序技术含量低，选择居家生产的手工艺人的工资收入要低一些。

（四）联合社

农民专业合作社联合社是一个由手工艺龙头企业、专业合作社、家庭作坊、手工艺人等多个类型的生产经营主体组成的产业发展共同体。《中华人民共和国农民专业合作社法》从多个方面对联合社的设立与登记、成员、组织机构、财务管理

---

❶ 鄯善凯丽曼民族手工艺品农民专业合作社，位于鄯善县木卡姆街区，成立于2013年4月，主要经营范围包括服饰、刺绣、手工艺品加工、销售，职业技能培训，电动缝纫机、电动绣花机、编织用品、各种布料、珊瑚物品销售等，年销售额可达60余万元，参保人数有20人。

等问题进行了界定,"三个以上的农民专业合作社在自愿的基础上,可以出资设立农民专业合作社联合社。农民专业合作社联合社应当有自己的名称、组织机构和住所,由联合社全体成员制定并承认的章程,以及符合章程规定的成员出资。"可见,相较于传统的农民专业合作社而言,"联合社"是一种新的乡村经济形态。笔者认为,将农民专业合作社整合成"联合社",是手工艺获得规模化、品牌化发展的重要路径。

笔者依托石河子大学成果转化与技术推广计划项目"非遗研培成果向新疆农民手工艺联合社的转化与技术推广",在推动哈萨克族刺绣行业成立联合社方面做了一些积极的探索,在疆内外产生了一定的影响力。笔者作为首席专家和负责人,共主持了6期新疆刺绣传承人群研培项目,对新疆农村刺绣行业发展中存在的问题有深入的了解:当下,大部分哈萨克族刺绣农民专业合作社生产的手工艺品,都存在刺绣工艺需要进一步规范和改进,材料需要进一步提质更新,设计、制作、销售水平需要进一步提升,产品样式需要进一步丰富,包装设计需要新一步改良,销售渠道需要进一步拓展,品牌需要进一步打造等问题。同时,在社员培训、经营管理能力、融资能力、抵抗风险能力等方面,一些合作社也存在实质性的困难。2018年底,笔者联合石河子大学经济与管理学院胡宜挺教授、上海耶里苏雅文化创意工作室负责人巴彦·卡德尔别克、北京巧女公益基金会"天山生计"项目负责人徐晓宁,以及"新疆礼物"城市体验中心克拉玛依旗舰店负责人宫大为,共同发起成立"天鹅绣"农民专业合作社联合社的倡议。参与的哈萨克族刺绣店、农民专业合作社、手工艺品公司等共计11家,包括可克达拉市木拉哈提贸易有限公司[1]、尼勒克县木斯乡加沙尔刺绣专业合作社、伊宁县五媳妇绣品有限公司、霍尔果斯市布丽布力刺绣农民专业合作社、霍尔果斯市阿提尔古丽制衣店[2]、吉木乃县古丽扎提汗民族刺绣专业合作社、托里县木拉哈提民族刺绣农民专业合作社、裕民县巴尔鲁克山哈萨克民族刺绣农民专业合作社、裕民县阿勒腾也木勒乡金灵针文化创意手工刺

---

[1] 可克达拉市木拉哈提贸易有限公司成立于2014年3月,位于新疆可克达拉市六十七团五连九巷20号,法定代表人为鲁尔登别克·吐尔洪,注册资本为300万元,主要经营范围为刺绣、针织品、手工艺品、手工装饰品、服装、服饰、鞋帽、床上用品、地毯、羊毛制造、加工及销售;家具、装饰材料、文体用品、婚庆、文化创意和广告的设计、制作、发布及代理;企业形象策划,开展边境小额贸易;服装租赁等。

[2] 霍尔果斯市阿提尔古丽制衣店成立于2016年8月,位于新疆伊犁州霍尔果斯市六十一团幸福路21号,法定代表者为阿提尔古丽·别克阿斯力,主要经营范围包括裁缝加工、服务等。

绣中心❶、哈密市加迪拉手工刺绣专业合作社❷、玛纳斯县清水河乡彩美刺绣专业合作社❸。

"天鹅绣"农民专业合作社联合社宣言为："滴水不成海，独木难成林。""人心齐，泰山移。"哈萨克族也有谚语，"不和，就会衰落；团结，才会兴盛。"当下，大部分哈萨克族刺绣农民专业合作社存在刺绣工艺需要规范，材料需要更新，技艺、设计和产品制作能力需要提升，区域销售瓶颈需要突破，缺少知名品牌等一系列问题。同时，各刺绣农民专业合作社在社员培训、经营管理、融资、抵抗风险等方面也存在一定的困难。因此，我们倡议将哈萨克刺绣农民专业合作社团结起来，同时致力于构建由疆外手工艺企业、公益基金会、疆内科研平台、风景区、新疆礼物运营商、手工艺农民专业合作社组成的哈萨克族刺绣产业发展共同体，以打造进军疆外市场、开拓哈萨克斯坦市场的著名品牌"天鹅绣"，培育、指导成立"天鹅绣"农民专业合作社联合社。

下面，笔者以察布查尔锡伯自治县兰琪锡伯绣专业合作社联合社和英吉沙县飘逸手工艺农民专业合作社联合社为例，来说明联合社的构成等问题。

察布查尔锡伯自治县兰琪锡伯绣专业合作社联合社，所属行业为锡伯族刺绣和服饰，成立于2015年12月，位于伊犁哈萨克自治州察布查尔锡伯自治县纳达齐牛录乡纳达齐村。主要经营范围包括服饰、服装、家纺用品、鞋帽、手工艺品的设计、

---

❶ 裕民县阿勒腾也木勒乡金灵针文化创意手工刺绣中心成立于2019年10月，法定代表人为库里奇热提·木合亚提，企业类型为个体工商户，所属行业为零售业，位于新疆塔城地区裕民县阿勒腾也木勒乡阿勒腾也木勒村民主路76号。主要经营范围包括文艺创作、工艺美术品及收藏品批发和零售、服装服饰批发及零售、日用百货销售、家用纺织制成品制造、针纺织品销售、针纺织品及原料销售等。

❷ 哈密市加迪拉手工刺绣专业合作社成立于2013年9月，位于新疆哈密市乌拉台开发区，法定代表人为吉也尼汗·库巴克特，注册资金100万元，截至2023年3月，股东有5名，吉也尼汗·库巴克特认缴出资额为50万元，其他股东认缴出资额为5万~20万元。主要经营范围包括哈萨克民族服饰的制作与销售；民族刺绣产品的制作及成员或者同类生产者的产品收购、销售；刺绣机的销售等。

❸ 玛纳斯县清水河乡彩美刺绣专业合作社成立于2012年11月，位于新疆昌吉州玛纳斯县团结路人民市场，法定代表人为库力松·贝散拜，截至2023年3月，股东有9人，出资总额为10万元，每个股东出资1万~2万元。主要经营范围包括提供刺绣和手工艺品制作所需材料及生产技术培训，刺绣及手工艺品的制作和销售；日用百货的销售等。

研发、生产、加工与销售❶等。该联合社的法定代表人为锡伯族刺绣项目的伊犁哈萨克自治州级传承人冬兰❷，注册资本为200万元。股东由1家文化创意产业有限公司、4家刺绣专业合作社组成，地址全部位于察布查尔锡伯自治县城及下辖乡镇；其中，新疆兰派文化创意产业有限公司持股80%，其他股东各持股5%。该联合社的股东名称、持股比例、最终受益股份、认缴出资额等信息如表1-8所示。

表1-8 察布查尔锡伯自治县兰琪锡伯绣专业合作社联合社股东信息

序号	股东名称	各股东法定代表人	持股比例	最终受益股份	认缴出资额（万元）	地址
1	新疆兰派文化创意产业有限公司	冬兰	80%	80%	160.0	察布查尔纳达齐牛录乡纳达齐村
2	察布查尔锡伯自治县森琪刺绣专业合作社	关生华	5%	5%	10.0	察布查尔锡伯自治县锡力旦街西二巷
3	察布查尔锡伯自治县海兰格格刺绣专业合作社	赵淑兰	5%	5%	10.0	察布查县伊车街西一巷
4	察布查尔锡伯自治县萨音刺绣专业合作社	佟春雨	5%	5%	10.0	察布查尔堆依齐牛录乡堆依齐村阿姆捉洪街17号
5	察布查尔锡伯自治县喀森刺绣专业合作社	关生合	5%	5%	10.0	察布查尔县堆依齐牛录乡堆依齐村

英吉沙县飘逸手工艺农民专业合作社联合社，所属行业为文教、工美、体育和娱乐用品制造业，位于喀什地区英吉沙县新城区光明路008号（英吉沙县技工学校院内）。主要经营范围包括工艺美术品及礼仪用品制造，工艺美术品及收藏品批发等。法定代表人为维吾尔族手工艺人阿尔祖古丽·喀迪尔，成立于2022年6月，其股东数量较多，共有16家，但结构比较单一，全部为农民专业合作社，分布极广，几乎覆盖了英吉沙县下辖的所有乡镇。注册资本为160万元，认缴出资额160万元，每个股东的持股比例相同，皆为6.25%。股东名称、法定代表人、持股比例、最终

---

❶ 还包含为社员提供刺绣技术指导，组织采购、供应社员所需要的生产原料；销售社员生产的刺绣产品；开展社员所需的运输、储藏、加工、包装服务；图文设计制作，商务信息服务，企业形象策划；服装技术研发、咨询服务；引进新技术，开展技术培训、技术交流、展览展示服务，文化艺术交流与策划，会务服务，服装租赁；货物及技术的进出口业务等。

❷ 冬兰，中南大学本科毕业，2022年2月被选举为伊犁哈萨克自治州第十五届人民代表大会代表。

受益股份、认缴出资额等信息如表1-9所示。

表1-9　英吉沙县飘逸手工艺农民专业合作社联合社股东信息

序号	股东名称	各股东法定代表人	持股比例	最终受益股份	认缴出资额（万元）	地址
1	英吉沙县佳尔秀手工艺农民专业合作社	库尔班妮萨·阿力木	6.25%	6.25%	10.0	英吉沙县依格孜也尔乡塔格艾日克（3）村3组003号
2	英吉沙县勤奋姑娘手工艺农民专业合作社	阿依妮萨·图尔荪	6.25%	6.25%	10.0	英吉沙县艾古斯乡霍伊拉买里斯村3组037号
3	英吉沙县千姿手工艺农民专业合作社	阿齐古丽·托合提	6.25%	6.25%	10.0	英吉沙县色提力乡喀力加克（3）村3组21号
4	英吉沙县余韵手工艺农民专业合作社	罕佐合热·祖力皮	6.25%	6.25%	10.0	英吉沙县乌恰镇24村十小商铺01号
5	英吉沙县黝黑手工艺农民专业合作社	阿依努尔罕·阿卜力米提	6.25%	6.25%	10.0	英吉沙县克孜勒乡小微产业园3号厂房
6	英吉沙县旺盼手工艺农民专业合作社	果海尔妮塞姆·托合提	6.25%	6.25%	10.0	英吉沙县乌恰镇12村2组12号附3号
7	英吉沙县千丝万缕手工艺农民专业合作社	如孜古丽·玉苏普	6.25%	6.25%	10.0	英吉沙县乔勒潘路（创业社区创业二期5号厂房）
8	英吉沙县魅秀手工艺农民专业合作社	库尔班尼沙·库尔班	6.25%	6.25%	10.0	英吉沙县城关乡铁日克其克4组022号
9	英吉沙县细美手工艺农民专业合作社	海日古丽·铁木尔	6.25%	6.25%	10.0	英吉沙县萨罕镇5村4组153号（萨罕镇小微产业园）
10	英吉沙县富之路手工艺农民专业合作社	伊斯拉木罕·阿帕尔	6.25%	6.25%	10.0	英吉沙县托普鲁克乡3村4组173号（卫星工厂）
11	英吉沙县靓顶手工艺农民专业合作社	布合力奇·克依木	6.25%	6.25%	10.0	英吉沙县英也尔乡琼艾日克5村2组023号
12	英吉沙县亮黑黑手工艺农民专业合作社	努尔古丽·热合曼	6.25%	6.25%	10.0	英吉沙县苏盖提乡10村1组02号（卫星工厂）
13	英吉沙县丝莱雅手工艺农民专业合作社	奥米古丽·穆合塔尔	6.25%	6.25%	10.0	英吉沙县乔勒潘乡阔曲买艾日克村1组048号

续表

序号	股东名称	各股东法定代表人	持股比例	最终受益股份	认缴出资额（万元）	地址
14	英吉沙县三千丝手工艺农民专业合作社	图尔荪古丽·图尔荪	6.25%	6.25%	10.0	英吉沙县龙甫乡艾日克拉（6）村4组001号附002号
15	英吉沙县乐欢手工艺农民专业合作社	阿尔祖古丽·喀迪尔	6.25%	6.25%	10.0	英吉沙县萨罕镇5村4组154号（萨罕镇小微产业园）
16	英吉沙县企望手工艺农民专业合作社	海丽其古丽·阿卜杜克热木	6.25%	6.25%	10.0	英吉沙县芒辛镇16村4组043号

笔者以"新疆""制造业""联合社"为关键词，查询"天眼查"系统，共检索到3家手工艺农民专业合作社联合社，这说明联合社在新疆还是一种比较新的经济形态，并未普及开来。在对130多家手工艺农民专业合作社和28家小微手工艺企业的调研中，笔者发现有些手工艺农民专业合作社或小微企业虽然没有成立联合社，但已经表现出较为明显的产业整合意识及行动。例如，为发展地毯产业，喀尔赛镇巴格其村工作队就引进了和田地区的地毯业龙头企业——新疆纳克西湾手工地毯开发有限公司，并扶持成立了以该村地毯农民专业合作社为主体的非遗扶贫就业工坊，目前，该工坊已吸纳手工艺妇女52人就业，其中贫困人员28人。她们每月收入可达1400~2200元。为降低风险，该扶贫工坊采取来料、来样加工的方式，新疆纳克西湾手工地毯开发有限公司不仅负责提供原材料，还负责员工培训、分派订单以及产品回收。

（五）社员收入情况

目前，新疆少数民族农民专业合作社生产的手工艺品，主要供应当地的农村市场，辐射的地理空间比较有限；以零散销售为主，产品积压情况比较普遍；销路比较狭窄，很难接到大的、高质量的订单，区域销售瓶颈问题突出，这就需要开拓中小城市及更为广阔的中亚、西亚、欧洲市场，加大高校文创类专业、科研院所、政府宣传部门、文创企业、知名设计师、公益组织对其帮扶的力度。

合作社的经济效益还受到区位、规模、市场等因素的影响。不同合作社的经济效益差距比较大，如加依嘉音乐器农民专业合作社位于"天籁加依"4A级风景区，因旅游人口较多，具有不错的经济效益。每年乐器产量达2万余件，其中订单销售达8000件，旅游销售达12000件左右，合作社年利润可达550万元左右。该合作社有股东5名、手工艺人80余名，以此推算人均年收入可达6.5万元，所有社员都实现了脱贫摘帽。吐尔迪·吾普尔是合作社里的乐器雕花工，他每月有4000元左右的工资收入。

吐鲁番市鄯善凯丽曼民族手工艺农民专业合作社的经济效益也不错，年销售额可达60余万元。浙江省丽水援疆指挥部如此描述新和县依其艾日克镇加依嘉音乐器农民专业合作社的经济成效，"如今合作社不仅订单络绎不断，收入相当可观，而且还带动150多名村民在家门口就业，既增加了农民的收入，也保护和传承了乐器制作技艺"❶。2016年，赵斌、托合塔尔·塔吾肯对昌吉回族自治州昌吉市阿什里哈萨克族乡刺绣专业合作社绣娘的收入情况进行了调研，在调研报告中引用了合作社理事长沙依拉古丽·阿吾夏黑的话，"合作社发展至今已经有43个社员，这些社员都来自阿什里乡努尔加村。合作社根据阿什里哈萨克族乡牧民居住相对分散的特点，采取集中与分散相结合的办法进行生产，近一点的社员都在合作社里生产，路途稍微远一点的社员在家中生产。我觉着合作社的社员一年顶上干的话，一年可以增收2万元左右。合作社的员工里面，我请的那个老师工资最高，一个月2500元，到年底再根据合作社的销售额给一些奖金；普通社员的话，刚开始干的话1200~1300元，干的时间长一点的、熟练一点的，工资可以给到1800~2000元。我估算了一下，把布料、绣线拿到自己家里面做的社员，一年下来，可以平均增收5600多元。"❷

三、小微手工艺企业

小微手工艺企业对新疆少数民族传统手工艺的振兴具有非常重要的意义。一般来说，新疆本土的小微手工艺企业都经历了由家庭作坊成长为农民专业合作社，再升级为小微企业的发展历程。例如，墨玉县加汗巴格乡金泉首饰加工厂❸及墨玉县

---

❶ 丽水援疆指挥部.新疆民间手工乐器制作第一村的"蜕变".[EB/OL]浙江援疆网,2016-7-20.

❷ 赵斌,托合塔尔·塔吾肯.合作社发展与民族文化传承：以新疆昌吉市阿什里哈萨克民族乡刺绣专业合作社为例[J].昌吉学院学报,2016(1):17-23.

❸ 墨玉县加汗巴格乡金泉首饰加工厂企业类型为个体工商户,成立于2019年6月,法定代表人为阿力木江·艾力,位于新疆和田墨玉县加汗巴格乡布拉克村4组,主要经营范围为首饰加工及销售。

加汗巴格乡金泉首饰销售店❶的前身,就是阿力木江·艾力在2014年创办的家庭作坊,后来在阿力木江·艾力和艾合麦提尼亚孜·麦合木提的努力以及政府一系列惠农政策的扶持下,发展成为面积达700平方米的现代化厂房。

小微手工艺企业所在地,一般都具有较好的手工艺传统及良好的手工艺产业基础,具有一定规模的手工艺从业人口。从2017年到2022年底,笔者共访谈过28位小微手工艺企业的执行董事、总经理、监事、财务负责人或股东,有近半数的小微企业负责人为各级代表性传承人或技艺高手,他们在当地一般具有较高的声望。例如,自治区级代表性传承人麦吐送·胡普丁创办的洛浦县时代地毯厂❷位于和田手工编织地毯的主要传承地——洛浦县布亚乡欧吐拉昆孜村,麦吐送·胡普丁通过招收学徒的方式来培育和凝聚产业人群。自2005年以来,他在当地培养了150多名学徒工,年营业额保持在50万元左右。墨玉县加汗巴格乡金泉首饰加工厂的负责人阿力木江·艾力,带了15名来自本村的学徒工,学徒学成后,每个月可获得1500~4000元的收入。这一做法既履行了代表性传承人传艺授徒的职责,培育和扩大了传统手工艺的传承人群,促进了传统手工艺的生产性保护,也降低了小微企业的人力资源成本,这一发展模式值得推广。

当地政府一般都将本地手工艺小微企业纳入本地"传统工艺振兴"项目或特色产业扶持的范围,在场地、设备、退税、补贴、人员培训、贷款等方面都给予了一定程度的支持。例如,伊吾县政府为弹拉娜刺绣产业有限责任公司❸提供了免费的厂房,并为其在盐池镇、前山哈萨克族乡、下马崖乡建了分厂厂房。

另外,通过访谈,笔者还发现绝大多数新疆少数民族手工艺品厂都存在经营管理者学历层次不高、知识结构不健全、理念比较落后僵化、制度缺失或不规范、创新活力不足等问题,还存在产品样式陈旧、制作工艺粗糙、产品价格低廉、销售市场狭窄等问题,以及员工收入不高、不稳定,职工数量、劳动时间不稳定,最终出

---

❶ 墨玉县加汗巴格乡金泉首饰销售店企业类型为个体工商户,成立于2019年12月,法定代表人为艾合麦提尼亚孜·麦合木提,位于新疆和田地区墨玉县加汗巴格乡布拉克329号,主要经营范围为首饰加工及销售。

❷ 洛浦县时代地毯厂企业类型为个人独资企业,成立于2011年2月,法定代表人为麦吐送·胡普丁,位于洛浦县布亚乡欧吐拉昆孜村,注册资本为70万元,主要经营范围为地毯制造。

❸ 伊吾县弹拉娜刺绣产业有限责任公司成立于2015年10月,位于新疆哈密市伊吾县伊吾镇振兴东路43号,企业类型为有限责任公司(自然人独资),法定代表人为艾衣夏木·依不拉音,注册资金为150万元,主要经营范围为刺绣品加工、销售;刺绣产品的进出口贸易;工艺品加工、销售;服装鞋帽、日用百货、针纺织品等。

现了"大的订单无法完成,小的订单又看不上"的尴尬局面,进一步影响了职工的收入。位于墨玉县阔依其乡羌古村的新疆繁盛国际商贸有限公司就存在这一问题,最后该公司在恶性循环中日益步履维艰。笔者认为,政府应从小微企业运营、管理、员工培训、市场拓展、品牌打造等方面为其发展提供支持,高校、科研院所、政府宣传部门、文创企业、知名设计师、公益组织等实体单位,可从工艺改良、难点突破、设计研发、品牌打造等方面为其发展提供支持。

外地手工艺项目的引入和培育,是新疆少数民族手工艺产业发展中出现的一个值得注意的新现象。为了促进本地手工艺产业发展,各级政府在大力扶持家庭作坊、农民专业合作社的同时,还积极引进外地小微手工艺企业,帮助其提升手工艺品质量、拓展销售渠道、提升品牌影响力。例如,哈密市政府在巴里坤县萨尔乔克乡苏吉东村哈萨克族牧民安居点的生计重建过程中,就引进了对口支援地——河南的安绣。为此,巴里坤县政府委托河南安绣文化产业集团有限公司对40名哈萨克族绣娘进行了为期40天的刺绣技艺培训。该公司有稳定的原材料供应和产品销售渠道,持有具有一定市场竞争力的产品品牌,有先进的企业管理制度和高水平的设计师。培训完成后,该公司在牧民安置点建设了扶贫车间,为本地哈萨克族绣娘提供原材料、工具、样稿等生产资料,组织绣娘生产。河南安绣文化产业集团有限公司的介入,对哈密本地手工艺产业的发展产生了积极的影响,不仅促成了两者之间的融通、交流,加速了本地手工艺的发展演化,而且本地绣娘生产的手工艺品得以进入外地手工艺品的供货渠道和产业体系,从根本上解决了"有产量无销售量,产量越大亏损越严重"的问题。值得提及的是,来自河南的安绣并没有喧宾夺主,挤压巴里坤县哈萨克族刺绣的发展空间,而是有意识地"巴里坤化",有意凸显新疆风格,这些现象应该引起我们的重视。"不同于传统安绣,哈萨克族绣娘的安绣,更多表现出新疆特色,湛蓝天空下,一支驼队正在穿越金色大漠,似乎传出丝绸之路上悠扬的驼铃声。"❶

四、文创设计企业

文创设计企业也是新疆少数民族手工艺产业的形态之一。中共中央办公厅、国务院办公厅印发的《关于实施中华优秀传统文化传承发展工程的意见》指出:"各类企业和社会组织要积极参与文化资源的开发、保护与利用,生产丰富多样、社会

---

❶ 杜刚,刘兵.河南安绣落户天山"织就"哈萨克族绣娘致富路[N].团结报,2018-05-31.

价值和市场价值相统一、人民喜闻乐见的优质文化产品,扩大中高端文化产品和服务的供给。"❶新疆末胡营文化传媒有限公司是新疆本土比较有名的现代文创设计企业,频繁亮相于中国西部冰雪旅游节、中国新疆冬季旅游产业交易博览会、中国(深圳)国际文化产业博览交易会等国内国际展览。该公司的创始人兼首席设计师路兵剑认为,"我们想尝试将文化创意与新疆非遗的手工艺结合,这种文创产品将更完美地体现新疆深厚的文化底蕴。"❷

新疆本土文创设计企业在这方面做了有益的探索,取得了比较显著的成效,还涌现出了新疆西域神游文化艺术有限公司、乌鲁木齐丝路霓裳服饰文化有限公司等设计企业,以及巴依部落、西域神游、丝路霓裳、末胡营等具有较高知名度的文创设计品牌(表1-10)。但是,他们开发、售卖的产品绝大部分为现代工艺品,已基本摆脱了"手工"这一传统劳作方式,取而代之的是机器大生产,甚至其生产地也不在新疆。笔者认为,这对于新疆文创设计、旅游品牌的确立以及手工艺产业的发展是有益的,但与以个体为单位的手工艺从业者或家庭作坊的创业增收关系不大。在对新疆15家刺绣专业合作社、140个农户进行调查后,胡宜挺等人发现一些合作社的负责人也认识到这一问题对个体手工艺者或家庭作坊的消极影响。他们认为手工和机器生产的产品差别不大,甚至难以区分,"这就很难将合作社生产的具有地方特色的手工艺品和机器生产的产品区分开来,难以突出手工艺品优势"。❸这进一步压缩了手工艺品的销售空间和手工艺人的生存空间。

表1-10 新疆文创企业持有的手工艺设计品牌

序号	手工艺门类	品牌名称	产品主题	产品种类	生产方式	品牌持有者及所在地
1	布艺、泥塑、金属工艺	巴依部落、西域神游	刺绣,美食类,民俗文化类	美食;抱枕、靠枕、打馕人、烤肉摊、顶瓜人、摘葡萄姑娘摆件,以馕为元素的小镜子、冰箱贴、开瓶器、手机挂件、钥匙挂链等	现代工艺、机械生产	新疆西域神游文化艺术有限公司,乌鲁木齐

---

❶ 中共中央办公厅 国务院办公厅印发《关于实施中华优秀传统文化传承发展工程的意见》[J].中华人民共和国国务院公报,2017(6):18-23.

❷ 玛依古丽·艾依提哈孜.末胡营:让文创展现文化底蕴[N].新疆日报,2018-06-07.

❸ 胡宜挺,王亚南,李敏楠.手工艺专业合作社促农增收成效及对策研究——基于新疆15家刺绣专业合作社、140个农户的调查[J].中国农民合作社,2020(7):59-62.

续表

序号	手工艺门类	品牌名称	产品主题	产品种类	生产方式	品牌持有者及所在地
2	丝巾、人偶、扇子、布艺	丝路霓裳	西域丝织品、壁画人物、少数民族图案	五星出东方利中国丝巾、龟兹公主人偶娃娃、巴旦木花纹扇；艾德莱斯绸风格系列产品，如抱枕、颈枕、手包等	现代工艺、机械生产	乌鲁木齐丝路霓裳服饰文化有限公司，乌鲁木齐
3	人偶	末胡营①	高昌故城、龟兹石窟、草原石人等人文古迹中的人物、动物形象，新疆出土文物	五星出东方利中国系列、唐小驹系列、高昌智慧系列②、共命鸟筷子、大魔狮树脂摆件、骑马俑纸胶带、冰箱贴等	现代工艺、机械生产	新疆末胡营文化传媒有限公司

① "末胡营"是唐代高昌故城中的一个集市的名字，陈国灿、吾迈尔·卡德尔考证出"'末胡营'是专供商胡居住和交易的市场，不仅是古丝路上进行国际贸易的商城，也是西域商胡进行祆教活动的场所，其遗址就在高昌故城东北面的巴达木村。"［见陈国灿，吾迈尔·卡德尔.古丝路上的国际商城——高昌"末胡营"考[J].西域研究，2018（3）:14—24］这是新疆末胡营文化传媒有限公司创始人路兵剑以此为品牌名称的主要原因。

② 高昌智慧系列包含高昌王公仔、高昌王后人偶等文创产品。

五、乡村精英

"乡村精英"❶即"新乡贤"，是新疆农村最富有时代气息的群体，应重视发挥其在手工艺产业发展中的积极作用。按照成长履历，可将乡村精英区分为"本地精英"和"返乡精英"两类。按照领域和行业，又可将乡村精英分为政治精英、经济精英、文化精英和社会精英四种类型。中共中央办公厅、国务院办公厅印发的《关于实施中华优秀传统文化传承发展工程的意见》指出："挖掘和保护乡土文化资源，建设新乡贤文化，培育和扶持乡村文化骨干，提升乡土文化内涵，形成良性乡村文化生态，让子孙后代记得住乡愁。"❷胡鹏辉和高继波（2017）认为，"新乡贤"指的是在新时代社会背景下，具有知识、道德、情怀，能够影响农村社会

---

❶ "乡村精英"这一概念，可上溯至"乡绅""乡贤"等概念。乡村精英一般指在某一领域做出了突出的业绩，成为该领域的精神领袖，受到主流社会和文化的认可，在当地具有非常高的威望和话语的群体。在本书中,乡村精英主要指那些在当地社会经济生活中具有突出影响力的手工艺代表性传承人、工艺美术大师、家庭作坊主、合作社负责人、中小微企业负责人、设计师、销售者等群体。

❷ 中共中央办公厅 国务院办公厅印发《关于实施中华优秀传统文化传承发展工程的意见》[J].中华人民共和国国务院公报,2017(6):18—23.

生态，且愿意做出贡献的贤能人士。❶国务院将发挥新乡贤作用写进《乡村振兴战略规划（2018—2022年）》中，要"积极发挥新乡贤作用"。姜方炳（2018）认为，"新乡贤"是以乡情乡愁为联系纽带，热心乡村公益事业而被当地民众认可的复合型精英❷。贾敏（2022）认为，"乡贤是乡村沉睡的优质资源，是带领村民参与自治的主力军……带领村民实现乡村振兴的人"❸。

乡村精英大幅提升了新疆少数民族手工艺产业发展的内生动力。乡村精英了解新疆内外受众及市场需求，熟悉当地的自然环境、社会文化、风俗人情和周边产业等影响手工艺产业发展的要素，他们了解手工艺产业发展现状和存在的问题，具有更为宽广的视野，具有较好的素质、较强的工作能力和支配资源的能力，在当地乡村的政治经济文化生活中具有很高的威望和社会影响力。最为关键的是，他们有带领当地手工艺群体脱贫增收、实现共同富裕的意愿。

在新疆少数民族手工艺产业发展领域，涌现出了不少具有示范意义的"乡村精英"。例如，目前在锡伯族刺绣、服饰、手工艺品领域最负盛名的新疆兰派文化创意产业有限公司的董事长冬兰就属于返乡精英❹。此外，她还担任察布查尔锡伯自治县兰派职业技能培训中心和察布查尔锡伯自治县兰琪锡伯绣专业合作社联合社❺两个单位的法定代表人以及新疆骏睿贸易有限公司的第二大股东。哈萨克族女孩库里奇热提·木合亚提从新疆现代职业技术学院医学影像专业大专毕业后回到家乡裕民县阿勒腾也木勒乡，在当地乡政府的支持下创办了金巧手手工艺品有限公司，公司占地480平方米，拥有2台大型刺绣机、1台激光机，可以满足25名绣娘同时上岗操作，目前有绣娘48名。

---

❶ 胡鹏辉,高继波.新乡贤:内涵、作用与偏误规避[J].南京农业大学学报(社会科学版),2017(1):20-29,144-145.

❷ 姜方炳."乡贤回归":城乡循环修复与精英结构再造——以改革开放40年的城乡关系变迁为分析背景[J].浙江社会科学,2018(10):71-78,157-158.

❸ 贾敏.嵌入理论视域下新乡贤参与乡村治理研究——基于对Y镇的个案分析[J].湖北农业科学,2022(11):218-225.

❹ 冬兰,从中南大学毕业后赴中国北京和日本工作,后返回家乡——察布查尔锡伯自治县创办了新疆兰派文化创意产业有限公司,被评为锡伯族刺绣项目伊犁哈萨克自治州级传承人,被选举为伊犁哈萨克自治州第十五届人民代表大会代表。

❺ 注册资本为200万元。股东由1家文化创意产业有限公司、4家刺绣专业合作社组成,地址全部位于察布查尔锡伯自治县城及下辖乡镇;其中,新疆兰派文化创意产业有限公司持股80%,其他股东各持股5%。

政府应加大挖掘、培育和引进乡村精英的力度。尽管"（按2019年）返疆内地高校新疆籍少数民族毕业生就业率达95.08%"[1]，但是仍然有大量新疆籍大学生毕业后选择在疆外工作。据《2019年北京市对口支援新疆研究报告——以和田地区为例》推测，毕业后选择在疆外工作的新疆籍少数民族大学生的数量非常大。"受偏远的地理位置、干燥的气候环境、相对滞后的社会经济发展水平等因素的制约，和田地区对疆内外人才的吸引力很小。即使是本地大学生，毕业后大多选择在新疆其他地区或者疆外就业，和田并不是他们就业的首选地。人才留不住、进不来已经成为制约和田地区发展的一个重要因素。"[2]笔者认为，新疆各级政府应重视"乡村精英"这一特殊的人力资源，并为"乡村精英"从事手工艺产业发展提供政策支持，例如成立"返乡妇女创业基金"，建设"新乡贤工作室"，成立"新乡贤理事会"，组织"新乡贤评选"，提供贷款、厂房、设备等支持。

第三节　新疆少数民族手工艺品市场调查及分析

市场，既是手工艺品生产的目标，又是检验手工技艺水平、产品质量的晴雨表，还是手工技艺水平、产品质量提升的动力。自中华人民共和国成立以来，手工艺品市场发生了显著的变迁，"过去非遗传承人服务的是乡里乡亲的熟人；后来随着旅游的推广，服务扩大到前来到访的游客；现在通过网络和手机接入电商平台，传承人面对的是无限扩容的大市场，服务的是亿万消费者，生产和创意的空间更大了。"[3]可见，我们有必要对新疆少数民族手工艺品的生产者、渠道商、消费者等群体进行严肃、充分的市场调研和洞察分析，准确把握各市场要素的现状及需求变化，进而为新疆少数民族手工艺产业发展提供具有可行性的策略建议。

---

[1] 中华人民共和国国务院新闻办公室.新疆的劳动就业保障[M].北京：人民出版社，2020：8-9.
[2] 马衣努·沙那提别克.2019年北京市对口支援新疆研究报告——以和田地区为例[M]//丁宏，马金生.少数民族发展蓝皮书：中国少数民族事业发展报告（2019—2020）.北京：社会科学文献出版社，2020：229.
[3] 张玉玲.搭上电商，非遗飞入百姓家——首届"非遗购物节"述评（上）[N].光明日报，2020-6-16.

一、实体市场

（一）实用品市场

手工艺生活化程度高，是新疆各族人民的生活必需品，具有广泛的跨民族、跨区域受众，在新疆、全国乃至中亚具有广阔的市场空间。以刺绣为例，新疆编织刺绣从业人员已达30余万人，年销售额达20亿元，可带动42万相关产业妇女就业。

据调查，新疆少数民族手工艺品的实用品市场主要集中在农牧区的巴扎、乡镇的巴扎❶、百货品店或专卖店中，所售卖的多是当地居民生产、生活所需品。受众大多是当地的少数民族群众，尤其是对传统生活方式、传统手工艺品有着深厚感情的少数民族群众。按照新疆56.53%的城镇化率❷来估算，手工艺品在农村应该具有十分广阔的市场。但是，受到现代生计方式、生活方式的影响，新疆少数民族群众的审美趣味发生了一定的变化，越来越多的群众倾向于选择使用机器完成的现代工艺产品。另外，无论是在成本还是在价格方面，现代工艺制品都表现出更明显的市场竞争力，这就导致手工艺品市场进一步被压缩和蚕食。经调查，大部分家庭作坊、农民专业合作社乃至小微企业生产的手工艺品的主要受众依然是本地的少数民族群众，主要市场依然是本地农村的巴扎或店铺。张超（2019）对墨玉县阔依其乡羌古村民族手工艺厂的调研，或许可以反映一部分新疆少数民族手工艺厂的产品销售情况："该工厂自2016年经营至今仅有近百单生意，除此之外，厂长几乎没有获取批量性生产订单的渠道。据厂长介绍说，工厂长期闲置时她自己也会组织员工生产一些零售性质的服装在巴扎上卖，但其自身并没有接受过系统性的经营、营销类知识，此类零散性的销售也极具不稳定性。"❸农村市场的分散性、碎片化特征，决定了新疆少数民族手工艺产业很难培育出"规模以上"的服务市场。由于新疆少数民族手工艺的生产经营主体不仅毗邻该市场，而且是该市场的重要组成部分，还是该市场供需链条的重要环节，这就要求必须重视和加强农村市场的开拓

---

❶ 在新疆少数民族人口集中地区，各类物品或服务的交易地点大多设在集市。维吾尔族的集市又称作巴扎，主要存在于村庄、乡镇或城市边缘。

❷ "在全区人口中，居住在城镇的人口为14613622人，占56.53%；居住在乡村的人口为11238723人，占43.47%。"见新疆维吾尔自治区统计局，新疆维吾尔自治区第七次全国人口普查领导小组办公室．新疆维吾尔自治区第七次全国人口普查公报（第五号）[N]．新疆日报，2021-06-15．

❸ 张超．南疆乡村民族手工艺扶贫可持续发展问题调查——以墨玉县阔依其乡羌古村为例[J]．民艺，2019(6)：31-36．

问题。

(二)旅游品市场

旅游品市场与偏重于手工艺品的实用功能的农村市场不同。前者属于"规模以上"服务市场,其核心问题是规模化、批量化订单的获取以及实施,后者的重点是点对点的直接销售。按照文化资源的禀赋类型,可将旅游品市场分为景区市场、休闲文化区市场、巴扎三类。

景区市场是新疆少数民族手工艺品销售的主体市场。这个市场具有广阔的发展空间,这是由新疆丰裕的旅游资源决定的。新疆共有旅游资源类型56种,各类景点1100余处,其中进入国家计算机网络与信息安全管理中心游客流量监测系统的4A、5A级风景区有139家❶。目前,新疆拥有世界自然遗产1处,国家级历史文化名城5座❷、历史文化名镇3个❸、历史文化名村4个❹、历史文化街区2个❺、中国传统村落18

---

❶ 新疆维吾尔自治区统计局国民经济综合统计处.2021年自治区国民经济运行情况[EB/OL].2022-02-10.

❷ 国家级历史文化名城,由国务院批准,分别为喀什市(1986),吐鲁番市(2007)[吐鲁番市拥有高昌故城、交河故城、阿斯塔那古墓群、柏孜克里克千佛洞、苏公塔等人文古迹],特克斯县(2007)[特克斯县拥有乌孙夏宫遗址、乌孙古墓群、八卦城等人文古迹],库车市(2012),伊宁市(2012)[伊宁市拥有喀赞其民俗旅游区、乌孜别克文化大院等人文古迹]。

❸ 国家级历史文化名镇,由住房和城乡建设部和国家文物局共同启动,共公布过7批、312个乡镇。其中,新疆共有4个乡镇入选,分别为鄯善县的鲁克沁镇,富蕴县的可可托海镇,霍城县的惠远镇[惠远镇拥有伊犁将军府、钟鼓楼、边防使馆、文庙、衙署、林公园、古城墙、城门等人文古迹],哈密市的五堡镇[五堡镇入选的理由为传统民居中包含的生态建筑理念和技术]。

❹ 自2003年至今,住房和城乡建设部和国家文物局已公布7批、487个国家级历史文化名村,其中新疆共有4个村庄入选,分别为吐鲁番市鄯善县吐峪沟乡麻扎村,哈密市伊州区回城乡阿勒屯村、五堡镇博斯坦村,特克斯县喀拉达拉乡琼库什台村等。

❺ 历史文化街区分国家级、自治区级、市州级三个层次。其中,国家级历史文化街区有伊宁市的前进街历史文化街区[其资源禀赋为传统街巷、传统建筑、文物保护单位等]和库车市的热斯坦历史文化街区[其资源禀赋为传统街巷、传统建筑、文物保护单位等]。

个❶、中国少数民族特色村寨22个❷，此外还有若干自治区级历史文化名城❸、历史文化街区❹、少数民族特色村寨、民族风情街❺、生态文化村落等。2021年"接待游客1.58亿人次，比上年下降25.9%，实现旅游收入992.12亿元，比上年下降72.7%。接待国内游客15805.36万人次，实现国内旅游收入991.03亿元；入境游客6.1万人次，入境旅游收入1575.29万美元。"❻

新疆各风景区都建设了比较齐全的配套设施，如交通线路、游客接待中心、酒

---

❶ 截至2022年6月，新疆共有18个传统村落入选"中国传统村落保护工程"，这些村庄有哈密市伊州区回城乡阿勒屯村、五堡镇博斯坦村，鄯善县吐峪沟乡麻扎村，特克斯县喀拉达拉乡琼库什台村，布尔津县禾木哈纳斯蒙古族乡禾木村、喀纳斯景区铁热克提乡白哈巴一村，阿克陶县克孜勒陶镇艾杰克村、木垒哈萨克自治县照壁山乡河坝沿村、西吉尔镇的水磨沟村和屯庄子村及英格堡乡的街街子村、马场窝子村、英格堡村和月亮地村，民丰县萨勒吾则克乡喀帕克阿斯干村等。为了更好地推动传统村落的保护和发展，木垒哈萨克自治县还出台了《木垒哈萨克自治县传统村落保护条例》。该保护工程由住房和城乡建设部、文化和旅游部、国家文物局等七部委联合评选。

❷ 中国少数民族特色村寨，由国家民委认定，截至2017年，共认定过2批，新疆共有22个村寨或连队入选。这些特色村寨有新和县依其艾日克镇加依村，泽普县布依鲁克塔吉克族乡布依鲁克村，和静县巴音布鲁克镇巴西力克村，阿合奇县阿合奇镇科克乔库尔民俗文化村，伊宁市达达木图镇布拉克村，尼勒克县种蜂场艾米尔布拉克队、克令乡克孜勒吐木斯克村，霍城县惠远镇央布拉克村，昭苏县萨尔阔布镇萨尔阔布村，特克斯县特克斯镇博斯坦村、喀拉达拉镇琼库什台村、特克斯镇霍斯库勒村，乔拉克铁热克镇克孜阔拉村，布尔津县冲乎尔镇布拉乃村，第四师73团8连，第五师89团9连，第六师军户农场5连，第八师石河子市143团紫泥泉镇石门村，第九师165团4连(巴依木扎)，第十二师104团畜牧连，第十三师黄田农场庙尔沟村，第十三师红星四场塔水河(现牧场连)等。

❸ 自治区级历史文化名城有吉木萨尔县，巴里坤哈萨克自治县，奇台县[奇台县拥有2个历史文化街区，1个全国重点文物保护单位，6处自治区级文物保护单位，33处县级文物保护单位，22处历史建筑]，莎车县[莎车县拥有2个国家级文物保护单位，9个自治区级文物保护单位，69个县级文物保护单位]，吐鲁番市、特克斯县城(八卦城)等。

❹ 自治区级历史文化街区有乌鲁木齐市高新区(新市区)的新疆古生态园，乌鲁木齐市沙依巴克区的炉院街茶文化特色街和公园北街，乌鲁木齐市水磨沟区的无界YOHO，乌鲁木齐市经开区(头屯河区)的万达广场，乌鲁木齐市天山区的明德路等。在喀什老城区的改造中就设立了铁艺巴扎、木艺巴扎、维药巴扎、土陶巴扎等与手工艺相关的特色街区。

❺ 新疆各地都建设了众多的民族风情街区，例如克孜勒苏柯尔克孜自治州的三千年风情街、阿孜汗民俗风情街等都设置了与手工艺相关的展览、展示、旅游、体验、娱乐内容。

❻ 王妍妍,时光慧.新疆维吾尔自治区文化旅游、卫生健康和体育[M].//中华人民共和国年鉴.北京:中华人民共和国年鉴社,2021:882.

店、宾馆、餐厅、文创商店或柜台等。这为新疆少数民族手工艺品的销售提供了良好的基础。

休闲文化区市场有民族风情园（街）、夜市，以及商务酒店、会议空间和咖啡厅、餐厅等空间。新疆比较有名的民俗风情园（街）有新疆国际大巴扎、二道桥巴扎等，虽然冠以"巴扎"之名，其本质还是民俗风情街（图1-1）。夜市也是手工艺品销售的重要空间。对新疆各族人民而言，夜市具有特

图1-1　乌鲁木齐市国际大巴扎入口的手工艺馕雕塑

殊的意义，不仅能够增加经营者的收入、为就业者提供岗位，还可以丰富人民的物质、文化、精神生活。乌鲁木齐大巴扎景区"每日进入景区人员近3万人次。""昌吉回族自治州37个夜市和20个跳蚤市场日均客流量达8万人次左右，日均营业额达280万元，带动3000多人就业。""摩界文创旅游园区新年创意集市晚上8点开市，30余个摊位涵盖文创产品、点心、咖啡以及鲜花等，已经成为小有名气的网红打卡点"❶。

"'巴扎'一词是维吾尔语的音译，即农村的集市。巴扎最初的形成与经济活动有关，是自给自足的农业经济的产物。然而在漫长的发展过程中，巴扎的发展滋生出许多文化功能，成为绿洲文明的象征。"❷目前，新疆各级政府也将"巴扎"这一概念运用于景区建设中，如在乌鲁木齐市、和田市、喀什市、伊宁市等旅游城市都建设了大巴扎风景区❸。为了更好地突出非遗或手工艺元素，以上城市在规划大巴扎景区时，还在其内设置了"非遗巴扎"。非遗巴扎，又叫作"非遗集市"或"非遗市集"，是一种以展览、展示、体验非遗及产品售卖为主要内容的专题集市，各地盛行的手工艺品步行街等也属于"非遗巴扎"的范畴。"非遗巴扎"集中展示了各地非遗生产性保护、非遗工坊、传统工艺工作站的成果，推动了手工艺与景区

---

❶ 李亚楠. 新疆"夜经济"活力涌动[N]. 人民日报，2022-01-04(6).

❷ 方晓华. 巴扎的文化解读[J]. 新疆社会科学，2007(5)：85-89.

❸ 例如乌鲁木齐市的国际大巴扎、二道桥巴扎、和田市和田大巴扎、喀什市喀什大巴扎、伊宁市汉人街巴扎等。

建设深度融合。2021年，新疆维吾尔自治区文旅厅启动了"非遗巴扎"的认定工作，新疆国际大巴扎、喀什古城景区、喀赞其民俗旅游区、吐鲁番市葡萄沟景区、和田团城民俗旅游区5个景区入选。

政府鼓励各非遗代表性传承人、手工艺农民专业合作社、手工艺小微企业、非遗工坊、工艺美术大师等积极进驻"非遗巴扎"，并从资金、空间、设施等方面提供了若干支持（图1-2）。例如，位于吐鲁番市葡萄沟景区的"非遗巴扎"，面积有2000多平方米，手工艺文创商品达3000余种，有地毯、刺绣、彩鞠等纺染织绣类手工艺品，柳编等编织扎

图1-2 位于乌鲁木齐市国际大巴扎的丝绸之路手工艺品步行街

制类手工艺品，烙画等剪纸刻绘类手工艺品，土陶、面人等雕刻塑造类手工艺品，馕、烤包子、烤鱼、玛仁糖等食品制作类手工艺品。自治区级非遗代表性传承人库尔班·克依木的柳编工作室就位于该巴扎内。"非遗巴扎"不仅践行了手工艺产业与旅游产业深度融合、协同发展的思路，还拓展了手工艺品及服务的销售渠道，活跃了当地经济，给当地人民群众带来良好的经济收益。

"非遗巴扎"的建设非常重视历史文化生态环境的活态呈现（图1-3）。例如，喀什噶尔古城的手工艺巴扎就采取了如下措施：第一，修复或复原了维吾尔族的传统生产、生活空间——传统高台民居建筑，以及其内的家居、装饰。第二，复原了维吾尔族的传统物质生活方式。从宏观方面来说，规划了花帽、土陶、维

图1-3 位于乌鲁木齐市国际大巴扎丝绸之路手工艺品步行街的摊点

药等8个特色集市；从微观方面来说，重点建设了维吾尔族传统乐器制作、铜器制作、银器雕刻、土陶烧制、花帽制作、木雕构件、葫芦雕花、皮雕、打馕等以传统手工艺为主要内容的店铺。第三，复原了维吾尔族的传统精神生活方式，如对维吾尔族民间文学、传统音乐、传统舞蹈、传统体育游艺杂技、民俗等非遗项目的展览展示体验。第四，每个店铺都具有生产、生活、展览、展示、售卖、体验等功能。麦麦提依明·阿巴拜克热的店铺就位于这条手工艺巴扎街区，虽说是售卖维吾尔族传统乐器的店铺，但看上去更像一座展览、展示传统维吾尔族乐器的博物馆。他的店铺售卖热瓦甫、都塔尔、弹拨尔、卡龙琴、艾介克、胡西塔尔、萨塔尔、苏尔奈、乃依、达甫、纳合拉、塔西等30多种乐器，有游客来的时候，他就给游客讲解维吾尔族乐器的知识和故事，没有游客的时候，他就一个人静静地弹琴，他的徒弟和工人们则在后院制作和加工乐器。他的店铺具有很好的经济效益，不仅供应来此的外地游客，随着良好口碑（回头客）以及线上市场的影响，他还将乐器卖到了巴黎、纽约、曼谷等100多座城市。在喀什噶尔古城，像麦麦提依明·阿巴拜克热的乐器店一样有影响力的手工艺店铺还有买买提·艾力家的铜器店等。

摊位，又称作"摊点"，是"非遗巴扎"的构成单位之一，也是手工艺品销售的重要空间。摊位主要存在于市集（巴扎）、文化创意园区或夜市中。在好的地段，或者客流量较大的夜市，或者展览经济中，小摊位的生意甚至不输中小城市的手工艺门店。

（三）国外市场

在国外市场，新疆少数民族手工艺品具有巨大的市场潜力。新疆是"丝绸之路经济带"的"核心区"和"文化科教中心"，随着我国扩大对外开放、西部大开发以及"一带一路"倡议等深入推进，新疆从相对封闭的内陆变成对外开放的前沿。这为新疆手工艺国外市场的开拓提供了极好的发展机遇。

新疆手工艺品国外市场的开拓主要依赖口岸经济的发展。"边贸的发展和边境口岸的建设不但是我国经济发展的重要力量，也关系着我国边境地区的民族发展和扶贫兴边等重大问题。"[1]乌鲁木齐国家陆港区的中欧班列，不仅到达中亚、西亚诸国，还发往西班牙、意大利等国家。"2021年，经由新疆口岸进出境中欧班列达

---

[1] 夏文斌.区域公平的当代建构——以新疆为例[M].北京:中国社会科学出版社,2016:271.

12210列，同比增长21.5%，占全国中欧班列通行总数的52.4%。"❶阿拉山口跨境电商业务量已居西北第一、全国第四，业务增速居全国第一。❷

西向开放、丝绸之路经济带以及中巴经济走廊的建设是对外开放国策的深入发展，也是新疆"走出去"战略的重要组成部分，为新疆手工艺的发展提供了良好的国外市场。"在国际政治经济秩序深刻变动，国内发展方式面临重要转变的宏观背景下，向西开放成为我国进一步融入和参与国际经济合作和世界分工的必然趋势。"❸若向东发展，新疆距离以东海为起点的海路贸易非常遥远，是劣势；若向西发展，新疆与中亚、北亚、南亚、西亚距离很近，则是优势。由此，手工艺品的西向贸易成为优化新疆经济贸易结构、发展外向型经济的重要举措。

中亚是欧亚大陆的桥梁，是亚欧资源互通的要道，在世界政治、经济、军事、安全格局中具有非常重要的战略地位。中亚五国面积400万平方千米，人口5500万，"是影响中国和世界发展的重要枢纽，向西开放面临宝贵外部机遇"❹。"谁统治了中亚，谁就控制了大陆心脏；谁统治了大陆心脏，谁就能控制世界岛；谁控制了世界岛，谁就能控制全世界。"❺一方面，我国与中亚、西亚、中欧、北亚诸国交好，在与以上国家的交往中具有越来越多的话语权。另一方面，中亚、西亚、中欧、北亚等国家的纺织、服装、鞋帽、日用品、手工艺产业发展比较落后，市场空白巨大，这就为新疆手工艺产业的发展提供了一个充满商机的市场。但是，我们也应该看到中亚、西亚、南亚乃至中东、北非等地区的政治安全环境比较复杂，这给新疆手工艺品贸易带来了一定的消极影响。

---

❶ 李亚楠,韩立群.效率提高 货运更忙 新疆海关不断提升货物通关速度[N].人民日报,2022-02-17.

❷ 王江平.新疆阿拉山口口岸跨境电商跃居全国第四[N].中国妇女报,2021-01-28.

❸ 夏文斌.区域公平的当代建构——以新疆为例[M].北京:中国社会科学出版社,2016:263.

❹ 同❸.

❺ "谁统治了中亚,谁就控制了大陆心脏;谁统治了大陆心脏,谁就能控制世界岛;谁控制了世界岛,谁就能控制全世界。"由封永平和姚志鹏提出,见封永平,姚志鹏.中亚地缘政治经济博弈与中国的战略选择[J].上海商学院学报,2009(6):36-39,83.该提法源自英国地理学家哈尔福得·约翰·麦金德(Halford John Mackinder,1904)提出的"麦氏三段论"："谁统治东欧,谁就能主宰心脏地带;谁统治心脏地带,谁就能主宰世界岛;谁统治世界岛,谁就能主宰全世界",见哈尔福得·约翰·麦金德.民主的理想与现实:重建的政治学之研究[M].王鼎杰,译.上海:上海人民出版社,2016:128.

二、线上市场

线上市场对于少数民族经济发展的积极意义，已在全社会范围内获得共识。电商平台是一种新型的经济形态，是目前新疆增速最快的行业之一。"2021年，新疆企业通过电商平台实现网上零售额427.20亿元，比上年增长41.3%，增速比上年提高13.7个百分点，居全国第5位。"❶与线下实体店不同，线上市场可以打破时间和空间的局限，更好地将分散的货物和受众等市场要素凝聚在一起。《关于支持设立非遗扶贫就业工坊的通知》明确提出要"搭建平台，支持电商企业等通过订单生产、以销定产等方式，帮助销售非遗扶贫就业工坊生产的传统工艺产品"。《关于持续推动非遗工坊建设助力乡村振兴的通知》也指出，推动目录产品（按非遗工坊产品目录）与网络销售平台建立长期稳定的合作关系，协调平台在"非遗购物节"等销售活动中，对目录产品给予流量投放、宣传推广、直播选品等方面的支持。《2021非遗电商发展报告》提到，淘宝天猫平台上，14个非遗产业集群年成交额过亿元，近一半位于县域及以下地区。……非遗消费呈现以下三个特点：非遗供给增加，淘宝天猫非遗店铺数量超过35000家；非遗商品销售的增长，淘宝非遗商品年成交额连续两年同比增长超过20%；非遗消费人群的扩大，非遗商品消费者规模已经达到亿级，"85后"和"90后"成为非遗商品消费主力❷。

近三年以来，在国家政策及电商平台的大力支持下，新疆少数民族手工艺品的线上市场建设也取得了显著的成效。例如，吐鲁番市高昌区葡萄镇的韩玛丽凯民族刺绣农民专业合作社，在淘宝网上注册了3家店铺，将他们生产的花帽等手工艺品销售到十几个省份，年销售量达到200多万件，年利润达60万元左右。《新疆日报》曾报道过巴音郭楞蒙古自治州库尔勒市"博湖礼物"专卖店的销售情况，该店负责人郑保红说："往年，销售量主要来自线下实体店；2020年，我们90%的销售量来自淘宝网店。"❸阿克苏地区新和县依其艾日克镇加依村的加依嘉音乐器农民专业合作社也在抖音上开启了直播宣传和卖货活动，主要售卖合作社生产的都塔尔、弹拨尔、萨塔尔、热瓦甫等13个品种的维吾尔族传统乐器。目前，他们的抖音号有粉丝

---

❶ 新疆维吾尔自治区统计局国民经济综合统计处.2021年自治区国民经济运行情况[EB/OL].2022-02-10.

❷ 刘志明《2021非遗电商发展报告》发布 14个非遗产业集群年成交额过亿元[N].消费日报，2021-10-25.

❸ 张海峰."新疆礼物"俏销四方[N].新疆日报，2020-05-12.

2万左右，年销售乐器1000件左右，年销售额100万元左右，每次直播时观众一般维持在300~500人。和田县巴格其镇巴扎博依村的木雕艺人阿卜杜合力力·麦提肉孜通过和田伍创农兴网络科技有限公司的抖音直播平台销售其制作的木制品等地方特产❶。根据平台性质的差异，新疆手工艺线上市场可分为网上电商、短视频平台、社交平台，以及地图、旅游、知识服务平台等若干类型。

淘宝、天猫、京东、苏宁易购、国美在线、拼多多是新疆手工艺电商的主要平台。新疆不少的手工艺人、家庭作坊、合作社、小微企业都开通了网店或直播销售平台。尤其是自2020年以来，线上市场一跃成为疆外市场销售的主要渠道。据调查，目前新疆比较活跃的网上电商平台有新疆末胡营文化传媒有限公司、新疆西域神游文化艺术有限公司、乌鲁木齐金团缘商贸有限公司、新疆博物馆文创产品天猫旗舰店等，销量不错的手工艺品牌或产品有"五星出东方利中国"系列鼠标垫、充电宝，"高昌智慧"卡通公仔、树脂人偶、钥匙串，"草原石人"鼠标垫，"共命鸟"筷子，"大魔狮"树脂摆件、鼠标垫，"唐小驹"玩偶、胶带、冰箱贴，"悟空香插"，"西域喜狮"夜灯、纸胶带，"梵韵"系列丝巾，龟兹壁画"彩色铅笔套装""原生态壁画创意书灯"，文创书签，等等。

抖音、快手、bilibili、淘宝直播也是新疆手工艺电商的重要平台。目前，很多政府部门都建设了自己的官方短视频账号或直播平台，各代表性传承人、工艺美术大师、农民专业合作社、小微企业、非遗扶贫就业工坊等生产经营主体、景区及销售主体也都建设了自己的短视频账号或直播平台。政府和官媒不仅在自己的短视频账号中积极宣传当地富有特色的手工艺项目，还通过邀请明星大腕、文艺大咖、网红主播、旅游达人等"助播"或参加线下活动来配合短视频或直播活动，甚至培育"公务员网红"来向社会推介手工艺品等地方特产。

线上市场的受众多为疆外甚至国外顾客，其中有到新疆旅游过且到相关实体店购买过相关产品的顾客占了很大比重，还有一部分是生活在疆外，但之前又在新疆生活或工作过的人。巴尔郭楞蒙古自治州库尔勒市"博湖礼物"专卖店的负责人郑保红如此来谈网上销售市场，"来网店买东西的，疆外顾客占80%以上，有重庆、上海、深圳、长沙等地的，多是老顾客，到博湖来旅游过，尝过我们的产品，反复回购的。"❷对"非遗购物节"的受众调查显示，购买非遗产品的消费者呈现出越来越年轻的趋势，"可喜的是，购买非遗产品的人群中，"80后"和"90后"

---

❶ 张海峰."新疆礼物"俏销四方[N].新疆日报,2020-05-12.

❷ 同❶.

占比达2/3；而在非遗的跨界货品中，购买人群更显年轻化，"90后"和"00后"占比达71%。""消费者最喜欢的是食品、家居、服装类的非遗货品，这三类的销售量接近60%。"❶后两点在新疆少数民族手工艺品的线上销售中也有体现。

三、预期市场

在"旅游兴疆""文化润疆"等战略的推动下，新疆的旅游业呈现出良好的发展势头。旅游业是促进新疆经济高质量发展的朝阳产业，是促进各族人民群众脱贫、增收、致富的惠民产业，更是新疆少数民族手工艺产业发展的重要推动力量。2018年接待境内外游客超过1.5亿人次；其中境外游客262.6万人次❷。2019年，接待境内外游客突破2亿人次，实现旅游收入3632.58亿元❸。"据国家计算机网络与信息安全管理中心新疆分中心游客流量监测显示，2021年，全区139家4A、5A级景区累计接待国内外游客8543.93万人次……其中：疆内游客增长2.0倍，外省游客增长3.5倍，境外游客增长47.2%。"❹

游客是新疆少数民族手工艺品的重要销售对象，新疆旅游业蕴藏着巨大的手工艺品销售和体验服务市场。手工艺品几乎可以适用于所有类型的景区，既包含名山大川等自然景区，又包含历史文化遗迹、历史文化名村、传统村落、少数民族特色村寨、城市文化创意经济区、城市休闲文化区等人文景区。其销售空间也非常多元，既包括手工艺品商店、柜台、摊点，或酒店、旅馆、餐厅的货架，或博物馆、图书馆、美术馆、展览馆的柜台以及线上交易平台，还包含乡村或城市巴扎、民俗风情街、夜市等。

目前，面向普通大众的中低端"文化礼品"市场非常活跃，故宫文创、国潮系列文创的大火就是很好的例证，新疆旅游品市场和手工艺品市场对"文化礼品热"的现象予以积极回应。新疆维吾尔自治区文化和旅游厅推出区域公共品牌"新疆礼物"后，各级政府积极响应，陆续推出了"阿克苏好礼""昌吉礼物""喀什礼

---

❶ 张玉玲.搭上电商,非遗飞入百姓家——首届"非遗购物节"述评(上)[N].光明日报.2020-06-16.

❷ 中华人民共和国国务院新闻办公室.新疆的职业技能教育培训工作[N].人民日报,2019-08-17.

❸ 新疆维吾尔自治区人民政府.2019年新疆政府工作报告[EB/OL].2020-01-13.

❹ 新疆维吾尔自治区统计局国民经济综合统计处.2021年自治区国民经济运行情况[EB/OL].2022-02-10.

物""和田礼物""富裕民间"等活动。当下，入选"新疆礼物""兵团礼物"，以及各级政府主导的"某地礼物"的手工艺品就有三五百种，极大地丰富了新疆少数民族手工艺品牌体系。

就业容量即手工艺行业能够提供或安置的就业岗位数量。就业实效即手工艺行业在稳定就业、持续就业、长期就业方面的实效。2020年11月以后，新疆虽然已全面打赢脱贫攻坚战，但是"部分脱贫地区的稳岗就业仍然不够充分，脱贫群众的思想观念仍然有待转变、持续增收的能力仍然有待提升。"❶这一现象普遍存在于多种产业形态中，具体到手工艺产业而言，主要表现为不健全的社会分工体系和产业格局。一个健全的产业链条，应该囊括原材料、设备、研发、工艺流程、生产、宣传、销售等若干环节，每个环节应由不同的主体来完成。例如，对墨玉县普恰克其镇布达村的桑皮纸制作技艺而言，理想的产业链条应该包含桑树种植、设备（包含自动剥皮机、捣皮机等）、研发（包含造纸工艺的复原、改良，纸的用途）、桑树皮加工、造纸、宣传、销售等，但是目前，该镇并没有大批量的桑树种植产业，也没有科研人员或企业涉足相关设备的研发。当下，布达村及其周边村庄的桑皮纸家庭作坊和桑皮纸小微企业几乎囊括了桑皮纸制作技艺产业链条的所有环节和内容。可以说，没有健全的社会分工体系和丰裕的产业链条支撑，手工艺项目很难获得快速发展。笔者认为，从均衡和推动区域产业发展的角度而言，应确定分工合作的意识，不同的村、镇、县、区，或农民专业合作社、小微企业应分担手工艺流程的不同环节，共同强化产业链的要素建设，进一步完善、延长、优化产业链条，只有这样才能让更多的经营主体受益，增强产业链条的韧性和抗风险能力。

四、限制因素

（一）地理、气候、水资源

相较于东部发达地区而言，新疆少数民族人口集中地区，尤其是南疆四地州，自然资源的禀赋情况比较差。一方面，新疆少数民族贫困地区，尤其是南疆四地州，较之内地呈现出显著差异。另一方面，南疆与北疆、或南疆与北疆的不同地区之间资源禀赋的差距也非常大，经济、文化的发展也很不均衡。南疆多荒漠、戈壁、高山等不具备耕作条件的地貌，夹杂在荒漠、戈壁、高山之间的绿洲面积小，土地贫瘠，且沙化、荒漠化、盐碱化问题非常严重；降雨量稀少、气候非常干旱，

---

❶ 李婷.新疆全面推进乡村振兴路径研究[M]// 司晓宏,白宽犁,王建康,等.西北蓝皮书:中国西北发展报告(2022).北京:社会科学文献出版社,2022:305.

因此水资源异常贫乏，多浮尘、风沙甚至沙尘暴天气，适合耕种、居住的平原区绿洲面积仅占9.2%左右，生态系统非常脆弱，经济发展与生态保护之间的矛盾非常突出。例如，和田地区总面积24.74万平方千米，其中山地占33.3%，沙漠戈壁占63%，绿洲仅占3.7%，且被沙漠和戈壁分割成大小不等的300多块。❶

（二）设施与交通

互联网设施、手机自媒体等是制约新疆手工艺电商事业发展的重要因素。十三五以来，新疆的互联网普及率获得了极大的提升。同时，这也说明新疆少数民族人口集中地区，尤其是南疆四地州，少数民族贫困人口的信息化素养和能力获得了一定程度的提升。新疆少数民族群众依靠互联网，使了解外部世界的能力获得了一定程度的提升，为手工艺品线上市场的拓展提供了良好的条件。

南疆四地州地理位置偏远，距离首府乌鲁木齐市、首都北京市非常遥远，虽有汽车、火车、飞机等交通工具，但碍于交通成本过高等因素的制约，通过易地就业实现转移扶贫的难度和挑战性比较大。受历史积淀比较差，社会、宗教、文化比较复杂等要素的制约，新疆的基础设施建设、产业发展、社会发展、居民生活、公共服务水平等一直落后于中东部地区。

实际上，在政治、经济、社会、文化、宗教、安全、人口、乡村、教育等方面，新疆农村地区较之其他省份呈现出显著的差异性。这就要求我们必须要尊重这种差异性，了解新疆少数民族乡村社会治理，以及城镇化发展问题的复杂性和特殊性，看到脱贫攻坚、向南发展、文化润疆、社会稳定、长治久安等问题的复杂性和艰巨性，以一种开放、实验的心态，审慎地探讨和总结新疆少数民族人口集中地区，尤其是南疆四地州手工艺产业发展中的经验、成果及不足。既要防范"先入为主""想当然而然"的思维定式，又要警惕"生搬硬套""死拉硬拽"国内外案例、经验、方法、策略及模式的行为。

（三）物流存储

物流存储能力是制约新疆手工艺电商事业发展的重要因素。新疆地域辽阔，各少数民族的居住区域又非常分散，这就给手工艺品的运输带来了很大的挑战。能否将手工艺品快速、准确地送达客户手中，是制约新疆少数民族手工艺品线上交易的重要因素。目前，淘宝、京东等互联网平台，以及邮政、顺丰等物流公司等都在新疆各地建设了不少云仓，新疆各级政府也在全疆甚至全国各地建设了不少异地存储

---

❶ 数据来源：和田政府网。

平台，这就很好地解决了新疆少数民族手工艺品生产经营单位过于分散、物流的时间成本过高的问题。现在，规模以上的新疆少数民族手工艺品合作社或者小微企业一般都提前将货品存放在以上公司的云仓中，当有新订单时，即由第三方物流公司第一时间快速发货，由此形成了"合作社或小微企业生产、线上销售、线下发货的无缝衔接"。

（四）品牌化程度

目前，在全疆范围内产生重要影响力、具有一定市场竞争力的手工艺品牌一般为文创企业所持有，家庭作坊、农民专业合作社或小微企业等手工艺生产经营主体要么不重视品牌建设，缺乏品牌管理、规划和发展意识，发展多年仍未建立自己的独立品牌；要么品牌缺乏足够的知名度、美誉度和市场竞争力，甚至一度成为死品牌。"声誉代表企业对品质的坚持"❶，这是品牌的价值及内涵之所在。

胡宜挺等学者曾论及新疆少数民族手工艺生产经营主体缺乏品牌意识的现状及原因，"合作社的规模普遍较小，多数缺乏自己的独立品牌，有些合作社产品甚至连商标都没有。有些合作社虽有品牌，但品牌影响力很低，除本地人之外很少有人知晓，不利于合作社手工艺品市场的开拓。"❷由于少数民族手工艺生产经营主体主要供应周边农村市场，本地之外市场的销售份额占比较小，加之其交易行为达成的主要动力是传统的口碑效应，而非品牌影响力，这就导致他们在品牌建设意识、规划与发展能力方面存在严重的不足。

（五）价格

一般来说，手工艺品的价格是使用价值、陈设价值、产业链诸环节的价值的反映。但是，新疆手工艺品的价格形成并不能如实反映上述要素及关系。例如，产业链诸环节，利润的分配并不合理。据笔者调查，一张尺寸为70厘米×140厘米的桑皮纸，在原产地和田的批发价为60~260元，按平方厘米换算，其售价为0.6~2.7分。到了乌鲁木齐国际大巴扎，其售价则高达120~500元，按平方厘米换算，其售价为1.2~5分。这就说明，销售侧垄断了大量利润，溢价近100%。与其他省份同类手工艺品相比，新疆手工艺品的价格严重偏离价值。安徽宣城某品牌天猫旗舰店所售手作桑皮土纸（尺寸30厘米×40厘米）的单价为0.06分，也就是说，若论批发价，

---

❶ 中国地标品牌声誉评价课题组.2021中国地理标志农产品品牌声誉评价报告[R].北京:中国农业品牌研究中心,2022.

❷ 胡宜挺,王亚南,李敏楠.手工艺专业合作社促农增收成效及对策研究——基于新疆15家刺绣专业合作社、140个农户的调查[J].中国农民合作社,2020(7):59-62.

和田桑皮纸是安徽手作桑皮土纸的10~45倍；若论销售价，前者是后者的20~83倍。上文的比较与分析过程可能不甚严谨，但其反映的情况应大致真实可信。两种纸张在性能上并无太大差别，但价格却有几十倍的差距，这是很不正常的市场现象。由此，笔者认为如此高的溢价很难长期维系。

余 论

随着构建中华优秀传统文化传承体系、非遗保护传承体系，《中国传统工艺振兴计划》、文化与旅游深度融合改革、非遗扶贫就业工坊建设等一系列政策的实施，使新疆少数民族手工艺产业呈现出越来越显著的复合型特征。与国内其他省市相比，新疆少数民族手工艺产业的资源禀赋、人群特点、产业现状、产业链条建设、市场类型及销售情况、产品类型、动力来源等都表现出显著的差异。

近年来，新疆少数民族手工艺产业虽然取得了阶段性的成效，但接下来的任务依然非常艰巨。资金、空间、设施方面，虽然起到了"立竿见影"的效果，但还需要从根本上解决发展动力、能力及可持续性等问题。《中共中央 国务院关于实现巩固拓展脱贫攻坚成果同乡村振兴有效衔接的意见》为探索后脱贫时代新疆少数民族手工艺产业的可持续性发展问题提供了依据，"保持主要帮扶政策总体稳定。过渡期内严格落实'四个不摘'要求，摘帽不摘责任，防止松劲懈怠；摘帽不摘政策，防止急刹车；摘帽不摘帮扶，防止一撤了之；摘帽不摘监管，防止贫困反弹。现有帮扶政策该延续的延续、该优化的优化、该调整的调整，确保政策连续性。……优化产业就业等发展类政策。"❶另外，新疆少数民族手工艺产业发展，还需要在思想认识、眼界拓展、技能培训、科学研究、设计水平、工艺质量、产品营销、组织建设、政策制定、产业链构建等方面下功夫，才能从根本上拔掉"穷根子"。

《新疆全面推进乡村振兴路径研究》曾使用如下的语言来描述新疆贫困地区产业链的建设情况：2020年11月以后，"新疆虽然已全面打赢脱贫攻坚战……部分脱

---

❶ 中共中央 国务院关于实现巩固拓展脱贫攻坚成果同乡村振兴有效衔接的意见 [J]. 中华人民共和国国务院公报，2021(10)：4-10.

贫地区产业链体系还不够完整、产业带动能力不够强"❶。一般来说，产业链条越长，受益群体越广，其所产生的经济效益也越高，产业链便越稳定。因此，增加产业链条的长度、增强产业链的韧性、扩大产业链的辐射面，就成为降低手工艺生产成本、提升手工艺品的增值空间、统筹协同城乡市场要素的重要保障。新疆少数民族手工艺产业除了呈现出上述特点，还表现出生产经营主体规模比较小，所处地理位置比较分散，标准化、集约化、产业化、市场化程度比较低，产业集群化程度不高、业态比较简单、周边业态比较少，品牌化程度比较低，抗风险能力比较差等问题。下面笔者从供给侧链条建设情况来分析新疆少数民族手工艺产业链的建设现状。

供给侧链条建设对于新疆少数民族手工艺产业发展至关重要。构成供给侧链条的要素有原材料、设备、收购网，以及手工艺人、新技术运用情况、新产品开发情况等。目前，新疆农村地区的不少手工艺生产经营主体，都面临着"小订单经济效益有限，大订单要么接不到、要么完不成"的尴尬局面。笔者认为，该问题可通过加强收购网建设来解决，具体策略如下：整合"行业协会+企业"力量，建设新型销售型经营主体，负责本区域或跨区域手工艺品收购工作；确定手工艺品的质量标准，按照不同质量制定价格体系来实施收购；摸排本区域手工艺品生产能力，合理布排手工艺品收购点，为"按销生产"提供数据支持；为了降低物流成本，在各收购点建设分仓储加工交易集配中心及总仓储中心。

新疆少数民族手工艺是乡村文化旅游产业的重要内容，是提升旅游景区文化品质、内涵建设的重要举措。一方面，手工艺是打通"餐饮、住宿、交通、游览、购物、娱乐"文化旅游链条，促进文化和旅游要素联动的重要媒介；另一方面，手工艺也是新疆各地州观光游、休闲游、体验游的重要内容，手工艺品购买和相关体验活动在新疆旅游消费中占据不小的比重。国家各级政府为推动新疆"少数民族手工艺+旅游"发展提供了丰富的支持政策。第一，新疆各级政府都非常重视旅游经济对于手工艺品销售的带动效应。各地州市确立的"全域旅游"发展思路❷，为手工

---

❶ 李婷.新疆全面推进乡村振兴路径研究[M]//司晓宏,白宽犁,王建康,等.西北蓝皮书:中国西北发展报告(2022).北京:社会科学文献出版社,2022:305.

❷ "全域旅游"思路,即"一县一主导产业、一县一主要特色、一县一主打品牌"和"一乡一业、一村一品、一片一特色"。见李婷."十三五"打赢新疆深度贫困区脱贫攻坚战[M]//丁守庆,刘国防,王宁.西北蓝皮书:中国西北发展报告(2021).北京:社会科学文献出版社,2021:133.

艺品的销售提供了广阔的市场。第二，在文化生态保护区、民俗村镇旅游区建设方面，将手工艺资源运用于民宿、酒店、餐饮等场所中，在旅游景区举办手工艺比赛、展览展示活动，丰富了旅游服务的供给。第三，在非遗扶贫工坊建设方面，鼓励各地因地制宜在景区引入非遗工坊项目，在有条件的景区建设集展示、展销、体验等功能于一体的非遗工坊，帮助工坊产品对接旅游商品市场，做好巩固拓展脱贫攻坚成果同乡村振兴有效衔接。❶第四，在手工艺品销售网络建设方面，引导旅游公司、导游、游客将手工艺品购买或手工艺体验活动，纳入旅游景点和旅游线路，实施"手工艺进旅游景点工程"。

虽然，旅游经济的高速发展为新疆少数民族手工艺产业发展，提供了良好的机遇，极大地拓展了手工艺品的消费市场，但是，新疆少数民族手工艺产业链条的建设仍然存在不少问题。诸如，要素缺环、短狭、韧性较差、抗风险能力弱；产业带动能力不够强，周边业态贫乏、黏性不高、跨行业融合较少；市场开拓相对滞后，大部分手工艺品只局限在本地销售，4A、5A级旅游景区的旅游品市场和首府、新疆外、国外市场都急需开拓；不同手工艺门类、不同地区之间的发展也很不均衡。这些问题都应该引起业界和学界的重视。

---

❶ 非物质文化遗产司.文化和旅游部对十三届全国人大四次会议第3410号建议的答复[EB/OL].中华人民共和国文化和旅游部,2021-08-16.

第二章

新疆少数民族手工艺产业的发展平台、机制与政策研究

制约新疆少数民族手工艺产业发展的要素有人力资源、教育培训、科学研究、政府、生产经营主体、社会组织、大众媒体等。以上诸要素之间，并不是平等、均衡发展的关系。其中，手工艺者及其就职的家庭作坊、农民专业合作社或小微企业是发展主体，教育培训、科学研究、设计师或设计机构是主要推动力量，政府、社会组织、大众媒体等则是主要辅助和支持力量。

如何将少数民族传统手工艺的保护传承与产业发展结合起来，通过要素建设，将其转化为能够满足人民群众现代生活审美需要且具有强大市场竞争力的文化商品，进而带领广大少数民族群众脱贫增收，是新疆各级政府的重要任务。

第一节 平台建设

功能健全的生产经营平台，可以有效地凝聚产业要素，是手工艺产业健康发展的前提。该节遴选手工艺生产性保护区、传统工艺工作站、非遗扶贫就业工坊这3种最具有代表性的生产经营平台，依次来阐释其建设现状、存在的问题及解决策略。

一、手工艺生产性保护区

手工艺生产性保护区是一种通过保护来带动发展，通过发展来促进保护，借助产业化、市场化手段、将资源优势转化为产业优势和市场优势，进而激活传统手工艺自身创新活力的一种文化空间，又被称作"手工艺生产性示范基地"、"手工艺保护传承中心"或"传习所""传习中心""体验馆""研学基地"等。

在传统社会向现代社会转型的过程中，手工艺赖以存在的物质、文化基础，都受到相当程度的挑战，对于青年男女而言，传统手工艺不再是他们成长过程中的必修课，不再是闲暇之余的主要活动，人们对传统手工艺的物质、精神需求日益减少。例如，英吉沙小刀的工匠们使用模压的刀身来代替锻打的刀身，用颜色鲜艳的有机玻璃、塑料薄片来代替昂贵的宝石、玉石和有机的牛角、骨等传统材质，在其样式变得同质化、价格变得低廉的同时，其背后所承载的文化内涵、思想意义和象征意蕴也大为减弱。可以说，现代工业产品在极大地丰富人们的生产生活的同时，也影响了人们的审美趣味、审美观、消费观和价值取向，以及人们对手工艺的认识。

手工艺的"生产性保护"就产生于上述背景之下。毋庸置疑，实施"生产性保护"后，传统手工艺在提高当地居民的收入水平、拉动经济增长、增加就业、改善民生、推动旅游发展等方面都发挥了重要作用。但是，将传统手工艺的保护传承置于市场经济的环境、语境下，如果做不到恪守"保护为先"的底线，而以商品生产的逐利特性，以及产业化、规模化，来干预或指导"生产性保护"，将对传统手工艺的保护传承产生非常不利的影响。

国家和自治区政府认定了一批"生产性保护区"和"生产性保护示范基地"。目前，新疆的国家级非遗生产性保护示范基地有哈密市库木西文化传媒有限公司、疏附县吾库萨克乡热，合曼·阿布都拉传习所、新疆兰派文化创意产业有限公司、温宿县宝美特柯尔克孜女子手工绣品农民专业合作社、阿克陶县巴仁乡米拉斯农民手工艺专业合作社等。这些基地改变了以往农牧民各自为营的生产经营方式，提升了手工艺品的规模化、集约化能力，提升了传统手工艺品的市场竞争力。

其中，墨玉县普恰克其镇布达村，就是桑皮纸制作技艺的国家级生产性保护示范基地。新疆维吾尔自治区文化和旅游厅等部门投资100万元，在该村建成了长达2千米的"桑皮纸一条街"，目前，该村有1家国际贸易有限公司——和田托合提瓦柯桑皮纸国际贸易有限公司❶，1家个体工商户——墨玉县普恰克其镇微笑桑纸制作铺❷。为发展桑皮纸产业，该村还注册成立了"墨玉县普恰克其布达村造纸协会"。国家级代表性传承人托乎提·吐尔迪的家庭作坊，被当地人称作"桑皮纸世家"，现在每年营业额可达100多万元，托乎提·巴克的徒弟阿卜杜喀迪尔·克热木夫妻2人每个月可以赚到12000元的工资。新疆国画院投入了大量人力和物力组织实施的桑皮纸上的中国画笔墨实验取得了显著的成果，拓展了桑皮纸的应用领域，其主持的国家艺术基金传播交流推广项目"中国画·桑皮纸"全国巡演活动在业界产生了重要的影响力。墨玉县在2018年被确定为"非遗+扶贫"试点县，迎来墨玉县非遗快速发展的时期。

二、传统工艺工作站

传统工艺工作站即由文化和旅游部推动，地方政府支持，高校、企业、研究机构或行业组织等参与建设的开放性手工艺发展平台，或手工艺发展综合体。传统工艺工作站一般都建设于传统工艺的聚集之地。至今，成立的国家级传统工艺工作站有二三十个，哈密市是最早建立工作站的地区之一❸，其主要产业形态为维吾尔族刺绣。凝聚一切有利于手工艺产业发展的要素，调和手工艺的保护传承与现代工艺产业之间的矛盾与冲突，带动"一个项目或一个区域传统工艺振兴"❹是文化和旅游部启动传统工艺工作站建设的初衷。因此，其建设一般遵循如下原则：在尊重传统的基础上，帮助从业者开阔眼界、发现生活中的美，让现代设计走进传统工艺，

---

❶ 和田托合提瓦柯桑皮纸国际贸易有限公司,企业类型为有限责任公司(自然人投资或控股),所属行业为造纸和纸制品业,位于普恰克其镇布达村,成立于2012年9月,股东有4人,注册资本为100万元,认缴资本为100万元,其中法定代表人为图尔苏巴柯尔·托合提瓦柯,持股54%,其他股东持股10%~26%不等。主要经营范围,包括桑皮纸、手工艺品、艾德莱丝绸、地毯、刺绣品制作与销售等。

❷ 墨玉县普恰克其镇微笑桑纸制作铺,企业类型为个体工商户,所属行业为零售业,法定代表人为托合提尼亚孜·麦麦提图苏,位于布达村235号,成立于2021年1月,主要经营范围,包括纸制品销售等。

❸ 哈密传统工艺工作站成立于2016年3月,其他工作站还有湖南湘西、贵州雷山、青海果洛、四川凉山等。

❹ 非物质文化遗产司.文化和旅游部对十三届全国人大四次会议第3410号建议的答复[EB/OL].中华人民共和国文化和旅游部,2021-08-16.

让传统工艺在当代生活得到新的广泛应用。❶

传统工艺工作站的运行路径多采用"研究+培训+设计+N"❷的模式。哈密市传统工艺工作站的主要参与单位有雅昌文化（集团）有限公司、清华大学美术学院、哈密市政府❸，此外，还有MOODBOX团队、山西的"灌木"团队、上海的秦旭团队和"密扇"团队。哈密市政府为工作站的运行提供了强有力的政策和资金支持。例如，在宏观方面，"设立专门项目，安排必要的资金，为工作站提供必要的便利条件，文体局或相关部门要安排专人驻站工作"❹。微观方面，搞好协调工作，组织当地刺绣农民专业合作社组织生产活动。清华大学美术学院在人才培养、技艺复原、改进与新技术运用、材料改良与新材料运用、流程优化与新设备运用、新产品设计研发、制作能力提升等方面提供智力支持。雅昌文化（集团）有限公司为工作站提供开拓市场和销售渠道、培育产业链、建设品牌等方面的支持。这一运行机制和模式具有一定的示范性，对哈密市的手工艺产业及其他工作站的发展都产生了积极的影响。主要表现在以下5个方面。

第一，整合一切有利于手工艺产业发展的要素。将设计师、专家、相关专业的高校教师、学生等群体吸引到手工艺所在地，与代表性传承人等群体合作完成手工艺品的设计制作；促进本地传承人之间的交流互通，促进本地与国内外行业之间的交流互通，进而打破知识与技术垄断，为手工艺的保护传承和发展提供一个更加开放的平台。

第二，在人才培养方面，带领绣娘赴清华大学美术学院、苏州工艺美术职业技术学院、广州大学参加培训，仅在2016—2019年就培养绣娘5420名❺。拓展了传统手工艺传承人群的眼界，提升了手工艺人的审美素养、手工艺技能和设计、制作能力，促进了传统手工艺跟现代、时尚生活的融合。

第三，在手工艺品研发及品牌建设方面，研发了枕、包、袋、垫、服装、首

---

❶ 张晓莉. 文化的力量——传统工艺工作站综述 [N]. 中国文化报. 2018-03-09.

❷ 同❶.

❸ 建立时，其名称为"雅昌文化集团、清华大学美术学院驻新疆哈密市传统工艺工作站"。

❹ 辰序. 我国首个传统工艺工作站在新疆哈密市设立 [EB/OL]. 中国非物质文化遗产网，2016-03-28.

❺ 程天赐. 你努力我帮忙 带上手艺奔小康——"非遗＋扶贫"主题采风活动见闻 [N]. 农民日报，2019-10-30.

饰、笔记本、耳机等800余种新产品❶，创造了"密作"手工艺品牌，构建了"政、产、学、研、用"的协同创新平台，将绣娘作品推广到恭王府、中国非物质文化遗产博览会、中国成都国际非物质文化遗产节、中国（深圳）国际文化产业博览交易会、上海国际手造博览会、上海设计周等展览空间，提升了手工艺品表达地方优秀文化资源的能力，提升了手工艺承载地域文化阐释与推广的功能，提升了哈密市手工艺产品的附加值和市场竞争力。

第四，扩大了哈密手工艺产业的人群和产值，增强了哈密手工艺产业的基础，建成"3家民间手绣工坊、231家合作社，刺绣从业者增加到8000余人"❷。仅在2018年，就接收订单1.7万余件，近千名绣娘参与订单制作，每个绣娘平均增收1200~1500元。❸

第五，产生了良好的社会效益及示范效应。增强手工艺人职业信心的同时，还提升了手工艺人在家庭、社会中的地位。阿那热姆的丈夫托合提感叹道："我的老婆子现在厉害了，我现在不跑大车了，跟她一起开合作社。现在我家老婆子说了算。"❹

从广义上来说，传统工艺研究基地、手工艺设计产学研基地等都可归入传统工艺工作站的范畴。可以说，传统工艺工作站就像一把打开新疆乡村少数民族群众生产方式、生活方式、组织结构和社会变迁的钥匙，其价值和贡献体现在家庭、社会乃至国家建设的方方面面。

三、非遗扶贫就业工坊

非遗扶贫就业工坊又称作"就业帮扶车间"，或简称"非遗工坊"，是"乡村扶贫车间"的重要形式，一般由各地扶贫办（乡村振兴局）推动成立。这一概念最早见于文化和旅游部办公厅、国务院扶贫开发领导小组办公室❺综合司联合发布的

---

❶ 程天赐.你努力我帮忙 带上手艺奔小康——"非遗+扶贫"主题采风活动见闻[N].农民日报,2019-10-30.

❷ 中国非物质文化遗产保护中心.专访新疆非物质文化遗产保护研究中心主任戈弋[EB/OL].中国非物质文化遗产网,2018-09-19.

❸ 同❷.

❹ 同❷.

❺ 2021年2月25日,国务院扶贫开发领导小组办公室整体改组为国家乡村振兴局,人员编制、内设机构及行政关系,与国务院扶贫办基本一致,为国务院直属机构。2023年3月7日,在农业农村部加挂国家乡村振兴局牌子,不再保留单设的国家乡村振兴局,成为农业农村部代管的国家局。

《关于支持设立非遗扶贫就业工坊的通知》。到2021年底，其定义及认定条件才逐步明确。非遗工坊是指依托非遗代表性项目或传统手工艺，开展非遗保护传承，带动当地人群就地就近就业的各类经营主体和生产加工点。非遗工坊的认定应符合以下条件：一是依托本地区一项或多项非遗代表性项目，或者富有特色、具备一定群众基础和市场前景的传统手工艺开展生产；二是具备能够开展生产的场地、水电暖、工具设备等条件；三是以脱贫人口、监测帮扶对象为重点，吸纳带动脱贫人口就业数量较多、成效较好。具体条件可参照当地就业帮扶车间认定标准，结合非遗工坊生产经营实际合理确定场地、吸纳带动就业人数等条件，持续做好脱贫人口、监测帮扶对象的就业帮扶，巩固拓展脱贫攻坚成果，助力全面推进乡村振兴。❶

国家对"非遗扶贫就业工坊"的扶贫对象和设立地区做了严格的界定。将建档立卡贫困人口、"脱贫人口、农村低收入人口等作为工作重点"❷，重点扶持"脱贫地区、乡村振兴重点帮扶县、易地扶贫搬迁安置区"❸等地区设立非遗工坊。后来，各级残联、妇联等部门也加入推动"非遗扶贫就业工坊"的队伍中来。自2018年7月至2020年底，"各地在国家级贫困县共设立非遗工坊近1000家，助力超过10万人就业增收"❹。

"非遗扶贫就业工坊"可以享受政府提供的各项优惠政策的扶持。从宏观方面而言，国家将"非遗扶贫就业工坊"的建设纳入巩固拓展脱贫攻坚成果和乡村振兴项目库❺及就业扶贫车间的范畴。从微观方面而言，"非遗扶贫就业工坊"为手工艺创业者提供贷款担保及贴息，提供创业、水电费、培训、社会保险补贴，税收、

---

❶ 文化和旅游部办公厅,人力资源和社会保障部办公厅,国家乡村振兴局综合司.关于持续推动非遗工坊建设助力乡村振兴的通知(办非遗发〔2021〕221号)[EB/OL],2021-12-07.
❷ 见《关于持续推动非遗工坊建设助力乡村振兴的通知》(办非遗发〔2021〕221号)。
❸ 同❷。
❹ 非物质文化遗产司.文化和旅游部对十三届全国人大四次会议第8740号建议的答复[EB/OL].中华人民共和国文化和旅游部,2021-08-16.
❺ 同❷。

租金减免，提供免费的场地、技能培训❶与就业奖励，致富带头人培育❷，销售渠道拓展❸，供应链整合，产品研发，商标注册，品牌规划等政策。

新疆维吾尔自治区文旅厅积极影响文化和旅游部《关于持续推动非遗工坊建设助力乡村振兴的通知》(办非遗发〔2021〕221号)的精神，当月即印发了同名文件。截至2022年，整个新疆(含兵团)就成立了150多家非遗扶贫就业工坊，主要集中在刺绣、乐器制作、艾德莱斯绸、手工编织地毯、土陶、毛皮画、皮雕、面塑、宝石画等手工艺门类，其中大部分生产主体都是女性，解决了7000多人的就业问题。目前，已经具有较大产业规模且形成示范效应的非遗扶贫就业工坊，有墨玉县喀尔赛镇巴格其村乐器制作非遗工坊、库车大馕非遗工坊、阿克陶县柯尔克孜族刺绣非遗工坊❹和巴里坤县萨尔乔克乡苏吉东村民族刺绣扶贫车间等。

其中，巴格其村的非遗扶贫就业工坊最为典型、影响力最大，也最具示范性。巴格其村毗邻喀拉喀什河，距离喀尔赛镇不到1千米，距离墨玉县29千米左右，距离和田市56千米左右，距离乌鲁木齐市1307千米左右，周围有墨玉老城景区、新疆拉里昆国家湿地公园、其娜民俗风情园、夏合勒克封建庄园、麻扎塔格山等旅游景点，盛产无核白葡萄、红枣、葡萄、石榴、核桃等特产，拥有艾德莱斯绸、维吾尔族传统乐器、和田地毯、维吾尔族传统服饰等手工艺项目。巴格其村是自治区文旅厅和墨玉县教育局的帮扶对象，"访惠聚"工作队不仅组织村民参加维吾尔族传统乐器制作技艺培训班，还将村庄里原本分散的乐器作坊和手工艺人整合起来，成立了以自治区级非遗代表性传承人买合木提·夏克为法定代表人的非遗扶贫乐器工坊，并引入了和田买合木提夏克民族乐器有限公司❺。该公司不仅帮助非遗扶贫就业工坊培养员工，还签订了供货活动，指导非遗扶贫就业工坊按照销量和订单来组织生

---

❶ 政府重视非遗工坊带头人手工艺技能的提升，"在中国非遗传承人研修培训计划中面向非遗工坊带头人开设专门培训班。……支持非遗工坊带头人参加高技能人才培训基地培训。……支持优秀非遗工坊带头人建设技能大师工作室,并给予资金支持。"见《关于持续推动非遗工坊建设助力乡村振兴的通知》(办非遗发〔2021〕221号)。

❷ "推动将优秀非遗工坊带头人培育成乡村文化和旅游能人、乡村工匠、非遗代表性传承人。"见《关于持续推动非遗工坊建设助力乡村振兴的通知》(办非遗发〔2021〕221号)。

❸ "建立非遗工坊产品目录,在中国成都国际非遗节、中国非遗博览会等重要展会活动中设置专门展示展销平台,帮助目录产品与各类企业对接,实现订单交易。"见《关于持续推动非遗工坊建设助力乡村振兴的通知》(办非遗发〔2021〕221号)。

❹ 2022年12月12日,以上3个工坊入选文化和旅游部"非遗工坊典型案例"推荐名单。

❺ 该公司由新疆维吾尔自治区级非物质文化遗产代表性传承人买合木提·夏克创办。

产活动，在确保产品质量、完善销售链条的同时，降低了经营的风险。现在，该非遗扶贫就业工坊有手工艺人20多人，年产乐器7000余件，员工每月可赚2000~6000元，年收入可达3万~7万元。"托合提居麦·图尔苏巴柯曾是贫困户，2018年进入扶贫工坊制作乐器，如今每月工资3500元。随着乡村旅游的发展，扶贫工坊的乐器卖到了全国各地，仅2019年，工坊靠制作乐器实现销售收入170多万元。"[1]目前，巴格其村已经形成了"非遗+工坊+公司+贫困户+定向培训+按销定产"的发展模式，在全疆形成了良好的示范效应，于2022年12月入选全国"非遗工坊典型案例"推荐名单。

此外，巴里坤县萨尔乔克乡苏吉东村花费100万元建设了总面积达500平方米的非遗扶贫就业工坊，哈萨克族毡房、马鞭、银饰品手工艺人——吐斯甫汉·谢尔亚旦就将自己的家庭手工作坊搬到了非遗扶贫就业工坊，不仅吸纳其他手工艺人加入自己的工坊，还拓展了销路，每年可获得15万元的纯收入。

四、展览展示平台

按照类别，传统手工艺的展览展示体验空间，可分为展览馆、展演馆，或体验馆、博物馆、保护传承中心、文创店，以及其他公共空间或商业空间。在新疆农村地区，大部分传统手工艺项目的展览展示体验空间，都建设在传统手工艺的主要传承地。这些展览展示体验空间，一般被纳入当地的公共文化设施建设和公共文化服务体系建设中。

（一）展览馆

展览馆又称"会展中心"，其主要功能为展览、展示、体验、售卖等。按照经营主体，可分为政府展览馆、企业展览馆两类。按照展览内容，又分为综合性展览馆、专题性展览馆两类。非遗馆，或手工艺馆、工艺美术馆，属于专题性展览馆的范畴。按照展览方式，又分为固定展览、临时展览两类，博物馆内的非遗或手工艺展厅，以及代表性传承人或工艺美术大师的家庭作坊、工作室，或农民专业合作社、小微企业的手工艺品展览室等都属于固定展览。

目前，由新世界（中国）地产投资有限公司负责建设的"新疆非物质文化遗产馆"已经纳入新疆维吾尔自治区的文化发展规划。较全国而言，新疆的非遗馆建设

---

[1] 高方.我区探索文化精准扶贫新模式——"非遗"闯市场 脱贫添动力[N].新疆日报,2020-08-18.

要滞后一些。当下，运营情况较好的新疆非遗展馆有二道桥大巴扎非遗馆，这是乌鲁木齐市二道桥文化旅游集团建设的一座永久性专题馆，面积有600多平方米，馆内不仅设置了展示销售区、互动体验区、场景打卡点、教学活动区，还有皮画、宝石画、剪纸、面塑、糖人等数10个手工艺项目的体验区。另外，阿克苏地区新和县依其艾日克镇加依村——"天籁加依"景区建设的龟兹文化乐器展示中心也非常富有特色。值得提及的是，2021年10月，文化和旅游部和新疆维吾尔自治区人民政府主办的"新疆是个好地方——对口援疆19省市非物质文化遗产展"在新疆美术馆开展，这不仅预示着首个以非遗为主要内容的国家级展览项目落户乌鲁木齐，还预示着新疆美术馆——这座以美术作品展览为主要内容的场所，开始承办非遗和手工艺方面的展览❶。目前，"新疆是个好地方——对口援疆19省市非遗展"已经在新疆美术馆举办过两届，展览总面积5000平方米，共有来自19个对口支援省市、新疆和兵团的209个非遗项目参展（其中国家级非遗项目111个，占比53%）。

传统手工艺也是各类博物馆展览展示的重要内容。与展览馆略有不同，博物馆除了具有展览、展示、体验、售卖等，还具有收藏功能。根据所处地点的差异，可将其分为城市中的博物馆、乡村中的博物馆、景区中的博物馆3类。根据展陈内容的差异，可将其分为4类：第一类为各级政府建设的综合性博物馆，例如，新疆博物馆、兵团军垦博物馆，以及非遗博物馆、丝绸之路文化博物馆、生态博物馆、民族文化博物馆等。第二类为民俗、服饰、玉雕、乐器等专题博物馆。第三类为手工艺村或文化创意产业园区建设的专题手工艺博物馆，例如，英吉沙县南湖旅游度假区建设的维吾尔族小刀博物馆、喀什地区疏附县建设的中国新疆民族乐器博物馆、和田市浙江工业园建设的和田地毯博物馆等。第四类为以某一种文化为主要内容的专题博物馆，例如，天山天池风景区建设的西王母博物馆等。

（二）展览会

自中华人民共和国成立以来，国家就非常重视不同层次的手工艺博览会。20世纪50年代，为了出口创汇、塑造新中国的国家形象和中华民族身份❷，国家面向苏联、东德、越南等社会主义国家，英国、法国、荷兰等资本主义国家，组织了各种形式的经济和文化展览。手工艺品是东德莱比锡展览会、法国巴黎国际博览会、奥地利维也纳国际博览会等贸易博览会的重要内容；民间美术则是中国艺术展览会、

---

❶ 新疆非遗馆建成后,活动地点将迁移至该馆。

❷ 朱橙.民族主义、新中国政权与现代性焦虑——1950年代莱比锡展览会中国馆展示设计中的民族身份认同与国家形象诉求[J].湖北美术学院学报,2022(1):64–71.

中华人民共和国工艺美术展览会、中国工艺美术展览会等各类文化展览会的重要内容。中华人民共和国成立之初，手工艺展览在对外展览中占据着非常重要的地位。"虽然这两类展览（按经济展览和文化展览）的性质有所不同，但在那个特殊的年代，它们都是中国在国际上树立自身形象的重要构成，只不过侧重点有所差异，经济类展览着重于凸显国家硬实力，而文化类展览则偏向于展示更具柔性吸引力的民族文化软实力。"❶目前，新疆手工艺生产经营者参与度比较高的手工艺博览会有上海国际手造博览会❷、杭州国际工艺周❸、乐声飞天——丝绸之路上的民间器乐展演❹；专题展览有新疆民族特色乐器展❺、锦绣中华——中国非遗服饰秀等。

手工艺还是文化产业、非遗、旅游等综合博览会的重要内容。新疆各级政府为手工艺人、手工艺农民专业合作社和小微企业参加展览会提供了各种支持。据调查，支持要素包括但不限于交通、住宿补贴，运输补贴，展位租赁费，展位装饰，宣传、布展补贴等，有时甚至会派遣政府工作人员带队或辅助参展主体布展。据统计，新疆少数民族手工艺经营者参与度比较高的博览会有：中国（深圳）国际文化产业博览交易会❻、中国国际消费品博览会、中国—亚欧博览会、中国西部国际博

---

❶ 朱橙.民族主义、新中国政权与现代性焦虑——1950年代莱比锡展览会中国馆展示设计中的民族身份认同与国家形象诉求[J].湖北美术学院学报,2022(1):64–71.

❷ 商务部备案,指导单位为上海市文化广播影视管理局,主办方为上海公共艺术协同中心、上海手造街信息技术有限公司、上海创意设计师协会,支持单位为上海大学上海美术学院、莫干山国际旅游度假区、闵行区教育局。

❸ 该活动由浙江省文化和旅游厅、杭州市人民政府主办。

❹ 该活动由文化和旅游部、陕西省人民政府主办。

❺ 该展览为新疆艺术研究所承担的同名国家艺术基金传播交流推广项目,在乌鲁木齐、西宁、兰州、银川、西安、郑州城市举办展览,共展示了160件传统民族乐器,并举办歌舞演出和学术研讨活动。

❻ 文化和旅游部、国家广播电视总局、新闻出版总署、广东省政府、深圳市政府联合主办,一般在每年的5月中下旬举办。第十四届中国（深圳）国际文化产业博览交易会(2018),新疆代表团的参展主题为"新时代新新疆",展品共计8大类、65种、上千件,与手工艺相关的展品门类有文化创意、工艺美术、文化旅游、非遗生产性保护产品等。这次文博会,新疆代表团、兵团代表团、乌鲁木齐代表团现场销售金额逾百万元,签约金额49.97亿元。景德镇学院和阿克陶县人民政府共同举办的"瓷国之光·一带一路新篇章"活动参加了该展览会,参加第十三届中国（深圳）国际文化产业博览交易会前,该活动还参加了第四届丝绸之路新疆文化创意产业博览会、第13届中国景德镇国际陶瓷博览会。见新疆维吾尔自治区人民政府办公厅.深圳文博会新疆展团收获丰 签约49.97亿元[EB/OL].新疆维吾尔自治区人民政府,2018–05–15.

览会、丝绸之路新疆文化创意产业博览会、新疆·兵团绿洲产业博览会、第八师石河子市文化创意产品展、中国成都国际非物质文化遗产节、全国非物质文化遗产博览会、非遗品牌大会、天山南北贺新春——新疆非遗春节习俗展网络展播活动、文化和自然遗产日暨新疆非物质文化遗产周活动、中国体育文化博览会·中国体育旅游博览会、新疆文化和旅游周等。

当下，新疆各级政府对在公共空间或交通设施上的手工艺品牌宣传也给予了一定的重视和支持。前者主要有飞机场、火车站、汽车站、地铁、公交站点等，后者主要有飞机机身、火车车身、公交车身等。该类宣传一般属于公益宣传的范畴，虽然其目的不是只为宣传某一个手工艺产品或品牌，而是旨在宣传区域形象，但是作为区域形象的载体，手工艺品牌也获得了良好的宣传效果。例如，浙江省援疆指挥部曾牵头阿克苏飞机场、南方航空公司，在阿克苏直飞杭州的飞机机身上做了"我爱浙疆"品牌的主题喷绘。2017年，自治区文化艺术研究所还组织了剪纸、石刻、油泥塑等手工艺大师，赴帕万拉、苏盖特艾日克等8个村进行文化惠民巡回展览活动，累计观看人数达2500人次；组织民间美术和传统技艺传承人以及民间艺术团，赴阿瓦提县英艾日克镇12个村开展展览展示活动。

五、集合品牌

目前，新疆各级人民政府都已经认识到品牌建设对于区域经济发展的重要性。集合品牌又称作"公共品牌"。集体品牌建设是提升手工艺品溢价能力和净利润水平的重要手段，是决定手工艺产业发展水平的重要因素，还是区域文化形象塑造及综合实力的重要彰显。新疆少数民族手工艺品具有鲜明的民族印记和地域特色，具有丰富的跨民族、跨地域，甚至跨国际的广泛受众，是最有可能培育成为知名品牌的地特产品。

新疆各级政府在促进手工艺集体品牌的建设方面，做了大量推动、组织与整合工作，为本研究提供了丰富的分析对象及示范性案例。其中，最成功、最具影响力的是"新疆礼物"品牌的运营。该品牌的业务主管单位为新疆维吾尔自治区文化和旅游厅，品牌管理单位为新疆旅游投资集团，其支持单位还有新疆维吾尔自治区政府办公厅等。目前，"新疆礼物"主要包含4类产品[1]，其中3类跟手工艺相关，分别

---

[1] 新疆特色文旅农特产品、新疆非遗文创产品、新疆特色宝玉石产品、新疆特色日用化妆服饰。

为新疆非遗文创产品、新疆特色宝玉石产品、新疆特色日用化妆服饰；共纳入73家企业，740余款产品，年销售累计订单6.14亿元。"新疆礼物"品牌的运营，可为少数民族手工艺品牌建设问题提供如下启示。

第一，新疆维吾尔自治区政府文旅部门的强力支持。一方面，新疆维吾尔自治区文化和旅游厅将"新疆礼物"纳入"新疆是个好地方"品牌建设规划，纳入《新疆维吾尔自治区旅游促进条例》❶等文件，并出台了《新疆礼物项目品牌管理方法》（2021）。另一方面，既重视自治区文旅厅的带动，又重视各地州文旅局的联动，目前已经凸显经济效益的衍生品牌有"石河子礼物""阿克苏好礼""昌吉礼物""哈密礼物""克拉玛依礼物""喀什礼物""阿勒泰礼物""和田礼物""富裕民间"等，构筑起相对健全的新疆文旅品牌体系。再者，通过联合审定项目发展规划，制定相关法规和政策等方式，来构建"新疆礼物"项目协调管理机制，从资金、税金、融资、技术、政策、人才、信息等方面为"新疆礼物"品牌的发展提供全方位支持。

第二，尊重运营主体的市场地位，保障好政策落地。正确界定新疆维吾尔自治区文化和旅游厅的职责，强化其在组织、协调、监督、表彰等方面的功能，但不直接参与"新疆礼物"品牌的经营管理，而是授权新疆文化旅游投资集团有限公司下设的"新疆礼物"项目品牌运营单位来具体负责项目推进、品牌认定与经营管理等工作；通过上下游行业及产业链条、数字供应链选品中心、"线下门店+线上电商平台"、对接博览会营销渠道等措施，来强化"新疆礼物"的渠道建设。

第三，在品牌宣传方面，探索多路径、多渠道、立体式宣传体系。例如，将对"新疆礼物"品牌的宣传纳入各级政府的主体责任清单，举办"新疆礼物"品牌发布会和选品会，发布文创大赛，举办或组织参加各类展览会，通过事件营销、节日营销、合作营销来提升"新疆礼物"品牌形象。

第四，在物流网络建设方面，在产销地两端或内地大城市建设大型仓储，缩短

---

❶ "自治区人民政府文化和旅游主管部门应当以新疆是个好地方品牌,统筹全区旅游形象推介。州(市、地)、县(市、区)人民政府(行政公署)应当围绕新疆是个好地方品牌,结合当地实际确立旅游形象和宣传推广主题,创新旅游营销模式,运用新媒体、新平台进行宣传推广,开发境内外客源市场。有关部门和单位应当在重大经贸、文化、科技、体育等活动中使用和推广新疆是个好地方品牌。……县级以上人民政府应当支持开发具有地方特色的工艺品、农副产品等文化旅游商品,打造旅游商品知名品牌,建立健全促进旅游消费机制,制定促进旅游消费的政策和措施,优化旅游消费环境。"见新疆维吾尔自治区旅游促进条例[N].新疆日报,2021-06-01.

手工艺品供应链的响应时间，降低手工艺品的物流成本。该方面的典型案例有浙江省对口支援办主推的"我爱浙疆"文旅品牌等。

在县域手工艺集合品牌建设方面，英吉沙县的做法也比较典型。英吉沙县政府将"巴旦木花""阿娜尔古丽""祖力皮卡""米斯然""萨穆莎尔"等七大维吾尔族传统小刀品牌整合为"英吉沙皮恰克（小刀）"品牌❶；还整合了16家手工艺农民专业合作社（几乎覆盖了英吉沙县下辖的所有乡镇），注册成立了英吉沙县飘逸手工艺农民专业合作社联合社，致力于打造具有显著影响力的区域手工艺品牌形象。

在村域手工艺集合品牌建设方面，加依村的做法比较典型。例如，新和县依其艾日克镇加依村创建了"天籁加依"1个综合旅游品牌，"佳音加依""新疆乐器王"2个民族乐器品牌。此外，哈密传统工艺工作站推出的"密作"品牌，以及兵团各局❷推出的共享共用共推的"扶贫产品标识"，在疆内外也都产生了重要的影响力。笔者认为，在振兴本地手工艺产业发展方面，集合品牌呈现出显著的优势如下。

第一，避免了同地区同行业之间的恶性竞争，将散沙化的本地手工艺人、家庭作坊、农民专业合作社、小微企业等团结起来，增强了供货、销售能力。强化了本地区、本行业内生产经营主体的分工与合作意识，建构了本地区、本行业内的产业链条，加强了各要素、各环节的互助合作，进而降低了生产成本、提升了净利润。例如，标注着"佳音加依""新疆乐器王"商标的维吾尔族传统乐器，不仅在加依手工乐器产业园、龟兹文化乐器展示中心、新和县依其艾日克镇加依嘉音乐器农民专业合作社"的产品展览室售卖，还在乌鲁木齐市、阿克苏市、库尔勒市的维吾尔族传统乐器销售实体店售卖，这些举措都强化了该村手工艺品的品牌形象。

第二，为技艺的复原、迭代升级，工艺流程的优化、完善，以及新产品的研发、质量标准的制定提供了可能性。随着手工艺品质的提升，以及集体商标的溢价效应，可以提升集体商标的品牌影响力，进而获得更大的利润空间。例如，哈密市传统工艺工作站注册了维吾尔族刺绣"密作"商标，寓意"穿针引线、运针疏密、巧手之作"。由于其与"哈密"二字的天然联系，加之紧扣"精工制作、精耕细作、

---

❶ 英吉沙县为新疆手工艺品牌联盟的建设提供了一个案例。英吉沙县政府整合市场上的"巴旦木花""阿娜尔古丽""祖力皮卡""米斯然""萨穆莎尔"等七大知名"英吉沙小刀"品牌，向国家工商总局集体申请注册"英吉沙皮恰克（小刀）"品牌商标，共同打造这一品牌。目前"英吉沙皮恰克（小刀）"已成为著名新疆手工艺品牌。

❷ 该行动主要由兵团党委宣传部、商务局、农业农村局、发展改革委、市场监管局和各师市负责。

"精良精美"的工匠精神，使其与其他品牌相比，呈现出良好的辨识度。该品牌被推向市场后，极大地提升了消费者对哈密维吾尔族刺绣的认知度、信任度和影响力，促进了哈密刺绣产业的良性发展。该品牌还突破了刺绣这一门类，蔓延到水果、食品等领域，衍生了"密作古枣""密作贡瓜""密作百味羊"等品牌。

六、在线交易平台

新疆各级政府、援疆省市政府及单位，对利用电商平台和线上市场积极发展少数民族手工艺品的销售工作非常重视。一方面，出台了一系列促进新疆手工艺品线上市场发展的政策及措施，与大型电商平台牵线，积极推动、引导和帮助手工艺生产经营主体入驻线上交易平台，帮助他们获取流量支持、降低佣金、发放就业补贴、减免税收。另一方面，组织培训，提升手工艺生产经营主体在内容生产、选品、品控、拍摄、网店装潢、直播话术、销售技巧等方面的能力。例如，在"新疆是个好地方——对口援疆19省市非物质文化遗产展"等大型展览会，设置"游新疆非遗推荐 U+直播间"板块；阿图什市电子商务公共服务中心组织"网红"电商直播带货培训班，帮助他们强化理论学习，提升实践操作能力，激发创业热情❶。

2021年6月至2022年6月，笔者围绕服饰、刺绣、铜雕、玉雕、土陶、地毯、艾德莱斯绸、乐器等手工艺品，跟踪"新疆礼物 心选好礼""新疆风情特色店88""楼兰回梦""新疆特色百宝屋""紫霞镜子屋""沐合亦语 索菲娅手工""恩雅雅百宝屋""西域特色工艺品""疆小乐新疆风情馆""艺术新疆""西域运河"等网店，进行了较为系统的线上市场调查，结果如下。

第一，政府文旅部门积极引导各景区深入推进"手工艺品进景区活动"，在景区官方网站、App中设置手工艺文创产品销售版块或栏目；要求各级博物馆的文创实体店铺开通手工艺文创产品在线交易平台；为传统工艺工作站、非遗扶贫就业工坊网上销售活动提供政策、资金、人力等方面的支持，要求政府工作人员出镜为产品质量担保。例如，浙江省援疆指挥部联合阿克苏地区行政公署和兵团第一师派出工作人员，帮助手工艺农民专业合作社解决"线上门店"注册中出现的问题，同时通过税收减免、产业补贴的方式来调动参与在线交易平台的积极性。在他们的努力下，特色产品实体店积极入驻淘宝网、天猫网、京东网、微商城、云集、严选、饿

---

❶ 翟汝增. 大力发展第三产业 打造经济发展新引擎[N]. 克孜勒苏日报（汉），2022-02-11.

了么、贝店、易果、政采云❶等在线交易平台❷，这些平台也通过开设传统工艺振兴栏目，举办手工艺品销售专场活动，减免或降低网店租金，增加流量投放等手段来扶持阿克苏地区和兵团第一师的特产实体店。

第二，引进有品牌、渠道和用户的知名电商企业加盟新疆少数民族手工艺产业的销售阵营，并为其经营提供免费仓储、办公空间、税收减免或退税、人员工资补贴等优惠措施。与阿里巴巴、淘宝、天猫、京东、美团、拼多多等大型电商平台签订战略框架合作协议，签订发布宣传页面，或开通"非遗馆"、开通手工艺非遗扶贫就业工坊版块，通过为入驻店铺获取流量支持、减免或降低平台佣金、税金等措施来调动各手工艺从业者的积极性。

第三，鼓励学者、专家、网络大V等帮助新疆手工艺品网店引流，挖掘社会力量、激活粉丝消费潜力等。组织网红明星、带货主播、旅游达人、资深车友等参加"游新疆"活动，通过官方组织在线直播活动和个人的自媒体直播活动，共同推介本地特色产品。

第四，就全国手工艺品销售市场发展而言，新疆农村地区的短视频或直播卖货活动，还属于比较新鲜的事情，营销方式不太成熟，仍然存在不少问题。例如，在主导力量多元化的背景下，存在账号主体归属不清，打赏收益归属不清，内容生产机制不健全，选品、品控机制不健全，地方产品质量标准建设滞后，标品手工艺品所占比重过低，标准化供应链还未建立起来，销售主体的服务能力有待提高，产业链条收益中一线手工艺人所占比例略低，售前、售中、售后服务体系建设不够健全，包装设计亟待改良优化，物流环节难以控制等若干问题。这或许是诸多短视频或直播账号未涉及手工艺品销售的主要原因。

综上所述，新疆各级政府和各级党委宣传部门、文化旅游部门或其他部门，应将打造"准"❸"快"❹"广"❺"美"❻的手工艺宣传媒体矩阵，提升新疆少数民族手工艺品的品牌声誉，作为落实新疆各级政府党委抓乡村振兴工作的重要举措，作为媒体

---

❶ 截至2020年7月，浙江政采云农业（扶贫）馆上架阿克苏农产品41类156个，销售额255.97万元。

❷ 见《浙江援疆工作简报》2020年第38期。

❸ 目标客户群体消费需求的定向性与精准性。

❹ 商品流通和消费信息反馈的快捷性与便捷性。

❺ 商品信息面向的跨时空性。

❻ 能够借助图片、动画、视频等视觉传达系统实现商品信息的可视化与美观化。

履职工作评价的重要指标；政府应发起与手工艺相关的公益活动，指示官媒助力手工艺品宣传，鼓励直播平台和电子商务平台为手工艺品销售引流；进而为新疆少数民族手工艺产业的规模化与集约化发展提供市场支撑。

第二节　机制建设

协同、整合所有产业要素和力量，是新疆少数民族手工艺产业健康发展的关键。《"十四五"非物质文化遗产保护规划》提出，非遗的保护应遵循如下原则：坚持系统性保护。围绕新时代新任务，统筹协调非遗保护传承与经济发展、城乡建设、社会治理、民生改善等的关系，主动服务和融入国家发展战略。坚持系统观念，全局性谋划非遗保护的各项政策措施，做好各项工作的衔接配合，推动非遗为经济社会可持续发展发挥更大作用。

新疆少数民族手工艺产业发展受到多个因素或要素的制约。不仅涉及非遗保护、贫困治理、文化产业、旅游业、乡村振兴等多个领域，涉及艺人、文化精英、设计师、管理者等多个群体；还涉及工艺能力提升、制作能力提升、文化内涵挖掘、品牌营销等多个素质和技能，涉及乡村振兴、文化和旅游、工业和信息化、工会、妇联等多个政府部门，涉及社会组织、公益团体、设计机构等多种力量。本书将统筹以上诸要素，协调其关系，进而通过体制、机制、策略创新，解决新疆少数民族手工艺产业发展中出现的问题，具体思路如下。

一、信息共享机制

在国家各级政府部门的高度重视以及大力推动之下，脱贫增收被纳入各级考核指标，众多要素和力量都投入到轰轰烈烈的手工艺产业实践中来。仅在新疆少数民族手工艺人培训方面，就有如下8种力量，可能远不止8种：①文化和旅游部、教育部、人力资源和社会保障部组织的非遗传承人群研修研习培训计划，以及各省市组织的辖区内培训项目；②国家艺术基金管委会组织的手工艺或手工艺设计创新人才培训项目；③各级妇女联合会组织的妇女就业能力提升计划；④各级工会组织的人才培训班；⑤各级工业和信息化委员会或下属的工艺美术学会组织的人才培训班；⑥企业职工培训中心组织的定岗培训、订单培训；⑦新疆各级政府的劳动就业培训中心组织的培训；⑧新疆各级政府的职业技能培训中心组织的各类培训。实际情况往往更复杂，例如，"设计扶贫在行动 设计师走进新疆"行动，是由工业和信息化部设计扶贫研究院牵头、中国工业设计协会组织实施、新疆工业和信息化厅支持的，是由中国下一代教育基金会、西北工业大学、北京服装学院、浙江宝鼎服装设计有限公司、安徽后青春工业设计研究院、新疆轻工业设计研究院等单位参与的一项联合扶贫行动。该扶贫活动的任务与目标，跟文化和旅游部主导的"传统工艺工作站"，以及文化和旅游部、国家乡村振兴局联合组织的"非遗扶贫就业工坊"是一致的，但是两项目在运行时，缺少必要的信息共享及沟通与合作。

这就导致两项目在运行中出现了信息沟通不畅、力量分散、同质化、对同一对象进行多次重复扶持、缺少更高阶的产业激励措施等多种问题。据此，笔者认为应健全产业扶持信息的共享机制。第一，强化各级政府的乡村振兴部门在手工艺产业发展中的统筹作用，实施产业重点活动备案和简报制度，设专职人员定期向社会发布巩固拓展脱贫攻坚成果清单或产业成果清单，并开通咨询功能，为各产业力量开展工作提供支持。第二，定期向社会发布手工艺产业发展需求清单，设专人负责需求信息的收集、整理，以及与产业力量的对接工作。第三，设立手工艺产业发展动态监测与干预机制，发现问题及时干预。第四，引导各产业力量，致力于长远目标，立足于手工艺产业结构的调整或新的手工艺产业培育，从根源上提升贫困人口的创业增收能力。

二、综合协调机制

为了推动新疆少数民族手工艺产业健康发展，需要加大资金、政策、人力资源扶持，将其纳入乡镇/团及以上政府的工作计划和年度财政预算，纳入国民经济和社会发展规划、文化和旅游发展规划，将实施情况纳入政府目标考核体系。坚持统筹协调、形成合力。加强党的领导，充分发挥政府主导作用和市场积极作用，鼓励和引导社会力量广泛参与，推动形成有利于传承发展中华优秀传统文化的体制机制和社会环境。❶笔者认为，在新疆少数民族手工艺产业发展中，统筹单位应该是各级乡村振兴局，主导单位应该是各级妇女联合会、农会、工会或手工艺协会。乡村振兴局，应致力于将不同政府部门及社会力量等掌握的手工艺产业资源，或开展的

---

❶ 中共中央办公厅 国务院办公厅印发《关于实施中华优秀传统文化传承发展工程的意见》[J]. 中华人民共和国国务院公报,2017(6):18—23.

各类手工艺产业活动整合到一起，加强各个部门、主体之间的沟通合作，减少不同部门、主体之间的掣肘，确立乡村振兴局统筹、妇女联合会/农会/工会/手工艺协会主导、其他政府部门和社会力量积极参与、多方联动的综合协调机制，定期召开联席会议，解决制约手工艺产业发展的重大问题，最终实现产业政策、举措的叠加和成效的倍增。

整合多个领域的手工艺产业项目。在文化旅游经济发展领域，实施手工艺产业与旅游产业的整合，将手工艺体验旅游同自然景区建设、人文景区建设❶，以及以县为单位的"非遗+扶贫"实践整合到一个系统中。在产品销售渠道建设领域，实施手工艺振兴与消费扶贫的整合，将传统手工艺品、现代工艺品、文化旅游创意产品、政府日常采购用品等整合到一个系统中。在生产经营主体培育领域，实施传统工艺工作站与非遗扶贫就业工坊的整合，将非遗扶贫就业工坊、扶贫车间、卫星工厂、手工艺生产性示范基地、传统工艺工作站、手工艺研修研习培训基地、非遗代表性传承人整合到一个系统中。

整合多个渠道的产业力量。本地政府、援疆省市政府、援疆企业、公益组织、设计师、高校等都属于影响新疆少数民族手工艺产业发展的外源动力。每一种力量背后的主体都可以牵头和调动其他力量，进而将其整合到一个系统中，并使其成为一种合力。例如，将非遗扶贫就业工坊与传统工艺工作站、手工艺传习所、乡村旅游创客基地建设等进行深度融合、协同发展，将非遗扶贫就业工坊生产的手工艺品嵌入各类消费场所；将非遗扶贫就业工坊生产的手工艺品列入消费帮扶产品清单；实施"非遗工坊+旅游"的发展思路，帮助非遗扶贫就业工坊对接旅游商品市场，开拓研学旅游市场，将非遗扶贫就业工坊引入自然、传统村落、历史文化街区等景区，在旅游景区建设手工艺展示、展销、体验平台，组织手工艺品销售活动。浙江省援疆指挥部实施的，笔者称为"搭乘便车"的做法，具有一定的示范性和启示性，可将其拓展于手工艺产业发展中。"搭乘便车"指在手工艺产业发展中，搭乘其他已经取得显著成效的产业项目而获得发展的做法。例如，浙江省援疆指挥部通过实施"疆果出天山""十网百店"等项目，在浙江省乃至长三角地区建设了成熟的"省—市—县三级分销体系"和仓储体系。虽然该项目较少涉及手工艺产品，但手工艺产品却可以直接进入该体系，这就大大降低了新疆手工艺品"出天山""进

---

❶ 主要包含历史文化名城、镇及街区、民间文化艺术之乡、历史文化名村、传统村落、少数民族特色村寨等。

江浙"的难度。

综上所述，笔者建议，不能孤立地看待新疆少数民族手工艺产业发展，而应该将所有产业项目、产业要素和产业力量整合进同一个系统中，从一主多辅的协作机制和工作平台建设的角度，来构建手工艺产业发展的综合协调机制。

三、长期扶持机制

自20世纪末国家启动"西部大开发"战略以来，新疆尤其是南疆四地州贫困地区的发展，就依赖于政府扶持及宏观调控的力量。鉴于传统手工艺突出的政治、社会、文化效益，笔者认为应将扶持少数民族手工艺产业发展作为一项长期不变的政策。当下，新疆少数民族手工艺产业的发展还存在如下问题。

第一，在市场经济中，新疆传统手工艺人，尤其是少数传统民族手工艺人仍然处于比较弱势的地位。他们的眼界不够开阔、文化素质不高，对时尚生活和现代市场经济也缺乏足够的了解；技艺的保护和传承还需要进一步加强，技艺能力还需要进一步提升，现代设计知识和能力不足。因此，他们生产的手工艺品质量不高，销路比较狭窄，不一定能满足当下的市场需求、不一定能取得好的利润。再者，他们的财力比较差，自主创业的能力不强，抵抗市场风险的能力比较差。

第二，很大一部分农牧区的手工艺产业设施为农牧民安居、改迁后所建，贫困人口面对新生活的适应性还不够强，产业链及周边业态的发展还比较初级，链条短狭、获益周期较长。贸然将这些弱势的手工艺生产、经营者推向市场，可能存在一定的风险，这一点应引起我们的警惕。

第三，在新疆少数民族手工艺专业合作社或中小微企业中，学徒出师后的月工资，平均为1500~2500元，高出新疆"十三五"期间农村居民人均纯收入的2倍多（表2-1）。也就是说，手工艺在新疆贫困人口的脱贫攻坚方面取得了显著的成效。但是，这一工资收入水平与疆内一般制造业或东部发达省份制造业的工资收入水平之间的差距仍然非常大。这就导致手工艺从业者不断受到其他行业的诱惑，进而影响了从业人口的稳定性和凝聚力。若要弥合不同行业之间的工资收入差距，一方面需要政府加大对弱势行业的补贴和支持力度，另一方面也要求弱势行业自身不断提效增质。

表2-1 新疆十三五期间农牧区居民人均纯收入情况[①]

收入\年份	2015年	2016年	2017年	2018年	2019年
年纯收入（元）	9425	10183	11045	11975	13122
月纯收入（元）	785	849	920	998	1094

① 宋建华.新疆"十三五"规划主要目标完成情况评估报告[M]//丁守庆，刘国防，王宁.西北蓝皮书：中国西北发展报告（2021）.北京：社会科学文献出版社，2021：212.

综上所述，笔者认为，新疆少数民族传统手工艺产业的基础比较薄弱，内地手工艺发达省份主要依靠市场的作用来调控传统手工艺与现代工艺产业发展的做法，很难在新疆发挥作用。也就是说，仅仅依靠手工艺市场自身的调控能力，很难做到完全调和传统手工艺与现代工艺之间的矛盾。政府应确定长期扶持政策，才能消除手工艺生产经营者的后顾之忧，从根本上促进新疆少数民族手工艺产业的发展，其社会意义才能充分彰显出来。具体措施如下：加大非遗工坊的扶持力度，向手工艺生产者定向采购产品或培训服务，鼓励、支持手工艺生产经营者参加各类博览会或展销会；发起公益活动，指示官媒助力手工艺品宣传和销售活动，鼓励直播平台和电子商务平台为手工艺品销售引流。

第三节 政策支持

2018年，国家发布了与"手工艺扶贫"相关的文件。该年4月，在第二届世界工业设计大会上，我国工业和信息化部与联合国工业发展组织等共同发布《设计扶贫倡议》。同年7月，工业和信息化部颁布《设计扶贫三年行动计划（2018—2020年）》，首次以政府文件的形式明确了"手工艺扶贫"的思路及行动规划，要求发挥设计在"改善乡村风貌、助力非遗及手工艺活化再造、培育特色农产品品牌方面的作用"。政府部门不仅亲自组织少数民族手工艺扶贫或产业振兴活动，还鼓励、引导和支持高校、企业、公益组织等开展手工艺扶贫活动和产业发展实践。例如，文化和旅游部和国务院扶贫开发领导小组办公室联合实施了设立"非遗扶贫就业工坊"的计划；妇女联合会、国务院扶贫开发领导小组办公室、经济和信息化委员会等部门对传统工艺企业、作坊、农民专业合作社招收贫困劳动力提供补贴；在文化和旅游部及各级政府的支持下，清华大学美术学院、中央美术学院、上海大学等知名高校，分别在新疆哈密、浙江东阳、青海果洛藏族治州建立的"传统工艺工作站"，在帮助贫困手工艺人解决工艺难题、提升产品质量、培育富有竞争力的市场品牌方面发挥了积极的作用；在文化和旅游部的支持下，北京木真了时装有限公司开展了"木真湘韵"设计实践活动，并在恭王府开展了"锦绣中华——中国非物质文化遗产服饰秀"展览活动；政府支持以"寻回遗忘中的美好""创造人与自然和谐相生的美好图景"为宗旨的"稀捍行动"，开展了8个手工艺扶贫项目，带动了24亿人民币的产值；政府支持以"保护地球，保护大自然，保护生物多样性"为使命的北京巧女公益基金会，开展了以带动雪豹保护区周边村落的乌鲁木齐县萨尔达坂乡萨尔乔克村哈萨克族妇女以刺绣为主要内容的"天山生计"项目等。

一、对口援疆政策

从1997年党中央确定"对口援疆"的政策，到2021年第八次全国对口支援新疆工作会议召开，20余年的"对口援疆"工作极大地推动了新疆政治、经济、文化的发展进程。随着干部援疆、资金援疆、项目援疆，以及产业援疆、教育援疆、人才援疆、科技援疆的深入推进，大量政治、经济、文化、人力资源要素向新疆聚集，尤其是向新疆少数民族贫困地区聚集。

"对口援疆"的力度是空前的。下面笔者以新疆维吾尔自治区统计局、和田地区统计局公布的2021年数据来分析：全省一般公共预算收入1618.60亿元，一般公共预算支出5309.19亿元❶，财政自给率为30.49%；和田地区一般公共财政预算收入37.77亿元，一般公共财政预算支出完成500.69亿元，财政自给率更低，只有7.54%❷。可见，新疆及各级政府的一般公共财政预算支出资金主要依靠国拨资金、省拨资金和对口支援资金。数量如此庞大的资金的涌入，在促进新疆农村快速发展的同时，也带来了很多问题。例如，如何确保这些资金不会推高居民消费价格、人力资源成本？将这些资金投入公共基础设施、卫生健康、节能环保、人力资源建设等方面是比较稳健的做法。引导具有"自由时间"的少数民族群众从事手工艺生产进而脱贫增收就属于人力资源建设的范畴，这对新疆少数民族手工艺产业发展产生

---

❶ 数据来源：新疆维吾尔自治区统计局国民经济综合统计处。
❷ 数据来源：和田政府网。

了深远的影响。主要表现在以下几点。

第一，帮助新疆少数民族手工艺品开拓支援省份或单位的市场。对于新疆少数民族手工艺产业发展而言，对口援疆省市和单位是非常重要的旅游客源市场。支援单位与受援单位对这一认识有深切的共识，并且写入《新疆维吾尔自治区旅游促进条例》等政府文件中，"县级以上人民政府应当借助援疆优势，推动完善旅游规划、开发旅游产品、拓宽市场营销、加强人才培养，建立交流共享机制，开拓旅游客源市场。"❶这是见效最为迅速的一种产业发展方式。浙江省援疆指挥部启动的政府机关、国企、高校直采模式最具有影响力。2020年来，浙江省直、10个地级市（不含舟山市）机关、国企等单位消费扶贫直接采购阿克苏地区和一师农产品金额达3700多万元。❷2020年又联合浙江省教育厅，启动了"疆果东送浙江高校消费扶贫组团式集中采购"活动，购额达700万元。❸浙江省援疆指挥部结合阿克苏地区的农民画创作传统及禀赋特点，协调阿克苏地区美术馆、浙江美术馆、浙江万事利集团有限公司等单位共同实施了农民画产业化项目。不仅重视衍生产品的开发，将农民画元素创造性地运用到阿克苏地产农副产品、饮料食品的包装，以及服饰箱包、家居器具等器物上，还探索出了一条可行性的全产业链条发展模式——"农民画创作—衍生品设计—生产制造—包装销售—品牌引领"❹。浙江省援疆指挥部组织的"诗画浙疆"赴阿克苏旅游包机活动，其旅游线路就不仅包含特色农产品展示、民族歌舞、篝火晚会，也包含手工艺品展示与体验、文创产品展示等消费点。北京市援疆和田指挥部组织中国铁路北京局集团有限公司，开行"京和号"旅游专列，2015—2019年，将万名北京游客源源不断地送到和田，为和田地区创造了极大的旅游收益❺。在手工艺品销售方面，各援疆省市及单位采取"自建+并购"等方式来建设销售网络。

第二，帮助新疆少数民族手工艺品搭建支援省份或单位的销售渠道。渠道支援也是对口支援省市和单位推动新疆手工艺产业发展的重要方式。具体做法是对口援疆省市或单位帮助受援地的手工艺品搭建或对接支援地的销售渠道。目前，在农业、工业领域，各对口支援省市和单位已经探索出相对成熟的渠道，以及产业

---

❶ 新疆维吾尔自治区旅游促进条例 [N]. 新疆日报，2021-06-01.

❷ 见《浙江援疆工作简报》2020 年第 38 期。

❸ 见《浙江援疆工作简报》2020 年第 44 期。

❹ 见《浙江援疆工作简报》2020 年第 49 期。

❺ 丁静，李溢春. 北京发出 2019 年首趟援疆旅游专列 [EB/OL]. 新华网，2019-06-27.

援疆、消费援疆模式。浙江省援疆指挥部联合阿克苏地区行署和兵团一师阿拉尔市，共同制定了《打造"十城百店"工程升级版三年行动计划（2020—2022年）》，该模式被概括为"线下十进"，即帮助特色产品持有者对接浙江省各级"农贸市场、超市、水果店、加油站、高速公路服务区以及机关、学校、银行、国企、宾馆酒楼"的进货渠道。❶笔者认为，以上渠道和模式完全可以拓展至手工艺产业中。

第三，帮助新疆少数民族手工艺品在支援省份或单位所辖区域内建立销售网络。浙江省援疆指挥部采取"直营、加盟、专柜、授权和自动售卖机（柜）等"方式，不断拓展新疆特色产品在浙江省的销售网点和零售渠道，最终确立起"省—市—县三级分销体系"❷，甚至还依托浙江省相关企业的超强辐射力，将这一体系不断拓展到长三角地区及全国各地。"十城百店"销售门店（终端）已覆盖浙江省10个地级市和主要县（市、区），累计建成门店（终端）617个，其中，市级旗舰店15家，直营店32家、加盟店141家、超市和菜场专柜146个、机关和国企事业单位超市197个，通过线下门店累计销售受援地农产品3.2万吨，销售额5.7亿元。❸后来，浙江省援疆指挥部又将消费扶贫和产业扶持的产品范畴拓展到农民画产业化项目，还积极拓展阿克苏地区农民画在淘宝、京东善融等在线交易平台的销售渠道。

第四，帮助新疆少数民族手工艺品参加在支援省份举办的博览会或交易会。对口援疆省市也大力搭建博览会平台，为新疆手工艺产业发展助力。携手对口支援单位参加国内外重要的展览会，一方面拓宽了传承人群的视野和眼界，另一方面提升了新疆非遗项目的知名度，拓展了销路，进而提高了从业人群的收入。浙江省将联合阿克苏地区和兵团第一师参加对口援疆19省市非遗展写进《关于进一步加强非物质文化遗产保护工作的实施意见》中，"组织参加'新疆是个好地方'对口援疆19省市非物质文化遗产展等"。浙江省援疆指挥部联合浙江省商务厅举办了"美好生活季公益直播"活动，援疆指挥部的负责人现场推介，直播活动观众数量共计1800万人次，为阿克苏地区和兵团第一师带货成交10.8万单，销售额达478万元。❹

---

❶ 见《浙江援疆工作简报》2020年第44期。

❷ 同❶。

❸ 见《浙江援疆工作简报》2020年第38期。

❹ 同❸。

二、财税政策

为促进新疆少数民族手工艺产业发展，各级政府在资金、空间、设施、人才、培训、市场、渠道等方面出台了一系列政策及措施。其中，宽松的、积极的财税政策为新疆少数民族手工艺产业发展提供了良好的保障。主要表现在以下三个方面。

这些政策和措施主要集中在乡村振兴、传统工艺振兴、文化旅游产业、农民专业合作社、就业创新创业、对口支援等方面。

第一，降低了手工艺生产经营主体的实缴准入门槛。"把创新作为扩大就业的新引擎，大力推进放管服改革，降低市场准入门槛，持续完善就业扶持政策……支持有意愿、有条件的创业者创业。"❶注册资本实缴登记制度的废除，注册资本认缴登记制度的实施，大大降低了手工艺生产经营主体的准入门槛，减轻了生产经营主体的经济负担。

第二，出台一系列推动手工艺产业发展的税收优惠政策。主要包含降低、减免或返还农民专业合作社、小微企业等手工艺生产经营主体的所得税、增值税等政策。《中华人民共和国农民专业合作社法》规定，农民专业合作社享受国家规定的对农业生产、加工、流通、服务和其他涉农经济活动相应的税收优惠。另外，自治区政府还出台了"落实创业担保贷款及贴息、自主创业补贴、税费减免，支持有意愿、有条件的创业者创业"❷等政策。加依村嘉音乐器农民专业合作社为例，仅在2020年，新和县政府就为其减免税收15万元。

第三，为手工艺生产经营主体提供融资、贷款、保险等信贷支持。笔者曾就农民专业合作社成立过程中的困难这一问题，采访过新和县依其艾日克镇加依村维吾尔族传统乐器制作技艺的国家级代表性传承人——艾依提·依明，他介绍他的合作社就是新和县政府帮助协调对接银行贷款、提供担保、减免贷款利息的。此外，哈密市、巴音郭楞蒙古自治州、吐鲁番、伊犁、昌吉等地州政府也为手工艺类农民专业合作社和小微企业的发展设置了专项扶持资金和贴息贷款。

三、硬件设施扶持政策

为少数民族手工艺者提供经营空间、硬件设施方面的支持，是各级政府推动

---

❶ 中华人民共和国国务院新闻办公室.新疆的劳动就业保障[M].北京：人民出版社，2020：9.
❷ 同❶.

手工艺产业发展的惯常做法❶。目前，新疆少数民族贫困地区的大部分是家庭作坊，或位于乡镇的手工艺农民专业合作社和小微企业，其生产经营空间、硬件设施等，都是由村委会或乡镇政府免费提供的，或以较低的租金有偿使用，其经费一般来源于各类扶贫资金，或产业扶持资金，或专项资金，或对口援疆资金。2020年，笔者曾就政府对硬件设施的扶持情况，对伊吾县䶮拉娜刺绣产业有限责任公司和墨玉县的羌古村民族手工艺厂进行过调研，结果如下。

伊吾县䶮拉娜刺绣产业有限责任公司（以下简称"䶮拉娜"）创办于2015年，法人为艾衣夏木·依不拉音，注册基金和实缴资金都是150万元，其前身是艾衣夏木在2004年创办的"刺绣裁缝铺"。目前，该公司已成长为当地最有名的刺绣企业，当地脱贫攻坚的重要力量，艾衣夏木·依不拉音也成长为伊吾县最有名的工艺美术大师和创业导师。

"䶮拉娜"的快速发展离不开政府的大力支持。公司成立之初，伊吾县就将其列为重点扶持的脱贫攻坚小微企业之一，不仅帮助艾衣夏木·依不拉音改建了位于伊吾县振兴东路43号的总厂厂房，还支持她在盐池镇、前山哈萨克族乡、下马崖乡建设了3个分厂，职工人数由最初的14人增加到90多人，其中贫困妇女占到近一半。在这里工作的妇女，如果全勤，每个月可以拿到3500元的工资。值得提及的是，"䶮拉娜"还有一部分在业余时间来工厂上班的"短工"。例如，沙梁子村脱贫户阿耶提古丽·艾拜都来的"第一工作"是乡镇政府安排的环卫工，每个月可以拿到1200元的工资，环卫工作完成后，她来"䶮拉娜"做"短工绣娘"，虽然技艺不熟，但每个月也可以拿到1000多元的工资。目前，"短工绣娘"正成为伊吾县巩固脱贫成果的重要举措。

墨玉县阔依其乡羌古村，是北京市朝阳区高碑店乡的对口帮扶单位，也是兵团财政局的"访惠聚"单位。2016—2017年，两单位共同出资190万元，帮助羌古村建设了羌古村民族手工艺厂，包含艾德莱斯绸、和田地毯、民族服饰3个车间，还建设了食堂、仓库、展厅等功能性用房。手工艺厂面积达2300平方米，其中主厂房面积有955平方米。在厂长凯麦尔妮萨罕·阿卜杜艾尼以及管事人帕塔姆·麦麦提敏的管理下，该厂帮助村里解决了300余名妇女的就业问题。在南北疆少数民族人口集中地区，政府扶持手工艺农民专业合作社或手工艺品厂发展的案例不胜枚举。

---

❶ 与手工艺文化旅游相关的基础设施建设也被归入这一范畴，多体现在以手工艺为主导经济的村庄或乡镇、城市的手工艺休闲文化区、景区的手工艺街区等。

例如，自治区少数民族传统手工技艺产业化发展项目曾出资100万，资助柯坪县的木勺代表性传承人开展艺人培训、改造家庭作坊、购置相关设备和工具，以及搭建销售推广平台等事项。

第四节 媒介支持

国家对宣传媒介具有绝对的领导力和话语权，这为新疆各级政府介入乡村振兴、传统工艺振兴工作的宣传事务，提供了坚实的制度保障。新疆各级党委宣传部门对少数民族传统工艺振兴、产业发展表现出了极大的热情。不仅在各大官媒建设了与手工艺产业发展相关的栏目、版块，还致力于打造多媒体宣传矩阵，并在各个环节予以大力支持，最终形成了示范性效应。下面，笔者从多媒体矩阵建设、文旅官员直播带货活动2个案例，来阐释政府在推动手工艺产业发展方面所做的探索。

一、多媒体宣传矩阵建设

多媒体宣传矩阵，即由报纸、网站、微信公众号、抖音号、微博、今日头条等媒介所组成的宣传集合体。新疆各级政府不仅要求官媒设置与文化扶贫，或旅游扶贫，或乡村振兴，或传统工艺振兴相关的栏目或版块，还要求官媒组织举办线上或线下推介活动，将宣传本地区的案例纳入年度工作规划，并设专职人员负责，纳入年度指标考核体系。例如，《关于持续推动非遗工坊建设助力乡村振兴的通知》就指出，政府应"充分发动各类媒体，综合运用网络、报纸、杂志、广播电视等媒体平台，围绕本地区优秀非遗工坊和带头人开展深度报道、专栏报道和跟踪报道"。同时强调，"支持非遗工坊及相关企业运用短视频、直播等形式讲述产品的地域和民族特色，以及其中所蕴含的文化内涵和工匠精神。"

值得注意的是，媒体中的"新疆少数民族手工艺产业"形象并没有成为一个独立的栏目或版块，而是多包含在"精准扶贫""乡村振兴""文化润疆""文化旅游扶贫""区域发展"等栏目或版块中。经调查，新疆各级政府主要通过以下四种方式，来强化媒体宣传矩阵在手工艺品销售和形象建设中的作用。①政府出面与社交媒体、短视频平台、在线交易平台合作，组织手工艺品等"地特产品"专场销售活动，并提供就业奖励、税收减免等优惠措施。例如，浙江省援疆指挥部与淘宝直播"村播计划"项目部❶合作，先后组织了多场名称为"县长来了"的"地特产品"专售活动❷。②培育带货主播，或组织明星、网红主播❸、带货主播、政府官员等投身新疆手工艺品等"地特产品"的网上直播销售活动，引导社交达人用微信公众号、抖音号转发传播新疆少数民族手工艺产业发展事宜。③组织网络评选活动。2020年，文化和旅游部曾委托《中国旅游报》报社，征集非遗与旅游融合发展方面的优秀案例和非遗主题旅游线路，最后发布了30个"优秀案例"和12条"代表性旅游线路"❹，其中"新疆喀什：展示古城'巴扎文化'传承民族技艺"入选"优秀案例"，"喀什民俗非遗主题游"入选"代表性旅游线路"。④组织手工艺设计大赛活动。济宁市援疆指挥部和中共英吉沙县委宣传部，联合主办了"英吉沙县非遗文创产品设计大赛"；天津援疆前方指挥部和和田地委宣传部、和田地区文体广旅局，联合主办了以"非遗融合，文创跨界"为主题的第四届"和田礼物"非遗文创大赛。

在多媒体宣传矩阵建设方面，浙江省援疆指挥部提供了具有示范性的案例。阿克苏地区和兵团第一师是浙江省的帮扶单位。浙江省援疆指挥部为了更好地宣传、推广阿克苏地区和兵团第一师的文化旅游资源，促进文化旅游经济的发展，充分利用"电商之都"这一优势，探索出了"多媒介、多触点、云合作"的矩阵模式。该模式具体包含自建旅游服务或产品销售平台，依托知名电商平台、知名直播平台、线下旅游活动、政府招商引资平台、省文旅厅平台、省广电集团平台，重视利用网红主播、旅游达人、资深车友的自媒体平台来引流等举措。他们还牵头阿克苏地区和兵团第一师政府，共同打造了"智慧旅游"OTA平台，在该平台上启动了以"丝路古龟兹·神奇阿克苏"为主题的系列宣传活动，主要包括10万会员短信推送、90万次App和新媒体粉丝旅游信息推送等活动。浙江省援疆指挥部还与淘宝、京东等

---

❶ 该项目简称"阿里巴巴村播"，2019年启动，阿里巴巴淘宝计划在100个贫困县培育农民直播并打造脱贫IP。

❷ 据统计，有3场"县长来了"地特产品专售活动，还有奇台县江布拉克景区、新疆豪子畜牧科技有限公司，联合淘宝直播平台共同开展的地特产品专售活动等。

❸ 在第十三届新疆冬博会期间(2018)，新疆政府邀请"内地主要客源地的传媒从业者、旅游从业者、冰雪运动人士近300人组成3个'100'冰雪旅游体验团进行踩线。……这300人就是300个信息源、广告源，传播效果不言而喻。"见姚刚.第十三届新疆冬博会精彩纷呈 冰雪资源"热"呈现[N].新疆日报，2018-12-05。

❹ 非物质文化遗产司.文化和旅游部对十三届全国人大四次会议第8740号建议的答复[EB/OL].中华人民共和国文化和旅游部，2021-08-16。

电子商务平台合作，为售卖手工艺品的商店提供流量支持；与抖音、快手等直播平台合作，组织"网红旅游形象代言人大赛"，实施"一月一主题"网红主播直播带货活动，实施旅游达人、资深车友"诗路走进丝路"深度旅游体验活动。浙江省援疆指挥部还利用"云推介""云签约"等招商引资平台，浙江省文化和旅游厅、浙江省广电传媒集团有限责任公司等单位的宣传平台和渠道，常态化地宣传推介阿克苏地区、兵团第一师的文化旅游资源❶。在此努力下，不仅加深了浙江及长三角区域人民对于阿克苏地区和兵团第一师的了解，还提升了阿克苏地区和兵团第一师的文化旅游形象在新疆乃至全国的知名度。

二、文旅官员直播带货活动

政府工作人员通过直播方式为"地特产品"宣传的做法，不仅带火了直播市场、拓展了受众群体，还提升了"地特产品"品牌的影响力。新疆文化和旅游厅实施的"文旅宣传推介人培育计划"，让政府官员化身短视频主角或带货主播，培育起一大批以文体广旅局长为代表的"网红"。培育"政府官员网红"❷来宣传推介"地特产品"的做法，不仅是新疆文旅部门对当下流行的文化IP热点的回应，还产生了显著的经济实效。其中，尤以阿克苏地区沙雅县的热娜古丽·热合曼和伊犁哈萨克自治州的贺娇龙最为有名，二人被称作抖音、快手直播界的"南热娜北娇龙"。目前，笔者统计了8位投身短视频或直播带货的且已经产生一定影响力的政府官员的抖音账号，如表2-2所示。

---

❶ 见《浙江援疆工作简报》2020年第41期。
❷ 打造"政府官员网红"是一个在全国乃至世界各国都比较普遍的现象。最早的新闻见于黑龙江省，"在黑龙江'非遗购物节'上,黑龙江省文化和旅游厅党组书记、厅长张丽娜通过直播方式,热情地向网友推介了满族刺绣、旗袍、红肠、格瓦斯、麦秸画、桦树皮画等非遗产品,燃起了大家的购物欲望"。见张玉玲.搭上电商,非遗飞入百姓家——首届"非遗购物节"述评(上)[N].光明日报,2020-06-16.

表2-2 抖音平台①新疆网红文旅局长短视频或直播情况列表

序号	抖音账号	姓名及职务	性别	方式与内容	粉丝量（万）②	是否开通卖货平台	售卖情况
1	贺局长说伊犁（后更改为"贺娇龙"）	新疆优质农产品产销服务中心主任贺娇龙③	女	直播+短视频：美景、农牧林果产品、政府文化活动等	520.3	开通	超过526万单
2	热娜局长说沙雅	沙雅县文旅局局长热娜古丽·热合曼	女	短视频：美景、美食、舞蹈、民俗、机车摩旅、沙漠越野、政府文化活动等	119.3	未开通	—
3	魅力帕米尔	塔什库尔干塔吉克自治县文体广旅局副局长阿力甫·阿克木汗	男	短视频：美景、民俗等	11.2	未开通	—
4	裕民山花为你开	塔城地区裕民县副县长杨彩霞④	女	短视频：民俗文化村、特色民宿等	1.5	未开通	—
5	英卡局长爱巩留	巩留县文旅局副局长英卡尔	女	短视频：美景、美食、民俗、传统音乐、舞蹈等	5.5	短暂试播后关闭	699件
6	苏局长说拜城	拜城县文旅局副局长苏比努尔	女	短视频：美景、古迹、地特产品、文化活动等	48.9	未开通	—
7	泽普文旅（后更改为"泽普文体广旅"）	泽普县文旅局党组书记、副局长于娟（后更改为"泽普县文化体育广播电视和旅游局"）	女	短视频+直播：文化、舞蹈、体育、旅游等	12	未开通	—
8	润和田	和田地区文旅局局长吐送古丽（后更改为"和田地区文化体育广播电视和旅游局"）	女	短视频：美景、古迹、地特产品等	1.5	未开通	—

① 以下8个账号也同步开通了快手账号，但笔者在此处并未统计快手平台的信息。
② 数据统计截止时间为2023年6月19日。
③ 2023年初，贺娇龙由伊犁哈萨克自治州文旅局（任副局长）调往新疆优质农产品产销服务中心，任主任。
④ 杨彩霞曾担任裕民县文化体育广播电视和旅游局党组副书记、局长职务。

以上短视频或直播账号中，有7位女性，其中2位开通了直播带货活动，1位短暂试播后关闭了该功能。伊犁哈萨克自治州"贺局长说伊犁"账号的运营情况最好，不仅开展直播助农活动场次最多，推荐地方农特产品数量最多，销售数量和总额最大，而且搭建了功能齐全的电商平台和健全的电商人才培养体系、产品供销链条，并出台了被动收益❶使用办法。值得一提的是，"贺局长说伊犁"所售产品大部分为农特产品，属于"农旅融合""公益助农"的范畴，较少涉及手工艺品。进而说明，作为"地特产品"的手工艺品，在直播经济中仍然具有巨大的发展潜力。

余 论

在新疆少数民族手工艺产业发展中，政府要统筹好手工艺的保护传承、创造性转化、创新性发展与产业发展、性别公平、脱贫增收、产业发展之间的关系。如果说，政府在传统手工艺的保护传承方面承担着主要责任，那么，市场在传统手工艺的创新性发展与创造性转化方面发挥着更为重要的作用。笔者认为，政府应履行好总设计师、推动者、引导者、协调者的身份，广泛动员与鼓励社会力量参与，充分发挥市场在资源配置中的积极作用，坚持行政推动与市场机制有机结合，尊重手工艺行业的发展规律以及内在动力，实现社会效益和经济效益的有机统一，形成推动手工艺产业发展的强大合力。

首先，保护传承是推动少数民族手工艺产业健康发展的前提和基础。新疆少数民族手工艺是中华优秀传统文化的重要组成部分，是典籍之外的一支活态文化，承载着新疆各族人民群众的造物智慧，是各民族文化的生动表征，是各民族乡愁的载体。要激发传统手工艺产业的潜力和活力，充分发挥其在脱贫增收方面的作用。

其次，手工艺产业促进了非遗的活化以及保护传承。手工艺产业发展的背后是农牧区家庭经济的振兴，是农牧区原生态文化的保护，是农牧区社会乡土文化、社会—经济结构的重建，也是培育乡村工匠精神的土壤。将传统工艺振兴上升为国家战略，这是对中华优秀传统文化传承体系建设工作提出的新要求、新任务，也是全面提升非遗保护传承水平的新契机。

---

❶ 佣金、平等礼物等都属于"被动收益"的范畴。

最后，传统手工艺的保护传承是一个完整的文化生态系统，传统手工艺产业也是一个复杂的经济系统，如何整合这两个完全不同的系统是需要慎重对待的问题。一方面，要尊重传统手工艺的真实性、整体性、活态性、传承性，在此基础上搭建其与艺术创作、科学研究、现代科技、现代设计实践、当代教育、市场或产业平台、社会力量诸要素之间的桥梁。另一方面，要优化文化资源、人力资源、技术、管理、市场、环境、资本、制度等要素之间的结构，并注意其他要素对整个系统的影响。另外，还要通过体制、机制、策略创新，让传统手工艺走进现代生活、现代市场，最终实现乡村手工艺人的创业增收。

第三章

新疆少数民族手工艺教育与手工艺产业问题研究

当下,人才问题依然是制约新疆少数民族手工艺产业提质增效升级的关键,更是制约手工艺产业健康发展的短板。《国务院办公厅关于转发文化部等部门中国传统工艺振兴计划的通知》指出:"加强传统工艺相关学科专业建设和理论、技术研究。支持具备条件的高校开设传统工艺的相关专业和课程,培养传统工艺专业技术人才和理论研究人才。支持具备条件的职业院校加强传统工艺专业建设,培养具有较好文化艺术素质的技术技能人才。积极推行现代学徒制,建设一批技能大师工作室,鼓励代表性传承人参与职业教育教学和开展研究。支持有条件的学校帮助传统工艺传承人群提升学历水平。"目前,集中表现在人力资源不足、学历层次不高、文化素养不高、国家通用语言文字水平不高等方面。刘林认为,"人力资本中农户家庭每增加一人受过初中以上文化教育,能力贫困发生的概率比就会降低30%;教育费用每增加1000元支出,能力贫困发生的概率比降低26.8%;家庭中每多一人参加农业技术培训,该户陷入能力贫困的概率比降低10.2%。"[1] 可见,教育对新疆少数民族人口的减贫以及手工艺产业发展具有非常重要的意义,学历教育和短期培训有助于上述人才问题的解决。

---

[1] 刘林.新疆连片特困地区少数民族贫困农户自我发展能力提升研究[M].北京:经济科学出版社,2018:3.

第一节　新疆少数民族手工艺家庭、家族教育现状

与师徒传承一样，家庭或家族传承一直是新疆少数民族手工艺传承的重要方式。它以"工艺世家"的形式存在着，由儿孙将父祖辈的辉煌一代代传承下去。据调查，家庭或家族传承手工艺的动机，既有儿孙对父祖辈曾经辉煌岁月的认同以及延续昔日辉煌的初衷，也有通过家庭或家族传承甚至工艺垄断，来延续昔日生计方式的现实需求。2018年4月18日，笔者在对木垒哈萨克自治县哈萨克民族刺绣文化产业园区的一位20岁左右的绣娘——来自阿合木尼恰克工艺美术品制造农民专业合作社❶的巴利江·哈加义，就从事刺绣的原因这一问题进行采访时，她说："我们哈萨克族的女孩，五岁左右就开始拿针了，七岁的时候开始学习刺绣，每天写完作业后，我和六个姐妹就跟着奶奶学习绣羊角图案，小时候奶奶总说长大了要给自己做嫁妆，因此对我们的要求非常严格，从选择图案到搭配颜色，从刺花、绣花、金银线绣到贴花、珠绣等刺绣技艺都是奶奶手把手教我的。"笔者采访的另一位40岁左右的哈萨克族绣娘——来自大石头乡铁尔萨克村的玛力亚·赛坦说："一是这个技艺是奶奶留下来的，通过刺绣学习可以了解哈萨克族的传统文化和思想。二是传承刺绣是我们这一代人的责任，希望让更多的人知道哈萨克族刺绣，让后代继续传承下去。三是为生活，想减轻家庭的经济负担，为家庭贡献一份力量。"

在新疆少数民族人口集中地区，手工艺是妇女必须接受的家庭教育的内容之一。在传统的世俗生活中，"掌针""数线""架花"几乎是女孩们接受教育的唯一机会，是她们获知人生知识、社会知识、自然知识的重要渠道。她们从小就被母亲或祖母教导，要好好学习手工艺。家族里的女性长辈，告诉她们从十四五岁开始，就要为自己准备嫁妆。维吾尔、哈萨克、柯尔克孜、塔吉克、锡伯等民族的人们，都将绣品质量的高低作为判断女性贤淑与否的重要依据，"维吾尔族女婴刚出生时，年老的长者会用针尾轻轻划一下孩子的小手，希望孩子长大后成为精工手巧的人。在举行传统的摇篮礼仪时，孩子的父母会给孩子戴上有传统刺绣图案的小帽子，在摇篮中，婴儿盖的小花被、头枕的枕巾、摇篮外部的遮光用的被单，以及孩子穿的

---

❶ 木垒县阿合木尼恰克工艺美术品制造农民专业合作社成立于2014年1月，位于雀仁乡雀仁村服务区，主要经营范围包括哈萨克刺绣工艺美术品、旅游纪念品、骑具马鞭的加工、制作、销售；为本社成员提供技术培训、技术交流、技术信息咨询服务等。

衣服上都有哈密传统的刺绣图案。"❶相亲时，女孩会将自己亲手绣制的绣品送给心仪的男孩子，结婚时还要将毡毯、壁挂、抱枕、帐围、枕巾、床单、围腰等嫁妆运到男方家，安置在新房的显眼处。"在锡伯人的传统观念中，花绣的好坏是衡量妇女品性与能力的标准之一。能绣一手好活，是体现女子心善与手巧的重要标准。一件精美的烟袋与荷包，是男子宣扬妻子手艺的最好物件。锡伯族妇女的刺绣出现在生活中的各个角落，荷包就是锡伯族吸烟的男子必备的物品之一。按锡伯族传统，女方要缝制精致的荷包送给自己的恋人。"❷由此，手工艺成为新疆少数民族人口集中地区非常重要的民俗生活样态，成为新疆少数民族妇女人生教育、礼仪教育、道德教育、伦理教育的重要组成部分，成为新疆少数民族群众生活信念、生存智慧、思想信仰的重要表征。手工艺不仅寄托了老一辈对下一代的期望，还寄托了少数民族妇女对美好生活的期望。

2022年6月，笔者曾采访大学毕业后回到家乡从事手工艺创业的哈萨克族女孩库里奇热提·木合亚提❸，她说："从小我就受到母亲的影响，对我们民族的传统刺绣非常感兴趣，在母亲手把手的指导下，我学会了手工刺绣技艺。毕业后，看到家乡农村的那么多妇女，空有一手刺绣技艺却不能摆脱贫困，我觉得手工艺可以帮助她们脱贫致富，这是我选择这一创业项目的主要原因。但归根结底，母亲对我的影响是主要原因。"

但是，新疆少数民族手工艺家庭或家族教育，受到工业文明、市场经济、消费主义和影视、广告、短视频等现代传媒的冲击，它们将新疆少数民族年轻一代的价值观引向对工业产品、物质和财富的崇拜，引向对都市、现代文明的崇拜。在此影响下，子孙对父祖辈坚守的手工艺事业慢慢失去了传承的荣耀以及热情。尤其是那些经济效益较差的手工艺项目，或者在社会文化中处于边缘地位的手工艺项目，甚至会遭受年轻一代的抵制。

---

❶ 巴燕·保尔江. 哈密维吾尔刺绣工艺传承与保护研究[D]. 乌鲁木齐：新疆大学，2018：23-24.

❷ 新疆维吾尔自治区文化厅. 新疆非物质文化遗产名录图典[M]. 乌鲁木齐：新疆青少年出版社，2012：257.

❸ 库里奇热提·木合亚提为裕民县阿勒腾也木勒乡金灵针文化创意手工刺绣中心法定代表人。该手工刺绣中心的企业类型为个体工商户，成立于2019年10月，位于新疆塔城地区裕民县阿勒腾也木勒乡阿勒腾也木勒村，主要经营范围为文艺创作、工艺美术品及收藏品批发、工艺美术品及收藏品零售、服装服饰批发；服装服饰零售、日用百货销售、家用纺织制成品制造、针纺织品销售、针纺织品及原料销售等。

在调查中笔者发现，性别在新疆少数民族传统手工艺的家庭或家族传承中所占的因素越来越小，这与自中华人民共和国成立以来，政府所倡导的男女平等观念在新疆少数民族乡土社会中日益深入人心有关。例如，截至2023年1月，在花毡、印花布织染技艺的五批国家级代表性传承人中，有4位男性、1位女性；在五批自治区级代表性传承人中，有4位女性。在传统棉纺织技艺的五批国家级代表性传承人中，分别有1位男性、1位女性；在五批自治区级代表性传承人中，有2位女性。在哈密市陶家宫镇荞麦庄孜村，还有一位名叫卡德尔·热合曼的"绣郎"——他是哈密传统工艺工作站最有名的绣工，甚至成为哈密市维吾尔族刺绣的名片，他还与"灌木互娱"合著了《国韵非遗：哈密维吾尔族刺绣的传承与深度开发》[1]一书，他的刺绣技艺就传承自母亲和姐姐。但是，性别在传统刺绣、编织技艺、民族服饰制作技艺、维吾尔族模制法土陶烧制技艺等手工艺项目的传承中，依然是一个非常重要的因素，这与手工艺项目的特点以及男女的不同体质、心理特征有关。实际上，在省市州县级代表性传承人、工艺美术大师以及普通手工艺从业者中，"跨性别传承"的情况非常普遍，这与家庭作坊、农民专业合作社、小微企业等生产经营主体中，男女分工的生产机制有关。例如，在维吾尔族传统乐器制作技艺和维吾尔族模制法土陶制作技艺中，刨板、拷弯、琴箱拼合、拉坯等力气活一般由男性来完成，装饰、装弦、雕花、上釉等精细活则由女性来完成，相应的传承活动也是如此。英吉沙县维吾尔族模制法土陶烧制技艺的国家级代表性非遗传承人——阿不都热合曼·买买提明就将土陶烧制技艺传给了自己的妻子、儿子、儿媳和女儿。

家族传承是家庭传承的扩大化，是当下新疆少数民族手工艺保护传承的重要方式。虽然当下以村民委员会为主要权力机构的乡村治理体系，与"乡土中国"时代的宗族治理具有根本的区别，但是在当下的新疆农村，建立在血缘关系之上的宗亲、宗族关系，仍然是影响乡村社会治理的重要因素之一。从宗族的存续来说，年轻族人有传承祖业的责任，有通过个体努力来提升自己及宗族影响力的心理需求。从个体发展的角度而言，成员也有通过壮大宗族持有的手工艺项目的影响力来提升社会地位、荣誉感的心理需求。于此，家族传承较之家庭传承，呈现出较为明显的优势。一是在家族内选拔优秀人才，"秘传"的范围无形间被扩大了，这肯定有利于手工艺的传承和发展；二是以家族为单位展开的传承、互助与合作，显示出更强

---

[1] 灌木互娱.国韵非遗:哈密维吾尔族刺绣的传承与深度开发[M].北京:人民邮电出版社，2018.

的实力和影响力，更容易获得外界支持；三是以家族为传承单位，在抵抗市场经济冲击、其他外力影响以及经营风险方面，也具有更为明显的优势。总体来说，较之家庭传承，家族传承表现出更强的开放性、稳定性以及可持续性。

第二节　新疆手工艺学历教育现状

依据联合国教科文组织《保护非物质文化遗产公约》可将手工艺教育传承分为正规教育和非正规教育两种类型，"'保护'指确保非物质文化遗产生命力的各种措施，包括这种遗产各个方面的确认、立档、研究、保存、保护、宣传、弘扬、传承（特别是通过正规和非正规教育）和振兴。"❶手工艺的"正规教育"，即学历教育，或以学生为主要传承对象的教育。按照学段差异，可将"正规教育"中的手工艺教育分为学前教育、义务教育、中职教育、高职教育、本科、研究生等层次。学校是传统文化复兴的重要场域，是手工艺"正规教育"实施的主要空间，加强并提升手工艺校园传承的实效，在非遗学界和教育学界已达成共识。按照施教对象及内容差异，又可将"正规教育"中的手工艺教育，分为通识教育、专业教育以及手工艺进校园活动等三种类型。按照教学方式又分为课堂教学和课外教学两种类型。课堂传承是手工艺通识教育和专业教育的重中之重，是践行"传统文化进校园"、落实"立德树人""课程思政"的重要举措。

一、基础教育阶段的手工艺教育

不同于企业、行会组织的手工艺培训，基础教育语境下的手工艺教育多以地方文化的保护传承这一公益性目的为己任。传统手工艺知识中包含了丰富的思想道德、文化知识、艺术体育、社会实践等方面的教育要素，是"非遗进校园"的重要内容。《关于实施中华优秀传统文化传承发展工程的意见》指出，将中华优秀传统文化要"贯穿国民教育始终"❷，"全方位融入国民教育各个领域、各个环节"❸，实施

---

❶ 宋俊华，王开桃. 非物质文化遗产保护研究[M]. 广州：中山大学出版社，2013：180.
❷ 中共中央办公厅 国务院办公厅印发《关于实施中华优秀传统文化传承发展工程的意见》[J]. 中华人民共和国国务院公报，2017(6)：18-23.
❸ 同❷.

"非遗传承发展工程"❶。学生是未来传统手工艺保护、传承与发展的主体和生力军，是中国传统优秀文化复兴的希望。不仅要让学生了解乡土文化和传统手工艺，而且要了解传统手工艺背后的生存智慧、思想哲学以及精神价值，还应该培养学生对于文化平等、文化多样性等文化发展理念的认同，帮助学生确立致力于传统手工艺保护、传承、发展的使命意识，增强对于乡土文化的文化自觉和文化自信心。当然，将手工艺的传承人群拓展到青少年这个群体，从长期目标而言也涵养了手工艺产业，为新疆少数民族手工艺产业发展注入了新的活力。

（一）手工艺教育与新疆地方文化传承

新疆少数民族传统手工艺既是非常重要的地方文化资源，又是非常重要的教育资源，具有重要的教育价值。"非物质文化遗产在古典体系中的位置，其实是忠诚于'地方'的'地方性知识'。"❷新疆少数民族传统手工艺中包含着丰富的地方性知识，是各民族生活习俗、思想信仰、文化传统、社会历史、精神风貌、审美情趣、心理情感的形象载体和集中体现，包含着丰富的美术专业知识，如装饰、风格、造型、图案、纹样、母题、主题、图像、象征、寓意、所指、能指以及材质、技术、技能、工艺等。下文笔者以哈萨克毡绣和布绣为例来分析其在基础教育中的重要性。

毡绣和布绣是哈萨克族最富有民族特色的民间美术门类，其艺术价值主要体现在图案纹样、针法绣法、色彩搭配等方面。哈萨克族毡绣和布绣图案种类繁多、元素复杂、结构独特，寓意深刻，图案体系相对系统、完整，代表了哈萨克族民间美术的最高成就。哈萨克族毡绣和布绣相对完整地保留了其他民族已经失传的钩针绣技法，是中华民族刺绣的活化石。同时，它们又勇敢借鉴其他民族的针法和绣法，形成了既秉承传统又复杂多变的"钩针绣"绣法体系，这在中华各民族刺绣中具有显著的标志性。哈萨克族崇尚爱与自由，喜欢光鲜亮丽、对比强烈的色彩，具有相对稳定的色彩偏好，由此毡绣和布绣成为其民族性格和审美趣味的主要表征。这为手工艺进校园、进课堂提供了重要的资源。

如何让年轻人加入哈萨克族毡绣和布绣的传承人群队伍中来就成为当下迫切需要解决的问题。一方面，借国家实施乡村振兴、传统工艺振兴、精准扶贫战略的东风，大力发展以哈萨克族毡绣和布绣为主要内容的乡村手工艺特色产业，以产业发展来带动手工艺的保护和传承。另一方面，大力推广以哈萨克族毡绣和布绣为主要

---

❶ 中共中央办公厅 国务院办公厅印发《关于实施中华优秀传统文化传承发展工程的意见》[J]. 中华人民共和国国务院公报,2017(6):18–23.

❷ 耿波. 地方与遗产:非物质文化遗产的地方性与当代问题[J]. 民族艺术,2015(3):59–67.

内容的手工艺进社区、进校园、进课堂活动，以教育传承活动的组织带动手工艺的保护和传承。

（二）手工艺教育课堂传承的学理依据与实践路径

手工艺是非遗的重要门类，手工艺课堂教学实践中面临的问题也适用于新疆少数民族手工艺的教育传承。目前，以青少年为主要对象的手工艺教育传承的理论研究与实践探索已经取得了显著的成果。但是，研究成果要么集中在家庭、社区、村寨、文化馆所、校外培训机构等"非正规教育"主体组织实施的传承活动方面，例如薛洁等[1]、程世岳等[2]、张青仁[3]、谢梦[4]、孟令法[5]等学者；要么集中在校园环境创设、社团建设、活动建设、课程资源开发与课程建设等非遗传承的要素方面，例如覃宇德[6]、李卫英[7]、王玉萍[8]等学者；要么集中在校园非遗传承的现状、问题、普遍规律、实践路径等宏观层面，例如田青等[9]、来水娥[10]、张永广等[11]、郑雪松[12]等学者。但是，鲜有学者关注手工艺课堂传承的学理依据、实践路径等问题。

1. 手工艺课堂传承所面临的困境

课堂教学是当下国内各阶段正规教育的主体。笔者在《课堂教学与非物质文化

---

[1] 薛洁,韩慧萍.论非遗保护中的家庭教育传承[J].民族论坛,2012(22):48-51.

[2] 程世岳,叶飞霞.我国少数民族非物质文化遗产社区教育传承研究[J].广西民族研究,2014(1):109-113.

[3] 张青仁.在社会变迁中重构公共文化:对非物质文化遗产属性与保护路径的再思考——基于宁波市非物质文化遗产保护实践的案例观照[J].浙江师范大学学报(社会科学版),2016(4):72-78.

[4] 谢梦.恩施州非物质文化遗产的保护与教育——以宣恩县高罗乡小茅坡营苗寨民俗村为例[J].湖北民族学院学报(哲学社会科学版),2008(5):48-52.

[5] 孟令法.非物质文化遗产研学机制的在地化建构探析[J].非遗传承研究,2022(1):21-28.

[6] 覃宇德.体育非物质文化遗产学校社团传承研究[D].上海:华东师范大学,2020.

[7] 李卫英.非物质文化遗产的学校教育传承路径探析——以贵州省民族民间文化进校园活动为例[J].湖南师范大学教育科学学报,2014(4):44-48.

[8] 王玉萍.论少数民族非物质文化遗产传承纳入课程资源的必要性[J].贵州民族研究,2013(4):167-169.

[9] 田青,黄俭.把握坚持文化自信的有效载体——兼谈核心素养视阈下的非物质文化遗产校园传承[J].人民音乐,2016(12):36-39.

[10] 来水娥.传统音乐融入国民教育的现状、问题与路径分析——以浙江省音乐类非物质文化遗产项目为例[J].浙江社会科学,2017(7):145-152,160.

[11] 张永广,尚晓梅.我国青少年群体参与非遗保护传承现状[J].当代青年研究,2017(5):73-77.

[12] 郑雪松.非遗视角下民族民间舞蹈文化学校传承的思考[J].贵州民族研究,2020(6):161-165.

遗产传承——以维吾尔族花毡制作技艺为例》一文中曾言,"非遗的教育传承不能仅限于家庭教育、社会教育、课外教学、校园文化建设中,而应该进入地方课程(教材),进入课堂教学活动设计、教学设施、教学评价、学习兴趣与态度培养等环节,这直接决定着非遗复兴的效率与质量。"❶因此,如何将以新疆少数民族手工艺为代表的非遗纳入基础教育的课堂教学体系,成为当前急需解决的问题。

很多学者也积极致力于相关理论体系的建构中,例如,笔者曾提出"通过非遗生态环境的'原境重构'与'桥梁搭建'方法,构建非物质文化遗产的教育知识系统"❷的做法,宋彦斌提出从教材、区域、学生、教师等方面❸来改进中小学非遗课堂传承的措施。但是,通过实地调查及教学实验,笔者发现,以上成果既不能很好地阐释当下手工艺为主要内容的非遗课堂传承实践的学理依据,也不能很好地解决手工艺课堂传承实践中出现的具体困惑。笔者列举如下。

第一,学校教育中分科化的知识体系很难与混沌性、关联性、统整性的手工艺知识和技能体系对接。基础教育包含美术、劳动技术等科目,非遗包含传统美术、传统技艺等门类。从理论上来说,两者可形成一种大致的对应。但是,这种要素化的拆解并不符合手工艺保护与传承的理念。"非物质文化遗产的突出价值在于它的混沌与关联。一首民歌,它有诗的语言,有歌的吟唱和优美旋律,有舞蹈的节奏踏和,有情感的交流。如果我们只看其中的一种诗的语言与文学的价值,那这一非物质文化遗产的多功能、多形态、多关联的文化意义就大大地打了折扣,损失大矣!"❹这种将某一手工艺要素从日常生活语境中抽离出来,并将其学科化、课程化的做法,打破了手工艺在社会生活中的原本状态,弱化甚至破坏了手工艺的混沌性、关联性和统整性,这种碎片化的知识形态给学生认知、体验和理解手工艺造成了很大的困扰。

第二,在课堂传承中,将手工艺中的隐性知识转化为易于教学的显性知识存在一定的难度。学校知识具有如下特征,"强调同口头表达相对立的、借助书面文字的'文字文化性';在学习过程与学习成果的评价中回避合作的'个人主义';学习者的知识是零碎知识之堆积的知识的'抽象性';知识同日常生活和经验脱节这一

---

❶ 李钦曾,罗丹.课堂教学与非物质文化遗产传承——以维吾尔族花毡制作技艺为例[J].石河子大学学报(哲学社会科学版),2015(6):82-87.

❷ 同❶.

❸ 宋彦斌.音乐类非物质文化遗产在中小学传承的瓶颈问题研究[J].中国音乐,2018(5):170-175,182.

❹ 向云驹.论"文化空间"[J].中央民族大学学报(哲学社会科学版),2008(5):21-28.

'无关联性'"❶以及"'迂回性''交换性''片段性'"❷。但手工艺的传承中却包含了大量适用于某一地域或行业或族群的土言土语、经验、诀窍、秘诀等隐性知识和非常规知识，这些"只可意会不可言传的""外人无法明了的""难以捕捉的"的知识多是在师徒或家族、家庭成员之间以口传心授的方式进行传递，这与上文所描述的学校知识的特征存在显著差异。这就使手工艺的知识形态、特征与课堂知识之间出现了一种很难弥合的认知区隔。

第三，课堂传承很难复制或模拟传统手工艺的社会文化生态环境。传统手工艺的社会文化生态环境呈现出较为显著的本真性、混沌性特征，呈现出较为显著的自然、经济、社会、历史、思想等多位一体的关联性、统整性特征。课堂传承对情境创设提出了明确的要求，"学习环境的设计应当具有四个特征，即'建构性'——学习者是在同环境的交互作用中主动'建构'（construct）知识与技能的；'自控性'——学习是学习者积极运用学习方略，能够'自我调节'（self-regulate）的；'情境性'——建构性、自控性的学习是沉浸在社会文化语脉中才得以'情境'（situated）地理解的；'协同性'——每一个人的知识建构是通过交互作用与协商，'协同'（collaborative）地进行的。"❸甚至国内各教育出版社在教材编写过程中也多倾向于按照情境化的主题来编选内容、设计课程任务，但受学校环境、设施、经费投入、课堂教学的容量、教师的知识储备以及认知经验等条件的限制，仍然很难做到对传统手工艺社会文化生态环境的相对真实的再现。这就给学生认知、体验和理解传统手工艺造成了一定的困扰。

第四，教师的地方性知识、技能结构和具身经验很难达到传统手工艺课堂传承的需求。一方面，高校美术学（教师教育）专业人才培养方案对于传统手工艺相关内容没有给予足够的重视、相关师资力量缺乏和课程建设不足等方面的问题，导致传统手工艺的素养教育和技能教育在美术师范教育（即中小学美术教师的职前教育）中普遍存在缺失，高校美术师范教育并未建构起支撑基础教育课堂传承的人才培养体系。另一方面，入职后的中小学美术教师缺少民俗学、民族学、人类学、社会学等方面的知识积累和相对专业的指导，教师对真实的传统手工艺的生态环境、历史文化情境和"当地人的观点"等缺少深入的理解，对传统手工艺也缺少感性、

---

❶ 长尾彰夫.基于"学校文化"批判的课程改革[M].东京:明治图书出版,1996:56-57.
❷ 长尾彰夫.基于"学校文化"批判的课程改革[M].东京:明治图书出版,1996:53.
❸ OECD 教育研究革新中心.学习的本质:从研究的运用到实践[M].立田庆裕,平泽安政监,译.东京:明石书店,2013:43.

直观的认识，缺少具身化的体验和相对系统的技能训练。手工艺技术"既是'具身的'（embodied）知识形态，存在于手艺人的身体器官之内，同时也'内嵌于'（embedded）一定的社会关系之中，只有通过艺人间的协作，以及内置于所在群落的文化空间、社会等级制度等形态之中，才能得以转化或再生"❶。这就给以传统手工艺为主要内容的课程资源开发和教学实施造成了不小的困扰。

以上问题普遍存在于各学段、各手工艺门类和项目的课堂传承实践中。不管是从凝练办学特色、提升课程教学质量、拓展学生人文素养的角度，还是从传统手工艺传承的渠道拓展、实效提升而言，都迫切需要解决。鉴于这一问题的复杂性和跨学科性，笔者认为教育人类学可能有助于以上问题的解决。

2. 教育人类学相关理论和方法的尝试

在文化习得、濡化、迁移等方面，传统手工艺的社区传承与课堂传承表现出明显的一致性，这为教育人类学介入传统手工艺课堂传承实践提供了可能性。赵世林认为，"作为个体的人只有不断地习得该社会所属的群体文化，才能为这个群体所接受。"❷传统手工艺是地方性知识的重要表征，"非物质文化遗产都是在一定区域产生的，与该环境息息相关，该地域独特的自然生态环境、文化传统、思想信仰、生产生活水平，以及日常生活习惯、习俗都决定了其特点和传承"❸，是族群、社区乃至国家认同建构的重要内容。传统手工艺的保护与传承，不仅涉及传统生产、生活方式的延续和乡土传统的重建，还涉及传统思想观念、思维方式和价值伦理的延续，离不开一代代人之间的习得和濡化。传统手工艺所依存的社会文化生态环境是一个有机而系统的整体，学校教育的价值和功能之一就在于调适、平衡、维护这个系统的和谐与稳定。基础教育阶段各学校都以区域文化传承与发展为己任，作为区域文化和地方性知识最显著代表的传统手工艺自然就受到学校和教师的重视，由此诸多学校确立了以传统手工艺传承为主要特色的校园文化建设思路，确立了以传统手工艺为主要内容的校本课程建设思路。实际上，各级各类学校在扩大传统手工艺传承人群的数量，提高传统手工艺传承人群的质量，增强青少年参与传统手工艺保护传承的自觉意识和社会责任感，减缓传统手工艺消亡的速度等方面所发挥的作用也越来越明显。"人类学者认为人的成长是通过在社会文化环境中的学习和活动来完成的，社会文化环境对人格形成有很大的影响。"❹ "情境分析的核心就是既要关

---

❶ 张西昌. 传统手工艺的知识产权保护研究[D]. 西安：西安美术学院，2013：48.

❷ 赵世林. 论民族文化传承的本质[J]. 北京大学学报（哲学社会科学版），2002(3)：10-16.

❸ 王文章. 非物质文化遗产概论[M]. 北京：教育科学出版社，2008：68.

❹ 袁同凯. 教育人类学简论[M]. 天津：南开大学出版社，2013：15.

注有意识的直接教授又要关注无意识的间接的交流在知识传播过程中的作用。有效的交流本身依赖于已有的共享符码或解释架构,这些架构在本质上是文化的,尽管不同文化背景的人们可以拓展它们。"❶这就为教育人类学介入传统手工艺课堂传承实践提供了足够的理论依据。同时,《义务教育课程方案和课程标准(2022年版)》的颁布,进一步夯实了教育人类学介入传统手工艺课堂传承实践的现实基础,"加强课程综合,注重关联。加强课程内容与学生经验、社会生活的联系,强化学科内知识整合,统筹设计综合课程和跨学科主题学习。加强综合课程建设,完善综合课程科目设置,注重培养学生在真实情境中综合运用知识解决问题的能力。开展跨学科主题教学,强化课程协同育人功能。"❷笔者认为可使用课堂民族志、文化情境认知与学习等教育人类学的理论和方法来构建传统手工艺课堂传承的学理依据。

  课堂民族志既是教育人类学的一种基本理论、技术和方法,又是描述、解释课堂教学过程、结论的一种文本叙述形式,还是奠定手工艺课堂传承实践的理论基础。下面笔者以哈萨克族刺绣为例来说明传统手工艺课堂传承民族志个案的生成过程。第一,教师要掌握田野调查日志及民族志写作、课堂民族志写作的方法和能力。第二,课程开设之前,教学实验团队要对哈萨克族刺绣进行长期、严肃、科学、规范的田野调查,通过参与式观察、深度访谈、谱系法等田野调查方法,获得当地人的日常生产生活方式和"当地人的观点",确立对当地社会文化情境的系统性认识,做出接近"实事"的"解释",并完成民族志的写作。第三,赴哈萨克族刺绣的主要传承地,向代表性传承人请教学习,掌握与课程相关的知识与技能,获得相关具身体验,形成对于传统手工艺的生态环境、历史文化情境和"当地人的观点"的系统性认识。第四,组建多学科课程研发团队,进行课程资源开发。第五,授课教师要意识到自身在传统手工艺课堂传承中所发生的角色变化,即由施教者转化为师傅、观察者、描述者、研究者,帮助学生增加人生经验,通过共建师生文化生活共同体的方式来建构传统手工艺传承的意义,并观察和记录学生的行为模式、师生互动的情况、课堂支持的要素以及其他微观细节。第六,教师要认识到教学现象描述、问题描述和意义阐释的重要性,运用课堂民族志来阐释师生之间的互动关系、教学情境的作用、跨文化理解过程、民族文化与中华民族文化之间的互动,进而形成传统手工艺课堂传承的民族志个案(图3–1)。

---

❶ 袁同凯. 教育人类学简论[M]. 天津:南开大学出版社,2013:174.
❷ 中华人民共和国教育部. 义务教育课程方案和课程标准(2022年版)[M]. 北京:北京师范大学出版社,2022:5.

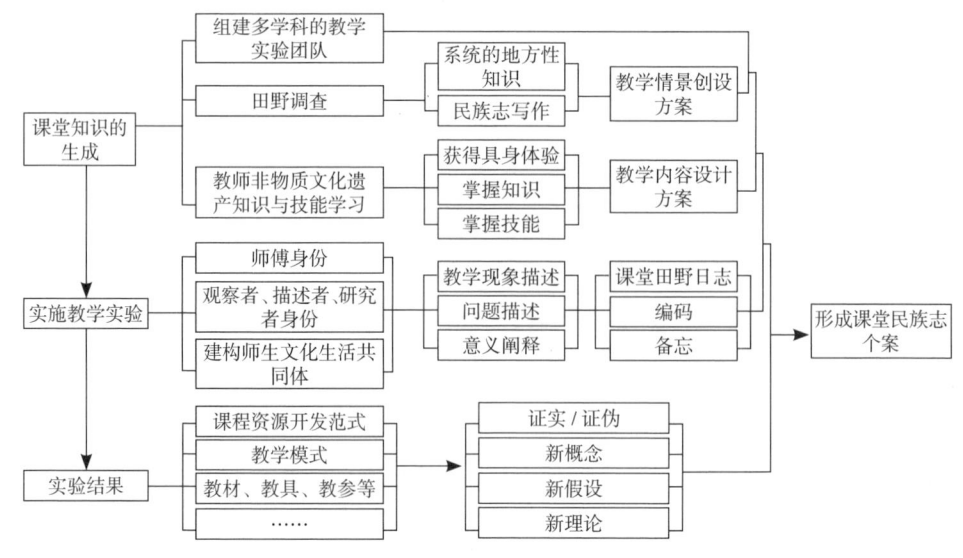

图 3-1　传统手工艺课堂传承民族志个案的生成逻辑

文化情境认知与学习是环境教育和教育人类学的基本理论，也是奠定课堂传承情境创设的主要理论依据。"环境教育是指关于人与其自然环境和人造环境之间的关系的教育过程，包括人口、污染、资源分布和消耗、保护、运输、技术、经济效果以及城市和农村计划同整个人类环境的关系。"❶ "教育实质上是一种知识结构传承的过程，而知识结构本身受社会结构及作为社会结构一部分的文化环境的影响。"❷ "认知过程的本质是由情境决定的，情境是一切认知活动的基础。"❸ 因此，文化情境认知与学习理论又被称作社会文化阐释理论，或社会文化情境分析理论。将该理论运用于传统手工艺的课堂传承，这就要求教师做到如下五点：第一，认识到传统手工艺是一门要求"见人、见物、见生活"的"体知之学"，认识到传统手工艺所依存的社会文化情境的复杂性，及其对调动学生人生经验、增强学生具身性体验、促进学生认知和理解的重要性。第二，改变传统教学偏重于呈现情境要素或片段的普遍做法，以"整体性文化观"等人类学的基本原则对传统手工艺的社会文化情境进行系统的教学设计。第三，提炼社会文化情境的关键点和核心要素，利用实境、虚境等方式尽可能地复原、模拟传统手工艺的"整体的地方性情境"❹，例

---

❶ 国家环境保护局宣教司教育处.中国环境教育的理论和实践(1985—1990)[M].北京：中国环境科学出版社,1991：409.

❷ 袁同凯.教育人类学简论[M].天津：南开大学出版社,2013：134.

❸ 王文静.情境认知与学习理论研究述评[J].全球教育展望,2002(1)：51-55.

❹ 袁同凯.教育人类学简论[M].天津：南开大学出版社,2013：133.

如，通过传统手工艺品、器物、工具等现成品，文本、图像、影像、声音等方式，风俗、节日、仪式、技艺、音乐、舞蹈等内容来复原、烘托其所依存的文化生态环境和氛围，通过引导学生参与式观察或通过角色扮演来体验、感知传统手工艺传承人群的认知、行为、精神特征、思想信仰、群体态度甚至社会文化的组织结构等。第四，利用学校青少年传统手工艺传习中心、工作坊、展演活动、艺术节或非遗节、标志性校园景观等来复原整体的地方性情境。第五，利用地区非遗博物馆、社区非遗传习中心、代表性传承人工坊、农民专业合作社等校外传统手工艺设施或社会实践活动来嫁接、延伸和拓展课堂传承的社会文化情境。

笔者将以上理论运用于石河子市第十中学（以下简称"十中"）组织实施的校本课程"新疆哈萨克族刺绣"的教学实验中。自2016年以来，笔者就职的石河子大学新疆非遗研究中心开始承担文化和旅游部、教育部、人力资源和社会保障部组织的中国非遗传承人群研修研习培训计划，笔者有幸负责手工艺的校园传承工作，十中也有该方面的需求，于是两单位签订了战略框架协议，共同启动了以哈萨克族刺绣为主要内容的非遗课堂传承实验。该实验由笔者同十中美术教师王淑娟、张东年、李晓慧共同负责。下面笔者以此教学实验为例，探索传统手工艺课堂传承所面临困境的解决策略（图3-2）。

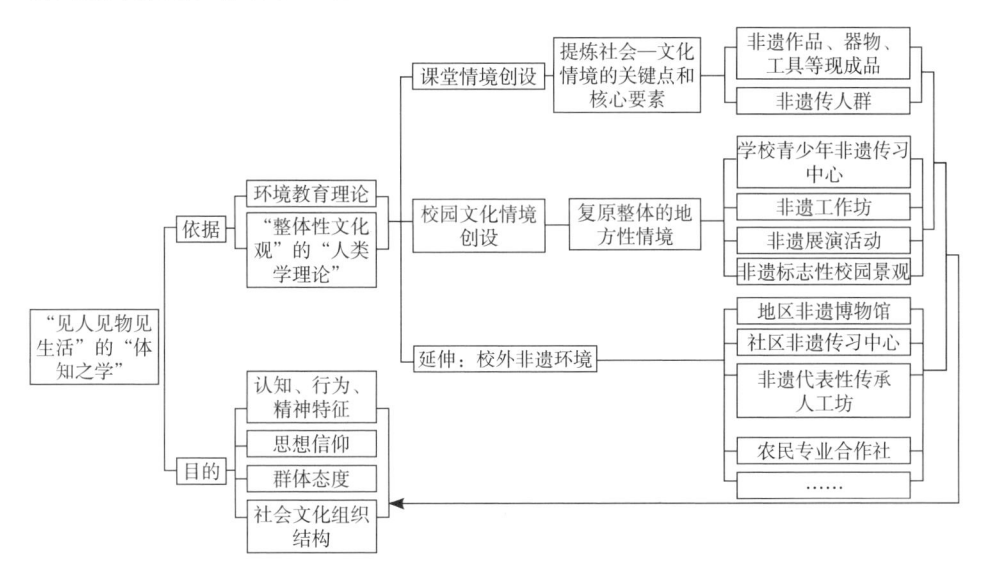

图3-2 传统手工艺课堂传承的社会文化情境创设逻辑

3. 来自十中的案例

十中的地缘、办学历史、生源特点、手工艺传承积淀等为教学实验的组织实施工作提供了一个绝佳的教育人类学案例。该校所在的兵团第八师石河子市，地处天山北麓中段、准噶尔盆地南部，是兵团最大的城市。该市与绝大多数多民族杂居、混居的新疆城市不同，是一个中华人民共和国成立后以汉族人口为主的新建市，少数民族人口只有5%左右。汉族人口多是来自山东、河南、四川、甘肃、湖南、湖北等省份的移民，少数民族人口主要为居住在老街社区的维吾尔族。十中具有浓郁的军垦传统，其前身可追溯至成立于20世纪40年代末50年代初的整编第九军子弟校、二十二兵团子弟校，被誉为"军垦第一校"，原名"兵团石河子中学"，后改名为"石河子市第二中学"，2007年初中部与高中部剥离，初中部改为现名。该校的生源构成比较复杂，目前有在校生1700人左右，七年级、八年级、九年级3个年级共计36个教学班，其中本地班有18个，新疆内初班有18个，少数民族学生占53%左右。该校新疆内初班于2007年开始招生，主要为来自克孜勒苏柯尔克孜自治州、喀什、阿克苏、和田、第三师图木舒克市、阿勒泰、塔城、伊犁哈萨克自治州的柯尔克孜、维吾尔、哈萨克等民族的贫困学生。王淑娟等老师在哈萨克族刺绣、维吾尔族模戳印花布、维吾尔族模制法土陶等国家级非遗代表性项目的校园传承方面做了大量有价值且富有创新性的工作，如组织代表性传承人、手工艺展览进校园活动，带领学生参与社区组织的传统手工艺传承活动，成立代表性传承人工作室，组织以传统手工艺为主要内容的研学活动，编写传统手工艺教材、教参等。2018年，该校入选第二批全国中小学中华优秀文化艺术传承学校。地处丝绸之路经济带重要节点的地缘特点，以汉族文化、军垦文化为主要特色的城市基调，多民族混杂的生源结构，丰富的成果积淀使该校成为教育人类学介入传统手工艺课堂传承绝佳的试验田。

笔者依照教育人类学的理论来指导"新疆哈萨克族刺绣"这门校本课程的教学实验。石河子大学承担的中国非遗传承人群研修研习培训计划——哈萨克族刺绣项目的实施为教学实验的开展提供了极大的便利。下面笔者按照课程资源开发和课堂教学的程序来描述教学实验的过程。

（1）建立课程实验团队。人员构成主要有人类学者吴新锋、哈萨克族文化学者阿汉·加合亚、哈萨克族刺绣省级代表性传承人阿提尔古丽·别克阿斯力、教育专家李钦曾、一线教师王淑娟、李晓慧等。

（2）赴木垒哈萨克自治县田野调查，确定田野调查对象、联络报道人、调查内容，其中田野调查的内容既包含传承人群的生存环境、生计方式、风俗习惯、刺绣知识、技能、器物、历史溯源、保护现状、传承机制与境况、存在问题等显性文化，又包含认知方式、哲学观、审美观、制度、意义与价值等隐性文化。最后，完成民族志写作。值得一提的是，田野调查结束后，王淑娟、李晓慧等一线教师又赴阿提尔古丽·别克阿斯力的刺绣专业合作社进行了为期半个月的绣法学习和哈萨克族文化的深度体验活动，并完成了课堂传承刺绣关键知识点、技能点的初步梳理工作和课堂情境创设的初步方案。

（3）遴选实验对象。将教学内容设计作为定量，根据不同民族构成比例调整施教班级，设置了4个实验班级，其中，第三、四个实验班级又分为两个亚型，如表3-1所示。每个实验组、亚型各组织了两次教学实验，以校准实验结果。

表3-1 实验班级情况列表

序号	班级	学生情况
1	本地学生班	全部为本地汉族学生
2	哈萨克族学生班	全部为来自伊犁哈萨克自治州的哈萨克族学生
3	多民族内初学生班	亚型1：3个少数民族各占1/3构成的班级
3	多民族内初学生班	亚型2：哈萨克族（占1/2）+柯尔克孜族（占1/4）+维吾尔族（占1/4）构成的班级
4	本地与内初学生混班	亚型1：本地、哈萨克族混班（各占1/2）
4	本地与内初学生混班	亚型2：本地（占1/4）+3个少数民族的混班（各占1/4）

（4）根据省情、区情、学情，从特殊性层面进一步调整教学内容、情境创设方案、教学方法、教学评价方式。

（5）调动学生的认知经验，增强共情。在校园内举办以再现哈萨克族传统生产、生活方式为主要内容的刺绣展览，邀请阿提尔古丽·别克阿斯力现场示范哈萨克族刺绣的针法、绣法等知识、技能，并讲授学习刺绣的经验，邀请哈萨克族文化学者阿汉·加合亚举办关于哈萨克族刺绣在其文化传统、生计方式、道德礼仪中的价值与意义内容的讲座。

（6）带领学生赴石河子大学非遗研培进行现场参观、体验，并与来自木垒、伊犁、阿勒泰等地的绣娘深度交流。

（7）问题陈述与实验假设。描述当下传统手工艺课堂传承中存在的问题，对教学实验的因变量、自变量之间的关系提出假设，预测实验结果。

（8）确定课堂传承实验的目标、目的、步骤与方法，王淑娟等一线教师实施课堂传承实验，吴新锋、李钦曾做好课堂观察和记录，深度描述并阐释教学实验中出现的问题，完成课堂民族志的写作，进而验证预测结果。其中，课堂观察与记录要素如表3-2所示。

表3-2　课堂观察与记录要素

被观察者	要素
学生	学生的行为模式，学生对待主流文化和地方性知识的态度、学习效果、文化适应情况、中华文化认同、国家认同效力、学业成就以及该课程对于学生成长的意义等
教师	核心知识、关键技能的掌握情况、教学方法、教学评价和有效性等
师生互动情况	互动方式、反应及效果等
环境	情境创设的要素、内容和效果，情境创设与社会文化生态环境的比较，与校园文化环境的关系等
其他	教学目标、教学内容、课堂支持要素，以及向社会、家庭教育延伸的路径、效果等

（9）进一步凝练教学模式，完善教材（含教具包、学具包、练习册等内容）、教参（含教学内容方案、情境创设方案、教学设计等内容），举办教学观摩、研讨会和课程展览。

（10）思考本教学实验的功能与意义，制定课程标准，确定新疆内初班校本课程建构的一般范式，形成民族地区教育人类学代表性个案。

笔者认为，在教学实验的组织实施过程中（图3-3）需要注意以下7个方面的问题：①教学实验团队的组建，除了一线教师，还应该包含人类学家、课程专家、哈萨克族文化学者、代表性传承人等群体，且重视人类学、课程专家对于实验过程的跟踪、指导和实验结果的阐释。②田野点和联络报道人的选择。木垒是哈萨克自治县，隶属于昌吉回族自治州，是哈萨克族刺绣这一国家级非遗代表性项目的主要传承地之一，具有较为完备的保护、传承与研究体系，能够满足本教学实验有关刺绣知识、技能及情境创设的所有需求。教学实验团队的阿汉·加合亚为新疆著名的哈萨克族文化学者，其所著《中国哈萨克族刺绣（哈萨克文）》[1]一书在哈萨克族刺绣行业广受赞誉，且其一直生活在木垒，在当地具有广泛的人脉，对哈萨克族刺绣的历史与现状、技法演变、艺人群体、产品风格等都非常熟悉，是非常合适的报道人。③对施教对象的参与式观察、深度访谈或问卷调查内容的设计要尽可能全面、翔实、准确，至少要考虑不同民族比例的班级或同一班级的不同民族学生等因素，内容至少应包含每个学生的家庭所在地、父母文化素质、收入情况以及与其他民族的交往交流交融状况、对主流文化的态度等信息。④田野日志与民族志、课堂民族

---

[1] 阿汉·加合亚. 中国哈萨克族刺绣(哈萨克文)[M]. 乌鲁木齐:新疆人民出版社,2020.

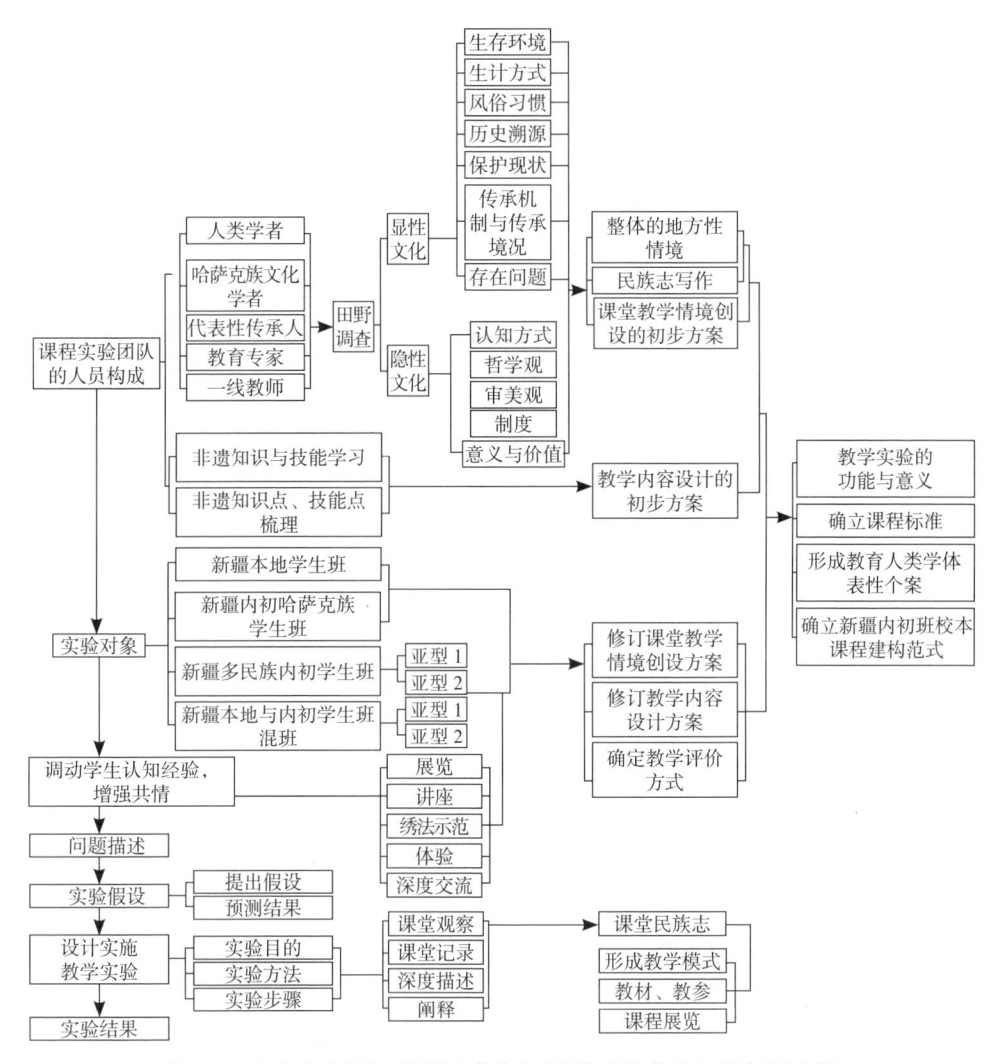

图 3-3　十中校本课程"新疆哈萨克族刺绣"课堂传承实验的运行过程

志的构成要素要完整、形式要标准、视角要客观、内容要真实丰富,主题叙事要连贯、解释要深入。⑤对非遗的田野调查以及实施教学实验的时间要足够长,"田野工作者对陌生环境的熟悉和认知需要一个过程;而被研究者对突然闯进来的陌生人往往会保持警惕和抵触。这些因素结合起来决定了参与式观察需要一个较长的过程。"❶⑥要保证教学实验中各学科背景的团队成员之间决策过程的民主,尤其要强化哈萨克族文化学者、代表性传承人、人类学家和一线教师在课程资源开发中的自

---

❶ 滕星.教育人类学通论[M].北京:商务印书馆,2017:144.

主性。⑦要保证教学内容的开放性，不仅要重视和尊重地方性知识和经验，还要帮助学生确立对世界文化和现代科技、现代生活的理解。

本次教学实验产生和验证了如下4个结论：①基于教育人类学的校园传统手工艺传承实践可以帮助新疆内初班学生唤醒来自家乡的具身化经验，帮助他们确立对于家乡地方性知识的系统性印象，提升对家乡文化的自信、认同和热爱，进而树立学成之后回报家乡的理想，"一个民族的传统文化，是该民族成员世代传承相沿的共识符号，是该民族共同体内聚力和团结的象征。"❶②以"已知"带动"未知"，帮助学生缓解对家乡的思念，降低学生在异地生活、学习中的不适感，促进新疆内初班少数民族学生的社会化和现代化。③通过对地方性知识中的中华民族共同体要素和中华民族文化中地方性元素的挖掘，搭建中华民族文化与地方性知识之间的桥梁，帮助学生确立对于"中华文化多元一体"的认识与理解，增强对伟大祖国、中华民族、中华传统文化的认同❷，增强学生的中华民族共同体意识。④家乡、民族构成、地方性知识是新疆内初班教学最主要的学情，学生对所教授非遗项目的具身化体验、对隐性知识的熟悉程度和对传统文化和民族身份的感知是影响教学内容设计的重要因素，需要根据以上两方面的情况确定情境创设的导入方式、内容，以及德育目标、关键知识点、延伸知识点、教学方法、教学评价等要素。

传统手工艺如何高效进入基础教育阶段学校的课堂传承体系是文化和教育界需要共同面对的时代命题。传统手工艺知识体系与学校知识体系、形态的差异，难以模拟的传统手工艺的生态环境的本真性、关联性、统整性和混沌性特征，缺乏具身经验、地方性知识的师资现状，常常让传统手工艺的课堂传承陷入困境。但是，文化的多样性与教育的多元性具有天然的亲近感，传统手工艺所依存的社会文化生态环境与课堂传承情境创设、田野调查民族志与课堂民族志的异形同质特征，为教育人类学相关理论和方法介入传统手工艺课堂传承实践提供了一定的可能性和适切性。笔者认为，教师应掌握田野调查、课堂民族志、文化情境认知与学习等教育人类学的理论和方法，认识到教育人类学对于调动学生人生经验、重建具身性认识、理解非遗事项的重要性，认同其身份由施教者向研究者、局内者、观察者所发生的变化，构建传统手工艺课堂传承体系的理论框架和实施流程。这将进一步完善地方/

---

❶ 滕星,苏红．多元文化社会与多元一体化教育[J]．民族教育研究,1997(1)：18-31.

❷ 哈萨克刺绣具有显著的民族风格和区域特征,但其针法、绣法、纹样、色彩、题材、主题等要素也受到中原文化的诸多影响。

校本课程建设、乡土/校本教材编写的理论基础，缩短社区教育、家庭教育与学校教育之间的距离，调适"求异"❶的地方性知识与普遍性知识、地方叙事与国家叙事之间的冲突。对于来自南北疆的内初班少数民族学生而言，有助于确立对于地方性知识的系统印象，对于家乡文化的自信、接纳以及归属感，以及同主流文化之间的和谐关系，进而强化学生对伟大祖国、中华民族、中华传统文化的认同，增强学生的中华民族共同体意识。

二、专科、本科阶段的手工艺教育

在专科、本科阶段，专业教育范畴下的手工艺教育主要从属民间美术、工艺美术、设计、非遗等专业中，其中非遗属于特设专业。改革开放以来，教育部共进行过4次大规模的本科专业目录调整❷，学科门类、一级学科和专业点的数量和名称都发生了较大的变化，但直到2021年❸教育部才将"非物质文化遗产保护"正式纳入普通高等学校本科专业目录。目前，开设该专业的院校有四川美术学院艺术人文学院、重庆文理学院文化遗产学院、西安音乐学院人文学院等，将"非物质文化遗产保护"作为本科办学重点的院校有中央美术学院人文学院、山东艺术学院艺术管理学院、南京艺术学院人文学院、西北大学文化遗产学院、北京理工大学设计与艺术学院等。以上高校的非遗保护专业或方向点隶属于不同的学科门类和一级学科或学院，专业跨度比较大，以致各专业方向点的研究领域、课程设置、培养方案等呈现出较大的差别。这说明非遗专业方向点的学科定位、学科性质还需进一步界定，学科体系建构仍需进一步加强，学科管理、课程管理等还需进一步规范。

传统手工艺专业方向点的跨学科性极大地丰富了已有本科专业的办学路径，但也给正常的教学管理工作带来了很大的挑战。从学科建设上来说，一个专业方向点分属于多个不同学科门类或者属于一级学科的情况比较少见；从教学管理上来说，一个专业方向点分属于多个不同二级学院的现象也并不多见。出现这一现象的原因如下。

20世纪90年代初，民间美术专业被撤销，十来年后，非遗保护运动和文化创

---

❶ 滕星.教育人类学通论[M].北京：商务印书馆，2017：315.

❷ 中间还组织过几次本科专业目录的局部调整活动。

❸ "加强高校非物质文化遗产学科体系和专业建设，支持有条件的高校自主增设硕士点和博士点。"见中共中央办公厅 国务院办公厅印发《关于进一步加强非物质文化遗产保护工作的意见》[J].中华人民共和国国务院公报，2021(24)：14—17.

意产业的兴起，民间美术专业的教师转向非遗领域，还吸纳了文化遗产学、社会学、人类学、民俗学等学科的研究方法和人才，最终形成了当下高校美术学视域内非遗专业方向点的师资力量和研究方法论的基本格局。对此中央美术学院教授李军发出感慨："有些民间艺术等边缘学科，换个名号成为非物质文化遗产专业（或方向点），实际上换汤不换药；而有些则是向与非物质文化遗产相关的学科聚拢，赶个时髦。"❶例如，南京艺术学院的文化遗产保护与管理方向最初设于公共事业管理专业之下，后来又被调整到美术学专业之下，并更名为文化遗产研究方向。学科门类、一级学科和专业名称不同，培养目标、培养要求、核心课程、主要实践性教学环节等就会不同，这反映了国内各高校手工艺类非遗专业方向点办学各自为政和失范失序的现象，学术界应界定专业方向点，以改变混乱失序的现状。

不过比较遗憾的是，尚无新疆高校在本科阶段设置"非遗保护"专业或专业方向点。手工艺类专业教育，在不同的学段有不同的表现。例如，在高职教育中，一般以手工艺项目为专业名称，例如新疆职业大学传媒与设计学院就开办了首饰设计与工艺、玉石雕刻、玉石鉴定、玉雕设计❷等手工艺或与手工艺相关的专业/方向，新疆职业大学烹饪与餐饮管理学院开办了烹饪工艺与营养（中餐烹调）、食品智能加工技术（焙烤食品加工技术）等食品制作类手工艺专业。乌鲁木齐职业大学艺术学院开办了工艺美术品设计等手工艺专业。目前，疆内高校都没有开设手工艺类本科专业，这与云南、贵州、山东、湖南、江西等手工艺产业大省具有较大的差距。

三、硕士研究生阶段的手工艺教育

硕士研究生阶段的手工艺人才培养具有很强的分散性和跨学科性，其专业名称也呈现出多样化特征，例如有的被冠以"非遗与传统技艺保护"或"民族民间艺术与非物质文化遗产"或"非物质文化遗产活化传承"，有的被冠以"民族民间美术研究"或"设计文化与民间工艺研究"或"传统工艺保护与发展研究"。从所属学科而言，主要集中于"艺术学"门类之下的"艺术学理论""美术学""设计学"等一级学科，"历史学"门类之下的"文物与博物馆学"等一级学科。笔者查阅2022年、2023年全国高校硕士研究生招生简章，将设置手工艺专业的疆外院校罗列如

---

❶ 龚坚.高校非物质文化遗产教育中的问题及对策探讨[J].高教论坛，2012(5)：78-81.
❷ 玉石雕刻、玉器鉴定、玉雕设计等都是"宝玉石鉴定与加工"专业的方向。

表3-3所示。

表3-3 疆外院校硕士研究生阶段开办手工艺专业的现状

所属学科门类	所属一级学科、研究方向	专业名称	疆外院校名称
艺术学	艺术学、艺术遗产	文化遗产学与美术考古研究	中央美术学院人文学院、东华大学服装与艺术设计学院等
	艺术学、艺术遗产	民族民间艺术与非物质文化遗产	西安美术学院美术史论系、云南艺术学院民族艺术研究院等
	艺术学、艺术遗产	非物质文化遗产活化传承	陕西科技大学设计与艺术学院
	艺术学、艺术遗产	文化遗产研究	广西艺术学院人文学院、湖北美术学院艺术人文学院、南京艺术学院人文学院、山东艺术学院艺术管理学院、四川美术学院艺术人文学院等
	艺术学、艺术遗产	文化遗产与文化产业	东北大学艺术学院等
	艺术学、艺术遗产/美术学	民间美术遗产保护与研究	天津大学冯骥才文学艺术研究院等
	艺术学、设计史论/设计	丝路民族文化与民间艺术文创	陕西科技大学设计与艺术学院等
		当代手工艺	西安美术学院公共艺术系等
		工艺美术研究	清华大学美术学院等
		手工艺术理论研究	四川美术学院设计学院等
历史学	博物馆、博物馆资源拓展	中国非遗与传统技艺保护	中国社会科学院大学历史学院等

不过，令人欣喜的是，疆内的石河子大学等高校在硕士研究生阶段都开设了手工艺研究方向。例如，石河子大学在"美术学"一级学科下开办了"民族民间美术"研究方向，在艺术硕士"美术领域"下开办了"民间美术"专业；新疆师范大学在"设计学"一级学科下开办了"传统工艺保护与发展研究"专业；新疆艺术学院在学术硕士"美术学"一级学科下开办了"非物质文化遗产（美术类）"专业，在"设计学"一级学科下开办了"设计文化与民间工艺研究"专业（表3-4）。

表3-4 疆内院校硕士研究生阶段开办手工艺专业的现状

所属学科门类	所属一级学科、研究方向	专业方向院校	疆内院校名称
艺术学	艺术学、美术学	民族民间美术研究	石河子大学文学艺术学院
	艺术学、艺术遗产	非物质文化遗产保护研究（美术类）	新疆艺术学院美术学院
	艺术学、设计史论/设计学	设计文化与民间工艺研究	新疆艺术学院设计学院
		传统工艺保护与发展研究	新疆师范大学美术学院

通过对上述高校在硕士研究生阶段开办手工艺专业情况的分析发现，这些专业的学位类型几乎全部为学术硕士，也就是说其主要目标是培养手工艺理论研究人才，而非偏重于培养"具备系统专业知识与高水平技能及良好综合素养的高层次美术专门人才"❶，或"培养具有良好职业道德、系统专业知识、高水平专业技能及良好综合素养的高层次应用型专业人才"❷。这一问题的出现，既与全国艺术专业学位研究生教育指导委员会对"高层次应用型手工艺人才"的培养缺乏重视有关，还与高校在手工艺师资储备方面的不足有关。笔者认为，相比于手工艺理论研究，"高层次应用型手工艺人才"的培养对于新疆少数民族手工艺产业发展而言更为重要。

四、博士研究生阶段的手工艺教育

博士研究生阶段的手工艺人才培养多隶属于艺术学理论、民俗学、风景园林学等一级学科。目前，开设手工艺专业的院校有中央美术人文学院、华东师范大学社会发展学院、天津大学风景园林系和冯骥才文学艺术研究院等，院校不同专业名称也具有一定的差别（表3-5、表3-6）。可以说，借助民俗学、风景园林学等一级学科获得发展，依然是博士研究生阶段手工艺人才招生与培养的特点之一。

---

❶ 见《艺术硕士专业学位研究生指导性培养方案(美术领域)》(2020年修订)。
❷ 同❶.

表3-5 疆外院校博士研究生阶段开办手工艺专业的现状

所属学科门类	所属一级学科	专业名称	疆外院校名称
艺术学	艺术学	中国民间美术与非物质文化遗产研究	中央美术学院人文学院
法学	社会学	非物质文化遗产（侧重传统技艺）、文化遗产研究（非物质文化遗产生产性保护）	华东师范大学社会发展学院
工学	风景园林	民间美术	天津大学风景园林系、冯骥才文学艺术研究院

表3-6 疆内院校博士研究生阶段开办手工艺专业的现状

所属学科门类	所属一级学科	专业名称	疆内院校名称
法学	社会学	中国少数民族艺术	新疆师范大学
文学	文艺学	民间文艺学	新疆大学中国语言文学学院

在硕博士阶段，传统手工艺人才培养隶属于多个学科门类、一级学科、专业名称的情况依然非常普遍，很难形成相对统一的招生方式和培养方式。各个学科专业在办学上各自为政，必然会损害传统手工艺的"主体性、保真性、系统性"[1]，培养方式、培养目标的差异必然会影响人才培养的系统性和规范性，教学内容、教学模式以及管理路径也会因此不同。笔者认为有必要对硕博士阶段的手工艺专业点进行整合，建构相对完整的手工艺教育体系。

综上所述，应建立各阶段手工艺教育协同发展的机制。不能孤立地处理各阶段手工艺人才培养中出现的问题，应将义务教育、高中、本科、研究生各阶段的手工艺人才培养纳入完整的、健康的教育生态系统。

下面以中小学手工艺教育与本科师范教育的关系来说明建构这一机制的重要性。目前师范教育依然是基础教育师资培养的主要途径，手工艺课程在师范教育中的缺失，会直接影响基础教育阶段的师资质量。一方面，师范教育目前还没有加强手工艺素质培养的举措，这就导致基础教育阶段很难开设独立的手工艺课程和高水平的手工艺活动；另一方面，基础教育阶段不开设手工艺课程或组织相关活动，也会导致师范教育不设置此专业方向点或课程群，这就形成了一个无法突破的"死循环"。

在基础教育阶段和本科师范教育阶段，应该确立如下协同发展机制：在中小学

---

[1] 龙先琼. 关于非物质文化遗产的内涵、特征及其保护原则的理论思考[J]. 湖北民族学院学报（哲学社会科学版），2006(5)：47-52.

开设手工艺课程或组织与手工艺相关的教学活动，将手工艺相关课程纳入本科师范教育的课程体系。从本科师范教育为中小学培养师资的角度，保障中小学手工艺教育的质量；从中小学开设手工艺课或相关教学活动的角度，保障本科师范教育中手工艺课程的实施。还要将手工艺课程纳入大学通识课程体系和专业课程体系，在研究生教育阶段设置手工艺课程或相关专业，既可以为本科阶段的手工艺人才提供学历提升通道，又可以为与手工艺相关的研究生专业方向点提供优秀的本科生生源。此外，还应确立学校手工艺教育与师徒、家庭、家族、社区、企业等手工艺传承主体之间的关系，协同发展学术研究、政府决策、文化创意产业发展等机制。

推动手工艺的学科化进程。应尽快加强知识谱系、方法论以及价值、保护传承、学术评价体系等手工艺本体研究，加强手工艺保护、手工艺学或民艺学和手工艺教育的学科基础理论研究，为在本科和研究生招生专业目录中设置手工艺相关专业提供翔实、充分的理论依据，进而实现手工艺的学科化。只有将手工艺人才培养学科化，才能彻底解决手工艺教育传承中的专业设置、人才培养、课程建设、教材建设等问题，才能解决手工艺研究和手工艺教育研究中的方法论问题，以及师资力量建设中的专业化、职业化问题。

在手工艺相关的学科、专业、专业方向点和课程设置方面，尚未形成一定的规范、标准和体系，其人才培养依然存在各自为政的混乱现象，这与手工艺没有进入学科、专业目录体系有直接关系。手工艺在区域经济、社会文化发展中具有至关重要的作用，但其重要性并未在本科、研究生教育中体现出来，教育行政主管部门对此也缺乏必要的重视。笔者认为，应增强学科意识和学科大类观念，加强手工艺相关专业建设、课程建设、教材建设、师资力量建设，将其纳入学校教育体系和全民终身教育体系。本着各阶段手工艺教育协同发展的原则，高阶段教育要承担为低阶段教育培养师资的责任，低阶段教育要承担为高阶段教育提供良好生源的责任，以确保低阶段师资力量的充足以及本科升硕士研究生、硕士研究生升博士研究生的渠道畅通。

第三节　新疆手工艺短期培训现状

根据组织或实施主体的差异，新疆少数民族手工艺短期培训可大致分为乡村振兴部/厅/局系统组织的就业技能培训、职业技能教育培训、劳动力技能培训、转移劳动力培训，或文旅部/厅/局系统组织的手工艺保护与传承培训、乡村文化和旅游能人培训和"国家艺术基金"手工艺创新人才培养，企业组织的手工艺产业工人预备制培训，高校组织的手工艺传承人群培训❶，农民学校、夜校组织的手工艺培训等。根据培训内容的差异，可将其分为技艺培训、设计能力培训、管理培训、销售能力培训、创新创业培训等类型。按照培训目的，可将其分为整建制培训、订单式培训、定岗培训、定向就业培训、无附加培训等类型。按照培训原则，又可将其分为基于保护传承的培训、基于创新发展的培训和混合式培训。按照培训地点或方式，可将其分为上门培训、异地培训或线上培训等类型。下面，笔者尝试从政府、企业、高校、行业协会等组织的手工艺培训以及存在问题与对策等方面，阐释新疆少数民族手工艺短期培训与产业发展之间的关系。

一、新疆各级政府组织的手工艺短期培训活动

新疆各级政府面向手工艺人、手工艺家庭作坊、农民专业合作社和小微企业等，组织实施的手工艺类培训活动内容比较广泛，既包括手工艺技能、设计能力，还包括互联网能力、经营管理能力、市场营销能力等方面。例如，巴音郭楞蒙古自治州的博湖县，每年都会举办几期蒙古族刺绣培训班，既进行系统的理论讲解，又通过现场操作，手把手地教授学员绣花、贴花的技巧，还讲授销售技巧和市场拓展方面的知识。这些手工艺培训活动，给新疆少数民族手工艺从业者带来了深远的影响，不仅体现在技能层面，还体现在眼界、审美、思想观念等层面。2019年11月，笔者曾赴哈密市传统工艺工作站调研，时任哈密市文化馆馆员的吾力叶提说："自2016年3月哈密传统工艺工作站❷成立以来至2019年，共培训绣娘9000余名。根据绣娘头发的长短或穿戴的时髦程度，可以大致判断她们有没有到北京、上海、广州等地参加过手工艺培训。"

对口支援省市也是手工艺培训活动的重要组织者。阿克陶县的对口支援省份是江西省，江西省对口支援新疆工作前方指挥部确立了依靠景德镇陶瓷大学在陶瓷人才、教学、研发、产业干预等方面的优势来推动阿克陶县维吾尔族模制法土陶产业发展的援建思路。他们组织阿克陶县的维吾尔族模制法土陶艺人，赴景德镇陶瓷大

---

❶ 2022年改为"非遗代表性传承人研修研习培训计划"。
❷ 全称为雅昌文化集团、清华大学美术学院驻新疆哈密传统工艺工作站。

学陶瓷美术学院学习陶瓷烧制技艺，帮助维吾尔族土陶艺人夯实技艺、提升土陶产品质量、拓展设计思路和市场销路，进而推动转型升级。这些土陶艺人学成归来之后，将景德镇的制瓷工艺运用到土陶烧制中，不仅改变了以往单一的器型结构，丰富了土陶的釉色变化，还提高了土陶的工艺水平和精细化程度，产生了较好的经济效益。黑龙江省援疆办利用自身发展冰雪旅游的经验和优势，针对其对口支援地——阿勒泰地区、兵团第十师冬季旅游活动难以组织、冬季旅游产业惨淡这一现状，帮助阿勒泰地区和兵团第十师培养冰雪旅游开发与管理人才，帮助他们筹备冰雪文化旅游节，培育冬季旅游产业链。

二、政府与高校联合实施的中国非遗传承人群研培计划

中国非遗传承人群研培计划的全称是中国非物质文化遗产传承人群研修研习培训计划，最早由文化和旅游部发起，后来教育部、人力资源和社会保障部也成为重要的推动力量。该计划是文化和旅游部落实中国共产党第十八届五中全会"构建中华优秀传统文化传承体系，加强文化遗产保护，振兴传统工艺"精神的体现，落实中国共产党第十九次全国代表大会报告"加强文物保护利用和文化遗产保护传承"精神的体现，也是充分"发挥院校在非遗保护和传承人才培养中的积极作用"❶的体现，还是完善非遗传承链条、提高传承能力、增强传承后劲的新举措。非遗研培计划最突出的贡献，是激发了高校在传统工艺保护传承、创造性转化与创新性发展方面的积极性。高校助力传统工艺的保护传承，不仅关乎高校的人才培养、科学研究、社会服务职能的彰显，还关乎传统工艺传承人群的质量与后备力量，大大改善了传统工艺保护传承、发展的力量格局。目前，承担非遗研培计划的新疆高校共有4所，分别是石河子大学、新疆大学、新疆师范大学、昌吉学院。

中国非遗研培计划产生了显著的实效。自"十三五"开始至2021年10月，共"培训传承人群10万人次"❷。不仅提高了传统手工艺人的文化艺术素养、审美能力和创新能力，加深了对技艺的理解，增强了手工艺人的传承信心，增强了现代手工艺品的文化厚重感，而且促进传统工艺走进现代生活，促进传统工艺与现代设计的融合，提升了传统工艺的设计、制作及衍生品开发水平，促进传统手工艺的传承、

---

❶ 非物质文化遗产司、文化和旅游部 教育部 人力资源和社会保障部关于印发《中国非物质文化遗产传承人研修培训计划实施方案(2021—2025)》的通知 [Z].2021-10-09.
❷ 同❶.

传播、振兴和手工艺人的创业增收。石河子大学新疆非遗研究中心在组织实施手工艺类非遗研培计划实施的过程中，积累了丰富的经验，形成了鲜明的特色。

第一，吸引本科生和硕士研究生参与手工艺类非遗研培活动。新疆非遗研究中心为每位参训学员配备了1~2名大学生助理，笔者将其称作"1个手工艺人+1个大学生的互动课堂教学模式"。一方面，这些助理与学员共同学习，既可以帮助学员理解培训内容中的难点，帮助学员完善、实施手工艺品的设计方案，还可以协助班主任解答学员生活学习中遇到的问题，降低学员初次进入高校的不适感。另一方面，通过上述活动，大学生助理学会了新疆少数民族手工艺及其使用手工艺来表达自己艺术认知的方法。从2016年到2022年年底，共有400名大学生助理参与了非遗研培活动。这一互助教学模式，受到文化和旅游部非物质文化遗产司的肯定。此外，新疆非遗研究中心还充分发挥石河子大学文学艺术学院中国语言系汉语言专业的优势，动员少数民族学生组建翻译团队，如叶尔扎提·阿依肯、扎库娜·扎马斯、沙娜尔·木合亚提、恰库拉·对山等少数民族学生担任非遗研培的课程翻译和班主任的随身翻译，既为大学生提供了实习机会，也提升了非遗研培的授课效率和质量，取得了显著的效果。

第二，把非遗研培活动与少数民族群众的在乡创业、手工艺精准扶贫、特色文化产业振兴结合起来。非遗研培活动兼具丰富手工艺知识，提升手工艺技能，拓展眼界，构建产业链、业态、营销渠道等方面的功能。传统手工艺具有鲜明的民族印记和地域特色，日常性程度很高，是新疆各族人民的生活必需品，具有广泛的跨民族、跨区域受众，在新疆、全国乃至中亚、西亚、南亚、西欧均具有广阔的市场空间。石河子大学新疆非遗研究中心，将非遗研培活动与南疆访汇聚、扶贫点、科技特派员服务团队建设结合起来，将非遗研培活动与少数民族聚居区闲散劳动力的手工艺精准扶贫、产业发展结合起来，根据手工艺旅游文创企业订单、风景区订单或政府手工艺类文化礼品订单来调整培训目标，优化课程设计，促进少数民族农村富余劳动力就业和创业增收。

第三，把非遗研培活动跟新疆少数民族特色手工艺产业发展结合起来。新疆少数民族不少手工艺品都是南北疆少数民族群众的日常生产生活用品，也是西北地区乃至中亚、西亚、南亚、西欧人民生活中的日用品。文化和旅游部《"一带一路"文化发展行动计划（2016—2020年）》提出要"支持'一带一路'沿线地区根据地域特色和民族特点实施特色文化产业项目"。如何将古老丝绸之路上丰饶的文化遗产保护好，并积极利用其独特的文化元素，通过设计、生产和推广，转化为现代社会所需要的文化产品，就成为践行"一带一路倡议"的重要命题。非遗研培活动是落实中央提出的"一带一路倡议"、促进新疆少数民族特色手工艺产业发展的重要措施。

第四，把非遗研培活动与解决新疆少数民族传统手工艺保护传承、创新发展中存在的一系列难题结合起来。目前，新疆少数民族手工艺品普遍存在与现代生活的结合点不明晰，顾客越来越小众，"陈设把玩的多，实用日用的少""模仿传统的多，锐意创新的少"等倾向；存在设计单调，工艺粗劣，制作简陋，"大众的不精致，精致的不大众"等问题；存在包装简单、产品附加值过低，产业链不完整、扶持政策过少等问题。这既背离了手工艺的"在地化"，也影响了普通从业者的收入，更影响了传承人群的培育与扩大，最终影响了传承的后劲。

三、企业或行业协会组织的手工艺短期培训活动

企业组织的手工艺培训活动，主要有定岗培训和订单培训两种方式。"新疆按照'按需培训、先培训后输出'的原则，开展以国家通用语言文字、法律知识、城市生活常识、劳动技能等为主要内容的就业培训"❶。位于吐鲁番鄯善县蒲昌村的鄯善凯丽曼民族手工艺农民专业合作社，是该县纺织服装行业的就业、创业示范培训基地，每年为鄯善县培训刺绣艺人100余人次。

行业协会（简称"行会"）一般以"××（行业）协会"来命名。全国政协委员、中国文联副主席潘鲁生在名为《实施乡村特色产业文化赋能计划》的访谈中说，"加强行业组织建设将促进资源共享，协调解决融资难问题，规范生产经营行为，维护质量和品牌形象，避免恶性竞争。加强行业组织建设与管理，也有助于从整体上建立健全区域性合作机制，形成特色产业集群和发展高地，进一步产生聚吸优质资源要素效应和乡村文化产品流通、产业辐射效应。"❷与新疆手工艺有关的行业协会主要有四类：第一类为各级文联系统中民族民间文艺家协会下设的民间美术艺委会或某一类手工艺的艺委会，如兵团民间文艺家协会下设的刺绣艺委会、剪纸艺委会等。第二类为各级文联系统中的美术家协会或设计家协会下设的工艺美术艺委会或某一类手工艺的艺委会，如新疆美术家协会下设的工艺美术艺委会等。第三

---

❶ 中华人民共和国国务院新闻办公室. 新疆的劳动就业保障[M]. 北京：人民出版社，2020.9：10.

❷ 张杰. 实施乡村特色产业文化赋能计划——访全国政协委员、中国文联副主席潘鲁生[N]. 中国社会科学报，2020-05-29.

类为各级轻工业信息化委员会领导的工艺美术协会下设的某一类手工艺委会，如玉雕艺委会、陶瓷艺委会等。第四类为手工艺农民专业合作社或小微企业牵头成立的社会组织，如哈密市传统手绣协会、墨玉县普恰克其布达村造纸协会等。通过对协会负责人、会员的深度访谈，得知以上协会的职责与功能主要集中在以下两方面。

第一，制订传统技艺保护传承发展计划，组织实施与手工艺保护传承相关的议题或活动，提升手工艺人的职业自豪感和工作满足感。例如，组织培训、学术研究与技能攻关，组织技能比赛和资格认定活动，组织传统技艺类非遗项目的申报，组织实施与手工艺资源开发、创新相关的议题或活动。

第二，建设手工艺交流平台，作为当地手工艺从业者的"利益代言人"，协调手工艺人与各产业要素、各市场环节之间的关系，保障手工艺人的主体地位，维护手工艺人的知识产权和利益。

四、存在的问题与对策

长期以来，新疆少数民族手工艺培训活动的组织者和实施者开展了一系列有益的探索和尝试，如整建制培训❶、渐进式培训、分类分层培训等，取得了显著的培训实效。但是，通过对南北疆少数民族手工艺人的访谈，发现存在不少问题。

（一）对培训对象的需求不清晰

笔者在访谈中发现，在新疆很多手工艺培训的组织者或实施者，并不了解培训对象的需求，甚至出现"为了培训而培训"的情况。出现这一现象的原因，不外乎如下五个。

第一，培训活动的组织者和实施者没有认真做培训需求调研及分析，而是根据自己的想象，或被其他人"贩卖"的间接经验，或源自其他地方的经验，来设计培训内容。笔者认为，培训前应摸排培训者的技艺情况、明确培训需求，进而开展不同层次的培训班次。用"专能型"艺人取代"全能型"艺人培养，并将其纳入国家手工艺人才评价体系。

第二，培训活动的实施者，尤其是主要师资力量，甚至是培训场地，都来自疆

---

❶ 整建制培训在手工艺产业扶持方面具有重要意义,已成为产业扶贫的重要举措,例如《中国非物质文化遗产传承人研修培训计划实施方案(2021—2025)》就规定,"培训班面向掌握相关技能艺能的项目从业人员。围绕巩固脱贫成果、助力乡村振兴等国家重大战略的培训班,可将非遗就业工坊、合作社等人员纳入培训范围。……传统工艺类培训班,主要面向非遗就业工坊、生产性保护示范基地、传统工艺工作站等开展专题性培训"。

外，他们对新疆少数民族手工艺者以及手工艺产业环境既缺少感性直观的认识，也缺乏系统理性的认识。

第三，有些培训活动组织者或实施者，基于培育甚至是"打造"手工艺项目的目的，根据捕风捉影挖掘出来的手工艺线索来设计培训课程，实际情况可能是该手工艺项目在当地既无传承基础，也无产业基础。主要表现为培训内容无法响应文化旅游产业、手工艺产业的市场需求，产品设计没有考虑主要市场的受众特点，产品无法进入手工艺品的销售渠道，最终出现了"教师教得认真，学员学得认真，培训成果展览也不错，但培训成果却无法落地"的尴尬局面。为此，笔者认为，与其培育或"打造"一个新的手工艺产业，不如深入挖掘本地的手工艺传统。市场经济的发展已经充分证明，从无到有培育一个新的手工艺产业，比帮助一个传统手工艺产业提质增效的难度大得多。

第四，培训内容中理论部分占比过高，难度过大，影响了受训者学习的兴趣和效果。新疆少数民族手工艺者的汉语、汉字能力不高，部分学术语言尚无标准的少数民族语言用词，教师不能使用少数民族语言授课，且语速过快，导致学员听不懂、跟不上，这些因素都会影响培训效果。在调研中，多个受训者呼吁，希望能使用少数民族语言授课，或者邀请懂少数民族语言的培训者使用汉语来授课，同时，增加实践部分比重，做到因材施教，这样可以降低受训者的理解难度。

第五，培训班或培训内容的设计，没有充分考虑培训对象需求的差异性。应该根据不同培训对象的不同需求，设置不同的培训班次。例如，开设分别针对手工艺代表性传承人或工艺美术大师、非遗工坊带头人❶或骨干、合作社负责人或骨干、返乡精英或返乡大学生的手工艺培训班。

（二）对培训目标的定位过高

受非遗保护传承理念的影响，政府对新疆少数民族手工艺人才的认识偏向于"全能型"人才或"全工艺流程"人才。《关于开展第六批国家级非物质文化遗产代表性传承人推荐申报工作的通知》指出，申报国家级非遗代表性传承人的条件之一为"技艺精湛，熟练掌握其传承的国家级非遗代表性项目知识和核心技艺"。代表性传承人的申报条件，不仅影响到工艺美术大师、玉雕大师、刺绣大师等专门人才的认定标准，还影响到乡村文化和旅游能人评比、刺绣比赛等工艺美术类大赛的评比标准，不仅影响了组织者、评审者，还影响了普通的手工艺人。笔者在访谈中发

---

❶ 手工艺扶贫的成效离不开带头人的努力，带头人培训是手工艺人力资源振兴的关键。

现，不少手工艺人的梦想就是"成长为一个达到政府评定要求的'全能型'或精擅'全工艺流程'的艺人"。笔者认为，这一培训目标定位过高，不仅脱离新疆少数民族手工艺产业发展的现实，而且没有必要。因为手工艺产业发展与手工艺保护传承的侧重点不同，前者依赖市场，重视分工与合作，尤其看重产业价值和实效；后者则追求教育价值，要求知识、素养的全面丰富，尤其看重传承效果。这一认识对手工艺产业发展产生了不利的影响，但是却没有引起足够的重视。

一是，为了成为"全能型"手工艺人，师傅与师傅之间、师傅与徒弟之间都互相"留一手"，尤其是涉及核心或关键技艺的时候，一般都采取保密态度，要么师傅害怕被徒弟超越而不肯传授，要么只限定在父子之间、母女之间、家族之间或同一师门之间传授。这种做法不仅瓦解了建设集体商标、打造知名地方手工艺品牌的可能性，也消解了联合突破技术难题、改进工艺流程、提升手工艺品质量的可能性。这一现象在喀什高台民居的土陶艺人群体中体现得最为明显。

二是，工艺流程过长，技能点过多，将初学者培养成一个"全能型"手工艺人的过程非常漫长，没有足够强的经济支持和顽强的毅力，以及甘于平淡、抵抗诱惑的定力，大部分初学者很难坚持下来。

三是，基于上文对培训目标的定位，手工艺人要全面掌握所有工艺流程的技艺以及相关的文化素养，甚至经营管理能力需要很长一段培训时间。若要达到代表性传承人的层次，从初学者到技艺熟练、素养全面的手工艺人，少则需要七八年，多则需要一二十年的持续培养。实际上，当下各类单位组织或实施的手工艺培训，大部分周期为一周、二周或一个月的短期培训班，如此短的培训时间却要负荷如此繁重的培训内容，培训效果自然可想而知。这个过程，不管对于培训组织者、实施者，还是培训对象而言，其时间、资金的投入都是巨大的，但经济实效并不显著，长此以往还会影响对手工艺产业发展的信心，对政府公信力的信任。由此，对于各级代表性传承人、工艺美术大师、非遗工坊负责人、农民专业合作社理事长等手工艺行业的带头人，培训内容应偏重于全工艺流程、全产业链、技艺中的重点和难点；对于初学者，则以熟练掌握某一流程或环节为主要目标。从提升经济效益的角度而言，应将"专能型"艺人的培养作为手工艺人才培养的主要对象。

（三）对培训活动缺少协调和规划

目前，在新疆少数民族手工艺短期培训方面，各级政府部门、社会组织、高校各自为政的现象还比较普遍。据统计，参与统筹、组织或实施手工艺人才培训的主体既有乡村振兴、文旅、人社等部门，又有工信、工会、妇联等部门，还有社会组织、企业、高校等主体。每个实施单位都有自己的考核指标、学员遴选渠道、师资团队构成以及成果彰显渠道，但是各个实施单位之间又缺乏有效的对接、科学的规划、合理的分工，且缺少信息共享和成果共享的机制。笔者在对各类培训对象访谈时，发现存在："同质化的培训扎堆"❶"培训对象的地理位置过于分散，缺乏整建制规划，难以形成产业合力""兴趣爱好类培训充斥其间，受训动机丰富但杂乱，很难转化为产业手工艺人""同一门培训内容学习了三四次，想学的内容又不开设""参加了很多班，花费了很多时间，但却没什么用"等问题。

笔者认为，可通过以下策略来解决上述问题。第一，确立新疆少数民族手工艺培训多部门、多力量联席机制，做到信息共享和成果共享，完善"政府、行业、企业、学校联合培养模式"。第二，以乡镇为单位，抓好整建制培训，并制定长、中、短期培训计划，避免同质化培训扎堆。第三，做好与手工艺培训配套的产业发展规划，以产业手工艺人和产业管理人才培养为重点，将人才培养与产业培育协同起来。

余 论

传统手工艺的保护传承创新乃至产业化发展，是构建中华传统文化传承体系、推动中华传统文化复兴、重建文化自信的重要内容。一方面，在城镇化、现代化和工业化的社会背景下，传统手工艺这种"以边际效益递减和精细化为特征的内卷化文化"❷，被挤压到越来越狭窄的境地，这暴露出"进化论发展模式"的不可持续性，以及日趋严重的族群认同和社会认同的危机❸。另一方面，随着工业化的快速发展，所引发的能源危机、环境危机和现代性危机，人类社会的无限发展变得越来

---

❶ 2018年4月14—20日，笔者一行7人在木垒县妇联的帮助下，对木垒县的哈萨克毡绣和布绣及其相关产业（制毡、毡房、花毡、服饰、骨雕、木器、毛线编织、银首饰等）情况进行了系统的调研，当时撰写的"田野日志"对手工艺人才的培训情况中存在的问题描述如下："木垒哈萨克自治县的县域普及培训搞了这么多年，效果为什么不好，关键是培训对象之间拉不开差距。所谓的大师培训班没有大师的水平，设计原创能力也跟不上，与一般的刺绣工人放在一个培训班当中，大师和骨干吃不饱，一般的刺绣艺人又吃不了，两边不讨好。"

❷ 高小康.非物质文化遗产与乡土文化复兴[J].人文杂志,2010(5):96-104.

❸ 同❷.

越不可能，全球化文化发展模式和进化论发展路径逐渐让位于彰显文化多样性和多元创造力的族群文化保护与发展模式。再者，作为中华优秀传统文化的杰出代表，新疆传统手工艺不仅成为各族人民生活信念、生存智慧和道德伦理的重要表征，还成为各族人民追求文化自觉、文化自信和构筑"中国梦"体系的重要组成部分。由此，传统手工艺的教育传承，不仅是时代赋予国人的重要责任，也是推动新疆少数民族手工艺产业发展的重要基础。

手工艺中包含着丰富、复杂、深厚的文化内涵和思想教育价值，这是新疆各级政府以及社会力量重视少数民族手工艺产业发展的重要原因。新疆少数民族手工艺，是新疆游牧、绿洲文化知识体系的重要组成部分，是新疆少数民族人民群众文化传统、民俗生活、审美趣味、思维观念和民族精神的投射；新疆少数民族手工艺，是中华文化认同、中华民族共同体意识的重要表征，维吾尔族模戳印花布织染技艺中模戳的刻制技法，镂空版单色印花工艺以及回字纹、寿字纹、梅兰竹菊纹、琴棋书画纹就受到中原文化的影响；新疆少数民族手工艺，是"开放包容、互学互鉴"等"一带一路倡议"精神的表征，维吾尔族模戳印花布织染技艺中的蔓卷纹、石榴纹、长寿树纹、十字纹、葡萄纹、巴旦木纹、万字纹、云头如意纹、莲花纹、忍冬纹、花篮骨式等图案元素或骨式都表现出显著的跨文化特征❶。

针对传统手工艺的保护传承与发展问题，王文章提出非遗的"生产性保护"概念，冯骥才向社会各界呼吁保护传统村落，张士闪强调农村的"礼俗治理"，文化和旅游部、教育部、人力资源和社会保障部联合启动面向传统手工艺类非遗传承人群的培训，其最终目的都是重建大众对于乡土文化发展的自信心，重建地方社会及其族群的文化认同的初衷，调和日益割裂的城乡文化生态，最终振兴农村的政治、经济和文化形态的目的。可见，在"工匠"精神回归的时代诉求下，我们应该重视手工艺教育在乡土文化生态建构、生计与心理重建、性别公平方面的功能，重视手工艺教育在推动制造业、特色产业发展和消弭贫困方面的积极意义。

---

❶ 蔓卷纹、石榴纹、长寿树纹、十字纹、葡萄纹来自西亚，巴旦木纹出现于新疆、中亚文化中，万字纹则出现于印度、波斯、希腊以及中原文化中，云头如意纹、莲花纹、忍冬纹、花篮骨式则具有印度、犍陀罗、新疆以及中原文化的特点。

第四章

新疆少数民族手工艺科研与手工艺产业问题研究

《国务院办公厅关于转发文化部等部门中国传统工艺振兴计划的通知》指出："加强传统工艺相关学科专业建设和理论、技术研究……鼓励高校、研究机构、企业等设立传统工艺的研究基地、重点实验室等,在保持优秀传统的基础上,探索手工技艺与现代科技、工艺装备的有机融合,提高材料处理水平,切实加强成果转化。加强传统工艺的挖掘、记录和整理……鼓励出版有关传统工艺的专著、译著、图册等研究和实践成果。"从宏观角度而言,手工艺科研对于产业发展的推动研究,不仅包括对手工艺本身的研究,还包含对手工艺与政治、经济、文化发展关系的研究,手工艺产业链条的所有要素、环节和流程的研究。从微观角度而言,手工艺科研对于产业发展的推动研究,既包含手工艺知识与文化的研究,手工技艺的复原,工艺难点的突破,新技术、新机械、新设备、新材料的运用,传统图案的采集、整理、数据库建设,工艺流程的优化,新产品的研发等内容;又包含农民专业合作社的经营管理,市场的拓展,品牌形象的塑造,产业链条的优化等内容。

新疆手工艺科学研究的主要力量,不仅包括新疆内外高校相关学科及专业的师生、相关研究机构和手工艺企业的工作人员,还包含广大的手工艺从业者,抑或对手工艺感兴趣的人。目前,石河子大学、新疆师范大学、新疆艺术学院、新疆职业大学、乌鲁木齐职业大学等高校,在专科、本科、硕士研究生、博士研究生等不同教育阶段,都开设了手工艺类专业或专业方向,新疆大学、塔里木大学、伊犁大学、喀什大学、昌吉学院等高校则开设了与手工艺相关的课程或课程群,汇集了一大批学者和中青年骨干力量，为新疆手工艺事业发展做出了突出的贡献。

第一节 新疆少数民族手工艺科研的对象

手工艺是新疆少数民族知识体系的重要组成部分，其包含丰富的学术、艺术、文化、社会和历史价值。"哈萨克游牧社会以草原环境为基础，形成了一整套文化知识体系。"[1]一方面，其美轮美奂的视觉形式让我们兴奋不已、叹为观止，其依存的生产生活场景让我们浸润其中、如临其境；另一方面，其内蕴的知识与技能体系中包含着丰富的历史印记，表征着新疆少数民族文化的变迁和"中华民族多元一体格局"的形成。

一、新疆少数民族手工艺知识的形态

手工艺的知识生产，即运用概念、法则、命题等学理性的语言来描述和阐释手工艺中的表象、感觉、知觉、经验的过程。与学校教育中学科知识的生成过程不同，传统手工艺的"知识构成是在规范的教育系统之外生产的"[2]，其生产过程既包含了特定文化范围内局内人的"参与式观察"，又包含了专家、学者等局外人的"他者的观看"，还包含了基于学术共同体视野的跨地区、跨种族、跨学科的学理性抽译。笔者认为，新疆少数民族手工艺知识呈现如下形态。

第一，其知识多是"原境"状态下的知识，"手工技艺的许多知识点具有模糊性，最精湛的内容往往无法言说"[3]。手工艺知识是一种囊括手工艺与人的存在、人的活动以及与自然、经济、社会、政治诸方面的关系、规律、法则的知识体系。从知识生产的内容结构上来说，这种整体性既包含人对宇宙、自然，与生产、生活方式的关系、规律、法则的认识；还包含人与宗教信仰、价值观念、文化氛围关系的认识，人与礼仪规制、节庆仪式、村落或社区的生产组织关系、社会制度关系的

---

[1] 麻国庆.游牧的知识体系与可持续发展[J].青海民族大学学报(社会科学版),2017(4):36-40.

[2] 孙发成.非遗保护背景下民间传统手工艺知识体系的构建[J].非物质文化遗产研究集刊,2014(1):267-276.

[3] 邱春林."共享性技术"与手艺人的成材之路[J].民族艺术,2010(1):77-83.

认识。从知识生产的主体上来说，这种整体性既包含手工艺人的个体生理、心理要素，依存环境的生态性，知识共享伙伴的内外部结构对手工艺的影响；还包含对手工艺人群的创造能力和文化主体地位的尊重、对民族精英的地位与作用的重视，以及对专家、学者等参与者身份的确认。

第二，新疆少数民族手工艺知识多依赖行业户、师徒、家庭、亲属等社会关系网络来传承，其知识中包含大量专有术语甚至秘语、艺诀、绝活、秘方、谚语，以及身体感觉❶、实践感受❷和相对复杂的个体经验，且包含了大量非共享性知识，对这一部分隐性知识进行阐释、证实、证伪和转化存在一定的困难。

第三，应加强对新疆少数民族手工艺知识中的显性知识的整理与研究。显性知识，又被称作明述知识。一般而言，显性知识偏重于从客观的角度构建一个完整的意义系统，因此多以科学思维、科学语言、科学实验的方式和文物、文献的形态，呈现出较强的普遍性、叙事性、逻辑性、共享性，此外还具有较强的稳定性和可阐释性。笔者认为，新疆少数民族手工艺知识体系大致包含"关于文化空间与生态环境的知识"❸ "关于渊源及流变的知识"❹ "关于符号的知识"❺ "关于技艺的知识"❻ "关于民俗与信仰的知识"❼ "关于作品创作的知识"❽ "关于作品审美或阐释的知识"❾ "关于功能、价值、意义的知识"❿等内容。

第四，不能固化、静止地来理解新疆少数民族手工艺知识。手工艺知识形态具有很强的动态性，费孝通称之为"活的历史""活的文化"，萨林斯（Sahlins）认为"全球化的同质性与地方差异性是同步发展的"，方李莉称之为"文化生态平衡的动态性"和"文化生态演替"⓫。将手工艺知识的生产纳入过去（传统）、现在和未来的时间序列中。"过去"即手工艺知识与口头传统、经典文献、民间文献、考古文

---

❶ 例如对肢体动作的把控和体验,感觉器官的反映,真实性、愉悦性等情感反映等。
❷ 例如技能、技巧、技艺经验,难以言传、不愿言传的经验,口传心授的经验等。
❸ 例如自然、地理、人文生态等。
❹ 例如考古材料、传世文献、民间文献,田野调查中获得的知识等。
❺ 例如仪式、图腾,宇宙观中包含的知识等。
❻ 例如工具、材料、质地、肌理,工序,配方,成规,技术等。
❼ 例如民俗事象,服饰、习俗、节庆礼俗,行规,禁忌,宗教信仰等。
❽ 例如样图、样式、图案、纹样、色彩搭配等造型语汇。
❾ 例如原型、母题,风格范式等。
❿ 例如人际交往、象征寓意等。
⓫ 方李莉. 有关"从遗产到资源"观点的提出 [J]. 艺术探索, 2016(4) : 59–67.

物之间的关系，"现在"即手工艺知识与日常生活经验、田野调查、社会语境、文化语境、时代精神之间的关系，"未来"即手工艺知识与生计方式变革、文化演替与变革、日常生活审美变革、道德信仰体系重建之间的关系。实际上，在当下时空中寻找过去、现在和未来的临界点是一件非常困难的事情，"几乎所有的人类学家研究和描述的'传统的文化'，实际上都是新的传统"❶，"所有的活态的文化都是在不停的运动中存在的，不变是暂时的，变才是永恒的"❷，"从时间上看，这种（面向非遗）共同生活经验并不只是一种过去的投影，而是仍然处在不断流动中，处在过去、现在和未来的延伸之中"❸。由此，我们应该用理性、审慎的态度，运动、发展的眼光来对待这一知识建构的过程。对待过去，切忌"先立一论，趋史料以就我"，任意地剪裁材料，甚至歪曲材料本意；对待未来，应该秉持开放性、动态性的发展观，明确文化演替与变革的趋势；将手工艺在地化的历史建构和时代建构置于同一个系统内。

二、新疆少数民族手工艺科研需要注意的问题

"在中国传统社会里，手工艺知识形态的客观化程度一直很低"❹，新疆少数民族手工艺知识的系统化、科学性、标准化、客观化程度则更低。其中最重要的表现就是大量的日常经验充斥其间。虽然手工艺经验是手工艺知识生成的基础，是民众基于日常情境所获得的一种共同的"身体的感觉"和记忆的痕迹❺，但是对于手工艺科学研究而言，这远远不够，还需要穿透民俗事象和经验，运用逻辑、抽象、概念等方法挖掘其文化内涵，进而建构其知识体系。对于如何处理手工艺经验与知识的关系，笔者认为需要把握以下两点。

第一，要准确把握手工艺经验的特征。手工艺经验"以一定环境中具体的身体

---

❶ 马歇尔·萨林斯.甜蜜的悲哀[M].王铭铭，胡宗泽，译.北京:生活·读书·新知三联书店，2000:125.

❷ 方李莉.有关"从遗产到资源"观点的提出[J].艺术探索，2016(4):59-67.

❸ David Carr.Time, Narrative and History[M].Bloomington/Indianapolis: Indiana University Press，1986:98.

❹ 邱春林."共享性技术"与手艺人的成材之路[J].民族艺术，2010(1):77-83.

❺ 学者通过田野考察获得的感受、心得等也被归入手工艺经验的范畴。

结构和身体活动为基础"❶，因此具有很强的"具身性"❷、情境依赖性和混融性；手工艺核心技艺多掌握在代表性传承人及特定群体手中，因此具有很强的个人性、私密性和封闭性，可表述性的范围受到一定的制约，"'非遗'是依附于人而存在的，人的存在是'非遗'存在的前提，没有人就没有'非遗'"❸；手工艺依存于日常生产生活和社会关系网络中，因此具有很强的内嵌性。此外，手工艺经验还具有非客观性、非理性、不稳定性、非共享性等特征。

第二，要基于"学科共同体"的视野，穿透日常化、形象性、生动性的经验层面，运用学科知识结构和逻辑框架来规训松散的手工艺经验。既应该吸纳其主体学科——民间文学的文本分析方法和民俗学、人类学的田野调查方法，又应该借鉴历史学的文物分析、文献解读方法，社会学的社会调查、实验研究、区域社会史研究方法，还应该借鉴一些跨学科研究方法，如"华南学派"所倡导的从田野角度来解读文献的方法，叶涛教授整合碑刻、族谱等民间文献交互参证和文本形态学分析相结合的方法❹。

综上所述，新疆少数民族传统手工艺知识具有很强的地方色彩，是一种在具体的时空语境下，由特定个体或群体所掌握并反映其生活认知经验的，具体可感的，具有一定认同基础、共同诉求和效力的"在地化"知识体系。从本质上来说，手工艺经验的系统性整理及知识生产，既是一种在地化的本土知识体系的建构过程，又是一种基于学术共同体的一般性知识建构的过程；手工艺的知识生产是一个动态化的过程，既包含了传统与现代的协同发展，又包含了全球化与多样性的协同发展，还包含了世界范围内非西方文化体系内部所孕育的传统优秀文化复兴的浪潮。

---

❶ 张朵朵.风险中的具身知识:设计师介入地方传统手工艺的人类学反思[J].南京艺术学院学报(美术与设计),2016(2):36-40,187.

❷ 同❶.

❸ 朝戈金.知识共享伙伴:非物质文化遗产保护中的民族志立场[J].西北民族研究,2012(1):54-59.

❹ 程梦稷,叶涛.在地化的"非遗"话语——《民间文献与民间传说的在地化研究》问答、评议与讨论[J].民族艺术,2016(4):114-118.

第二节　新疆少数民族传统图案知识生产

新疆少数民族手工艺中包含着非常丰富的专业知识，既有形式层面的装饰、风格、造型、图案、纹样，又有意义层面的母题、主题、象征、寓意、所指、能指等，共同构成了手工艺设计资源库的基本框架。与工具、材料、介质、技艺、风格等形式要素相比，图案是其中最基础、最核心、最富有文化内涵的要素。可以说，图案的数字化工作，是设计资源库建设最为核心的内容之一。从形式来说，新疆少数民族传统图案资源库建设，既包含图案图谱性信息的采集整理，又包含数字化的图案信息的采集整理❶；从内容来说，新疆少数民族传统图案资源库建设，既包含根据特征、母题、专题而做的不同分类整理，又包含图案基元库❷、图案元素分类检索系统、图案元素寓意检索系统等专题数据库建设。图案及其元素的数字化建设，将极大地促进图案知识的共享，为不同文化场域下的设计师介入新疆少数民族手工艺产业发展提供一种可能。下面，笔者以新疆少数民族传统图案资源库建设为例，从加强传统图案摹绘与著录工作的必要性及存在的问题、加强传统图案元素解析与提取工作的必要性及存在的问题两个方面，阐释建设传统图案资源库对于手工艺产业发展的积极意义。

一、加强传统图案摹绘与著录工作的必要性及存在的问题

摹绘、拍摄、扫描、描述、分类、著录等是传统图案整理工作的主要内容，是建设手工艺设计资源库的前提，也是确保设计师正确使用图案的前提。中华人民共和国成立之前，新疆各少数民族传统手工艺的生产制作过程都不怎么使用图稿，生产时全凭艺人头脑中的记忆，传承时则全靠师傅的口传身授。也就是说，新疆少数民族几乎没有遗留下类似《考工记》《髹饰录》性质的专门文献。这一做法给手艺人的创作带来了很大的自由度，保证了作品的独创性和异质化，这是好的方面。但也给其规模化、批量化生产以及教育传承带来了很大的困难，这是不好的方面。如果发生手艺人离世等突发情况，传统手工艺就会面临失传的风险。因此，我国政府的文化及手工艺管理部门非常重视对新疆少数民族图案的收集、整理与出版工作。

---

❶ 例如矢量图格式的采集。

❷ 图案基元库又称图案基础元素数据库、图案常用元素数据库或图案核心元素数据库。

20世纪50年代到90年代，是新疆少数民族传统图案摹绘与著录的"黄金时期"，这既有全国工艺美术产业兴盛这个大环境方面的原因，也离不开政府、出版社、高校、协会、学者的积极推动和辛苦努力。早在20世纪40年代，当时的新疆省文化局、前西北行政委员会文化局、前西北艺术专科学校、陕西省博物馆，以及陕西人民出版社、长安美术出版社等部门就组织了西北少数民族传统图案资料的收集整理工作，20世纪50年代末，《西北少数民族图案集》❶由长安美术出版社出版。20世纪60年代，新疆维吾尔自治区文化厅组织专家编写了《新疆维吾尔自治区民间建筑图案》❷；20世纪70年代，新疆建筑历史调查小组搜集的《新疆维吾尔族建筑装饰图案资料》❸经李安宁整理后出版；20世纪80年代，伊犁哈萨克自治州文化局推动成立了《哈萨克民间图案集》编辑委员会，完成了《哈萨克民间图案集》❹的搜集、摹绘和出版工作。20世纪90年代之后，图案摹绘与著录方面的力作甚少，多为之前旧作的再版，这自然也有全国工艺美术产业发展不景气等方面的原因。2000年以后，中国新疆少数民族民间手工艺图案集编委会完成了《中国新疆少数民族手工艺图案全集》❺的搜集、摹绘、整理工作，《新疆美术大系》编委会完成了《新疆民间手工艺图案卷》❻的搜集、摹绘、整理工作，出版的其他少数民族的图案集还有《锡伯族民间图案集成》❼等。

新疆内外各大出版社积极推动新疆少数民族传统图案的收集、整理与出版工作。20世纪70年代，新疆人民出版社出版了《新疆维吾尔族建筑装饰图案资料》等图案集；20世纪80年代，人民美术出版社出版了《新疆维吾尔族建筑图案》❽等图

---

❶ 陕西省博物馆.西北少数民族图案集[M].西安:长安美术出版社,1959.

❷ 新疆维吾尔自治区文化厅.新疆维吾尔自治区民间建筑图案[M].乌鲁木齐:新疆人民出版社,1963.

❸ 滕绍文,张胜仪,张宏奎,等.新疆维吾尔族建筑装饰图案资料[M].乌鲁木齐:新疆人民出版社,1979.

❹ 新疆伊犁哈萨克自治州《哈萨克民间图案集》编辑委员会.哈萨克民间图案集[M].乌鲁木齐:新疆人民出版社,1980.

❺ 中国新疆少数民族民间手工艺图案集编委会.中国新疆少数民族手工艺图案全集[M].乌鲁木齐:新疆文化出版社,2016.

❻《新疆美术大系》编委会.新疆民间手工艺图案卷[M].乌鲁木齐:新疆美术摄影出版社,2012.

❼ 关留珍,英璐.锡伯族民间图案集成[M].乌鲁木齐:新疆人民出版社,2008.

❽ 刘定陵,张享德.新疆维吾尔族建筑图案[M].北京:人民美术出版社,1984.

案集，新疆人民出版社出版了《哈萨克民间图案集》《维吾尔民间印花布图案集》❶《新疆维吾尔族民间花帽图案集》❷《柯尔克孜民间图案集》❸《维吾尔民间图案纹样集》❹等图案集；20世纪90年代，民族出版社出版了《维吾尔建筑艺术图案集》❺等图案集，人民美术出版社出版了《维吾尔族装饰图案》❻《新疆民间染织刺绣图案》❼等图案集，新疆人民出版社出版了《中国新疆吐鲁番民间图案纹饰艺术》❽等图案集，新疆美术摄影出版社出版了《新疆民间手工艺图案卷》《西域民族图案大典》等图案集；21世纪之后，人民美术出版社出版了《维吾尔建筑装饰纹样》❾等图案集，新疆美术摄影出版社出版了《新疆维吾尔民间建筑装饰图案集》❿《新疆维吾尔民间模戳印花布纹样集锦》⓫等图案集，喀什维吾尔文出版社出版了《维吾尔花纹图案艺术丛书》（包含地毯花纹图案卷⓬、毡子花毡线毯花纹图案卷⓭）等图案集，北京工艺美术出版社出版了《新疆伊斯兰教建筑装饰》⓮等图案集，新疆文化出版社出版了《中国新疆少数民族手工艺图案全集》等图案集。

在新疆少数民族传统图案的搜集与整理方面，新疆内外高校的相关学者也做了大量工作，并取得了显著的成绩。20世纪60年代，中央工艺美术学院染织美术系组织常沙娜、李永平、温练昌、朱军山等教师赴喀什等地搜集整理新疆少数民族传统图案，在中国美术馆举办"新疆少数民族染织刺绣图案展"，并于1998年整理出版

---

❶ 韩莲芬,刘定陵,谢凯.维吾尔民间印花布图案集[M].乌鲁木齐:新疆人民出版社,1981.

❷ 张亨德.新疆维吾尔族民间花帽图案集[M].乌鲁木齐:新疆人民出版社,1983.

❸ 柯尔可孜民间图案集编写组.柯尔克孜民间图案集[M].乌鲁木齐:新疆人民出版社,1985.

❹ 刘定陵.维吾尔民间图案纹样集[M].乌鲁木齐:新疆人民出版社,1989.

❺ 刘定陵,维吾尔建筑艺术图案集[M].北京:民族出版社,1990.

❻ 张亨德,等.维吾尔族装饰图案[M].北京:人民美术出版社,1994.

❼ 中央工艺美术学院染织美术系.新疆民间染织刺绣图案[M].北京:人民美术出版社,1998.

❽ 李肖冰.中国新疆吐鲁番民间图案纹饰艺术[M].乌鲁木齐:新疆人民出版社,1997.

❾ 何孝清,李安宁,吐尔逊·哈孜.维吾尔建筑装饰纹样[M].北京:人民美术出版社,2004.

❿ 张亨德,韩莲芬.新疆维吾尔民间建筑装饰图案集[M].乌鲁木齐:新疆美术摄影出版社,2006.

⓫ 张亨德,韩莲芬.新疆维吾尔民间模戳印花布纹样集锦[M].乌鲁木齐:新疆美术摄影出版社,2014.

⓬ 伊里夏提·吐尔逊.维吾尔花纹图案丛书:地毯花纹图案[M].喀什:喀什维吾尔文出版社,2010.

⓭ 穆合塔尔·穆汗买提尼亚孜,吐尔逊江·阿布都热依木.维吾尔花纹图案艺术丛书:毡子花毡线毯花纹图案[M].喀什:喀什维吾尔文出版社,2021.

⓮ 莫合德尔·亚森.新疆伊斯兰教建筑装饰[M].北京:北京工艺美术出版社,2010.

了《新疆民间染织刺绣图案》❶一书；21世纪初，新疆艺术学院组织了《维吾尔建筑装饰纹样》一书的摹绘与编纂工作，新疆师范大学美术学院组织了《新疆伊斯兰教建筑装饰》一书的摹绘与编纂工作。

在新疆少数民族传统图案的搜集、整理方面，新疆美术家协会及其前身——中国美术家协会新疆分会也做了大量卓有成效的工作。自20世纪50年代末以来，中国美术家协会新疆分会就陆续组织了《新疆民间图案》❷《中国新疆少数民族手工艺图案全集》《新疆民间手工艺图案卷》《西域民族图案大典》❸等图案集的摹绘、编纂与出版工作。

在以上单位和机构中，涌现了一大批为搜集、整理哈萨克族传统图案作出突出贡献的学者。这些学者有刘定陵、谢凯、甄玉祥、谭炳铎、韩莲芬、张享德、滕绍文、张胜仪、张宏奎、李安宁、何孝清、莫合德尔·亚森、巴哈提·阿力布拉提等。其中，谢凯是新疆人民出版社和新疆美术摄影出版社的美术编辑，其责编的《哈萨克民间图案集》获"中国优秀美术图书奖"，《柯尔克孜民间图案集》❹获"九省区优秀装帧设计奖"，这在当时都是极具轰动性的事件。滕绍文、张胜仪、张宏奎是新疆建筑历史调查小组的成员，李安宁、何孝清是新疆艺术学院的教师，莫合德尔·亚森是新疆艺术学院的教师。20世纪50年代末，甄玉祥、谭炳铎合作编写了《新疆民间图案》；20世纪60年代，刘定陵编写了《维吾尔族哈萨克族图案选集》❺；80年代，刘定陵编写了《维吾尔民间图案纹样集》，谢凯编写了《哈萨克民间图案集》❻；20世纪90年代，刘定陵编写了《维吾尔建筑艺术图案集》❼等图案集。21世纪之后，张享德、谢凯、韩莲芬合作编写了《民间刺绣》❽，张享德、韩莲芬合作编写了《新疆艺术研究（第一辑·民间美术卷：）民间毡毯》❾《新疆民族器皿器物造型

---

❶ 中央工艺美术学院染织美术系.新疆民间染织刺绣图案[M].北京:人民美术出版社,1998.
❷ 甄玉祥,谭秉铎.新疆民间图案.中国美术家协会新疆分会[M].1959.
❸ 中国美术家协会新疆分会.西域民族图案大典[M].乌鲁木齐:新疆美术摄影出版社,2014.
❹ 张亨德,谢凯,韩连芬,等.柯尔克孜民间图案集[M].乌鲁木齐:新疆人民出版社,1985.
❺ 刘定陵.维吾尔族哈萨克族图案选集[M].乌鲁木齐:新疆青年出版社,1963.
❻ 谢凯.哈萨克民间图案集[M].乌鲁木齐:新疆人民出版社,1983.
❼ 刘定陵.维吾尔建筑艺术图案集[M].北京:民族出版社,1990.
❽ 张亨德,谢凯,韩莲芬.民间刺绣[M].乌鲁木齐:新疆美术摄影出版社,2006.
❾ 张亨德,韩莲芬.新疆艺术研究(第一辑·民间美术卷):民间毡毯[M].乌鲁木齐:新疆美术摄影出版社,2013.

纹饰》❶《新疆花毡纹样集锦》❷《新疆花帽纹样艺术》❸《新疆刺绣纹样艺术》❹等图书，巴哈提·阿力布拉提编写了《哈萨克传统图案》❺一书，莫合德尔·亚森编写了《新疆伊斯兰教建筑装饰》一书。

自中华人民共和国成立以来，新疆少数民族传统图案集的出版，有效地保护和传承了图案文化及传统手工艺，但是也存在一些制约手工艺设计资源库建设方面的问题，列举如下。

第一，胜在整理之功，但研究程度很低。该类出版物多以"新疆少数民族图案集"，或"某一民族图案集"，或"新疆某类图案集"为题名，书中所载图案多为摹绘稿，编者只是对图案的介质和工艺门类做了简单的记录，例如"姑娘花帽（绣花）""首饰（耳坠子、戒指、手镯）（金银嵌花）"❻，并未标注图案的名称、介质的尺寸、材料的属性以及在介质上的位置、大小等信息。实际上，当时的一些图案搜集和整理人员也意识到了这一问题，但在实践中并未有效解决。例如，出版于20世纪70年代末的《新疆维吾尔族建筑装饰图案资料》，其前言中有如下描述："维吾尔族建筑装饰的手段很多，在各类建筑物中常见的有彩绘、石膏花、木雕、砖刻、琉璃、并砖花等，这里未从建筑艺术的角度来介绍。图案纹样是用单色整理的，有关各种建筑装饰图案在建筑空间的处理手法、所在部位以及其质地、色彩、光影应用等技巧问题都未涉及，只是作为装饰图案以二方连续、四方连续、单独纹样等为序向读者予以介绍。"❼总体而言，搜集、摹绘、整理这些图案集的作者，还没有确立艺术人类学或系统论的方法，因此他们对图案本体之外的信息的收录大多三三两两、不成系统，这就给后期的研究工作和图案利用工作，尤其是新疆少数民族传统图案使用原境的复原工作，以及图案元数据的描述工作，甚至是寓意的阐释工作带

---

❶ 张亨德,韩莲芬.新疆民族器皿器物造型纹饰[M].乌鲁木齐:新疆美术摄影出版社,2014.

❷ 张亨德,韩莲芬.新疆花毡纹样集锦[M].乌鲁木齐:新疆美术摄影出版社,2014.

❸ 张亨德,韩莲芬.新疆花帽纹样艺术[M].乌鲁木齐:新疆美术摄影出版社,新疆电子音像出版社,2015.

❹ 张亨德,韩莲芬.新疆刺绣纹样艺术[M].乌鲁木齐:新疆美术摄影出版社,新疆电子音像出版社,2015.

❺ 巴哈提·阿力布拉提.哈萨克传统图案[M].乌鲁木齐:新疆青少年出版社,2006.

❻ 新疆伊犁哈萨克自治州《哈萨克民间图案集》编辑委员会.哈萨克民间图案集[M].乌鲁木齐:新疆人民出版社,1980:6-10.

❼ 滕绍文,张胜仪,张宏奎,等.新疆维吾尔族建筑装饰图案资料[M].乌鲁木齐:新疆人民出版社,1979:1.

来了很大的困难。

第二，21世纪之后出版的新疆少数民族传统图案类书籍存在题名高度雷同、版本与知识产权混乱、印刷质量不高等现象。这些现象在新疆少数民族传统建筑图案集整理领域体现得尤为明显。20世纪60年代，新疆维吾尔自治区文化厅组织专家编纂了《新疆维吾尔自治区民间建筑图案》；20世纪70年代，出版了由新疆建筑历史调查小组搜集、李安宁整理的《新疆维吾尔族建筑装饰图案资料》；20世纪80年代，出版了由刘定陵、张亨德整理的《新疆维吾尔族建筑图案》；20世纪90年代，出版了刘定陵整理的《维吾尔建筑艺术图案集》。21世纪之后，各大出版社又出版了何孝清、李安宁、吐尔逊·哈孜等编绘的《维吾尔建筑装饰纹样》，张亨德、韩莲芬整理的《新疆维吾尔民间建筑装饰图案集》，莫合德尔·亚森整理的《新疆伊斯兰教建筑装饰》等。以上图案集中，有的书名相同或相似，但内容不同；有的书名不同，但内容一样（遵从严格的出版规范，这应该归于"再版""增订版"或"修订版"的范畴，但作者在题名、序言、前言、后记中并未标注）；有的书名相同或相似、但作者却不同（遵从严格的出版规范，这应该归于"再整理"的范畴，但作者在题名、前言、后记中并未标注）。另外，还存在如下问题：①多根据原版影印，导致图案清晰度不高；②排版过密，导致图案尺幅过小，细节模糊；③印刷质量不高，色彩失真现象比较突出……这给后期研究带来了很大的困难以及困扰。上述现象，人为地给设计师介入新疆少数民族手工艺产业发展制造了很大的困难。

第三，与国内其他省份、民族的传统图案的数字化进程相比，新疆少数民族传统图案数字化的研究与实践都略微滞后一些。根据数字化程度的差异，可将图案数字化工作分为图案元素的数字化、图案单元的数字化、复合型图案的数字化以及根据介质、产品、功能、寓意等要素而设计的专题数字化四种类型。目前，对新疆少数民族传统图案数字化的研究和应用主要集中在复合型图案的形态阶段。例如，中国美术家协会新疆分会编绘的《西域民族图案大典》，虽然匹配了光盘版，但是既没有涉及复合型图案的命名，也没有涉及图案元素母题和单元母题的命名，而且提供的图案分辨率非常低，达不到图案数字化的相关标准和要求。

第四，对新疆少数民族图案元素、单元以及复合型图案的辨识和命名工作，以及传统图案数字化的分类依据、分类框架、类型等问题仍然存在很大的空白，目前这一领域既没有出台规范的描述方法和著录标准，也未实现对图案元素的数字化检索功能❶，更无法实现图案的智能化设计等高级别的数字化功能。

二、加强传统图案元素解析与提取工作的必要性及存在的问题

正确的图案元素采集方法，是建设新疆少数民族传统图案数据库的重要保障。在采集方法的研究方面，高校或以高校为主要力量的科研团队进行了一定的探索，取得了一定数量的成果，但也存在一定的不足。笔者选择当下最流行的两种传统图案元素解析与提取方法来深入分析。

（一）以赵海英为代表的新疆少数民族图案元素分类器研究

赵海英之前是新疆师范大学数理信息学院的教师，她对于新疆少数民族图案元素分类器研究的成果主要体现于《融合形态学连通域和CV模型的民族服饰图案纹样元素分割方法》❷《面向文化计算的服饰图案元数据构建》❸《新疆民族民间艺术图案生成方法》❹《基于分形维数和SVM的新疆民间艺术图案分类》❺《新疆民间艺术图案数字化技术》❻等一系列论文中。她将图案元素称作"图案基元"，将图案元素数据库称作"纹样基因库"。她将艺术风格作为区分图案基元形态的主要标准❼，制定了如下操作程序：①确定图案基元的形态；②提取图案基元的特征；③标记图案基元的边界，并切割图案基元；④确定筛选规则；⑤形成图案基元分类器；⑥过滤掉无关的图案基元，遴选出上文确定好的图案基元；⑦建设纹样基因库。赵海英的少数民族图案元素分类器研究，实现了计算机对图案元素的自动筛选，显著提升了图案元素采集的效率，但也存在显著的缺陷，如下。

---

❶ 目前对图案元素母题及单元母题的检索主要还是依赖于文字描述。

❷ 侯小刚,陈洪,赵海英.融合形态学连通域和CV模型的民族服饰图案纹样元素分割方法[J].浙江大学学报(理学版),2019(3):288-294.

❸ 赵海英,贾耕云,陈洪.面向文化计算的服饰图案元数据构建[J].纺织科技进展,2016(2):31-34.

❹ 赵海英,杨一帆,徐光美.新疆民族民间艺术图案生成方法[J].计算机系统应用,2011(7):94-99.

❺ 赵海英,冯月萍,彭宏.基于分形维数和SVM的新疆民间艺术图案分类[J].吉林大学学报(理学版),2011(2):299-303.

❻ 赵海英,张俊慧.新疆民间艺术图案数字化技术[J].计算机系统应用,2011(12):167-172.

❼ 在其成果中，"图案艺术风格"这一概念与"艺术风格"或艺术史研究中的"风格学"不同。从其成果的上下文来看，其内涵和外延颇类似于"艺术特征"这一概念，这一方面反映了其研究成果的不严谨性，另一方面也反映了其并不了解艺术学科术语。

第一，艺术风格这一分类方法，适用于具有显著地域或流派特征的美术、设计作品，并不适用于图案元素的分类研究。一则，不同的手工艺门类，其艺术风格可能不同。二则，对于图案元素的辨识而言，艺术风格不是非常重要的因素，形态、色彩、寓意等要素反而更重要。三则，艺术风格相同的图案元素，其形态、色彩、寓意可能不同；艺术风格不同的图案元素，其形态、色彩、寓意也有可能相同。笔者认为，只有立足于图案的基本形态、色彩和寓意差别，才能有效地区分图案元素。通过阅读赵海英的系列论文，分析其成果语境，可以发现其成果表述中的"艺术风格"与艺术史研究中的"风格学"存在显著的差异，其内涵和外延颇类似于"艺术特征"这一概念，这一错误表述出现的原因，可能与其对艺术学科概念模棱两可、一知半解的模糊认知有关。

第二，手动提取图案基元特征，形成图案基元分类器，是赵海英图案元素分类器研究的关键。但是，在具体实施过程中，图案元素或单元的基本形态，图案元素或单元的变异形态，图案元素或单元的辨识及命名，图案元素或单元的骨式、结构、意义、位置、运动方式等问题直接影响着对于图案基元特征的判断。稳定性是图案基元分类器的重要特征，但根据"艺术特征"所确立的筛选规则既不能很好地处理图案元素或单元的基本形态与变异形态之间的差别，又不能很好地处理同一意义之下的若干不同形态之间的关系，还不能处理好同一形态不同意义的情况。只有对上文所列举的诸项（图案元素或单元的辨识、命名、基本形态、变异形态、骨式、结构、意义、位置、运动方式等要素）进行科学、精确的描述，才能实现高效、准确地检索。没有大量、深入、系统的有关图案元素或单元的研究成果，很难生成有效的图案基元分类器。再者，图案基元特征的提取、筛选规则生成的主观性，也给图案元素的分类带来了很大的不确定性。

可见，赵海英设计的图案元素分类器尚存在许多不严谨、不合理及局限之处。其实，她自己也没有发布令人信服的案例，笔者也未发现将该方法大规模运用于图案元素分类实践和传统图案元数据库建设方面的案例。也就是说，她的研究尚停留在理论探讨的层面。

（二）以董馥伊为代表的新疆少数民族图案元素检索技术与方法研究

董馥伊是新疆师范大学美术学院的教师，与赵海英的图案元素分类器研究不同，她提出了基于单独纹样特征的检索技术与方法❶，并制定了如下操作程序：

---

❶ 董馥伊. 传统栽绒毯单独纹样的特征检索与应用 [J]. 装饰, 2015(12)：124–125.

①单独纹样特征识别；②提取单独纹样的纹理特征，提取复合型纹样的"骨格"❶；③建立传统图案数字基元库。与董馥伊相近的研究成果还有乌云对新疆民族服饰图案基元的研究❷、钱娟等对柯尔克孜族传统纺织品图案基元的研究❸、丁俊对维吾尔族模戳印花布图案模件化特征和骨架关系的研究❹等。将以上图案元素检索技术与方法运用于传统图案元素解析与提取工作，也存在诸多困难，如下。

第一，其分类方法侧重于形式，而疏于对图案元素寓意的关注，导致在面对同一图案元素或单元的不同变异形态时，可能会发生将其识别为不同图案元素或单元的情况。董馥伊认为："直接提取上述两类图案具有典型性特征的图案基因，仅靠计算机专业人员是难以完成的，必须借助传统栽绒毯传承人与艺术设计图形学专家的共同参与，才能精准地选取特征性图案基因。"❺可见，在单独纹样特征的提取方面，这一方法也很难避免主观性的困扰。

第二，单独纹样并不是新疆少数民族传统图案的唯一形态，实际上，在手工艺设计实践中，由若干单独纹样组成的复合型图案更为普遍，而这一分类方法对于后者而言是无效的。董馥伊主张："在构图设计中，运用Photoshop与Illustrator软件对着克努斯卡与艾地亚勒栽绒毯图案纹样进行筛选，突出其主体图案的几何形骨架骨骼，以着克努斯卡图案的连续性构成与适形构成的骨骼构成形式，和艾地亚勒图案的格律体'依圆成曲'的骨骼构成形式，作为数字化简化构图设计的重点，提取其精华部分，去除图案中繁杂、过于细密的枝节以及层次的重叠赘余部分。"❻笔者认为，这种"去除"虽然有助于"骨式"的理解，但可能会忽略更为重要的内容。少数民族的复合型图案是一个由若干图案单元构成的有机整体，很难说哪一部分属于"重叠赘余"，"去除"这一部分容易导致形式和意义的不完整。

可见，目前国内外学者对新疆少数民族传统图案元素采集方法的研究，主要集中在切割、分形、矢量计算等方面，且多停留在理论探讨层面，其成果很难转化为手工艺生产力。另外，还存在如下问题：第一，从研究的系统性方面而言，忽略了

---

❶ 董馥伊所使用的"骨格"与本书中的"骨式"这一概念颇为接近。

❷ 乌云. 新疆民族服饰图案基元的数字化构建与设计运用 [J]. 装饰, 2017(2) : 85–87.

❸ 钱娟, 信晓瑜, 肖爱民, 等. 柯尔克孜族传统纺织品图案基元解析及应用 [J]. 丝绸, 2021(3) : 127–133.

❹ 丁俊. 新疆维吾尔族模戳印花布图案的转化设计路径 [J]. 装饰, 2021(5) : 142–143.

❺ 同❶.

❻ 同❶.

图案的形式、工艺、媒介之间的逻辑关系，例如"不尊重模戳单体的固定范式及其组合规律而随意分解，容易造成图案基本特征的丧失；缺乏模戳拓印工艺的原真性，容易形成符号拼贴的纹样设计"❶。第二，从研究的方法或理论指导方面而言，很少有学者从手工艺品图案阐释学——图像学母题构成元素和元数据的角度切入。笔者认为，不管是在图案与工艺、媒介的关系，还是在传统图案元素分类的基本理论、分类依据、分类方法、分类框架方面，都存在着较大的研究空间。

第三节 新疆少数民族传统技艺研究

"工巧"是评价手工艺品技艺优劣的重要指标，是决定手工艺品价格的重要因素，还是提升手工艺品牌影响力的前提。近五年来，在新疆内外高校教师、科研工作者❷、手工艺或设计企业、手工艺人或设计师的共同努力下，新疆少数民族传统技艺领域取得了丰硕的研究成果，主要集中在机械设备、技术、技艺、工具、方法的改良和形状、色彩、纹理、染料的探索方面。但是，新疆少数民族群众生产的很多手工艺品仍然存在技艺粗糙、制作粗略甚至陋弊，"大众的不精致，精致的不大众"❸等情况。本节以纺染织绣、土陶等手工艺类别为例说明科学研究对产业发展的影响。

一、机械设备研发

随着现代科技的发展，现代机械设备开始被广泛运用于传统手工艺的生产过程中，大大提高了手工艺的生产效率和产品质量，这是有目共睹的事实，也是传统工艺在当代社会发展的必然趋势。但是，对于这一现象既不能全部肯定，又不能持全部否定的态度，而是应该审慎地对待。

---

❶ 丁俊.新疆维吾尔族模戳印花布图案的转化设计路径[J].装饰,2021(5):142–143.
❷ 该领域成果比较突出的高校或科研单位有新疆大学、新疆师范大学、新疆艺术学院、石河子大学、清华大学美术学院、东华大学、江南大学、武汉纺织大学、浙江理工大学、中国国家博物馆、中国丝绸博物馆、百丈传梭博物馆、融设计图书馆等，以上单位都组织过数次针对新疆传统手工艺的调研及科技攻关活动。
❸ 贾小琳.关于在陕西贫困农村地区实施手工艺精准扶贫的建议[J].新西部,2018(Z1):135,134.

在新疆少数民族手工艺中，很多项目都涉及打磨、抛光工艺，传统做法是使用砂纸手工打磨和抛光，但这种做法既费时又费力，质量也难以保证。对于大多数手工艺项目而言，这一工艺不属于核心和关键工艺，而且因为工作过程枯燥乏味，且文化属性、技术含量较低，一般由学徒工来完成。笔者认为，当下用电动抛光机代替手工人力打磨抛光的做法是值得肯定和推广的。另外，在维吾尔族传统乐器制作过程中，当下使用电锯代替手锯切割桑木板、用电刨代替手刨处理桑木板的做法，也是值得肯定和推广的。

但是，对于使用粘贴的碎木代替琴箱刨制、用激光雕刻代替手工雕刻的做法，我们就应该抵制。因为这两个环节都属于维吾尔族传统乐器制造的核心技艺，琴箱刨制水平的高低决定着音色质量的好坏，琴头、琴身的雕刻水平则决定着琴的艺术水准，一旦这两个环节都被机械化，也就不能称作"传统手工技艺"了。对以下做法，我们也该持否定态度：传统艾德莱斯绸的工艺流程包含煮丝、抽丝、并丝、卷线、扎染、分丝、上机、织绸等。有的生产经营主体在煮丝、抽丝、并丝、卷线、上机、织绸等环节全部采用手工，却使用"数码印花"或"数码提花"技术来模仿"扎染"的效果。出现这一现象的根本原因是，手工艺者不能正确区分核心技艺和非核心技艺，没有意识到"扎经染色"这一核心技艺的抛弃或流失意味着传统手工艺的"死亡"。

结合当下新疆少数民族手工艺产业发展实践，对机械设备的研究主要包：含机械设备对于传统手工艺保护传承乃至产业发展的影响研究，机械设备的发展演变研究，新材料、新技法、新机械设备运用后的工艺流程优化问题研究，核心和关键工艺流程的改进研究等范畴。

笔者以哈萨克族刺绣为例，说明机械设备发展演变研究的重要性。在机械设备发展演变方面，哈萨克族刺绣经历了手工刺绣、小型手推刺绣机、电脑数控刺绣机三个阶段（图4-1~图4-4）。实际上，这三个阶段的时间分割线并不清晰，而是共存于当下的哈萨克族刺绣产业中。哈萨克族手绣有着近千年的历史，哈萨克族妇女喜欢使用锥针、钩针、平针等工具，运用叉头针、斜针、十字针、并行针、绕针、硬腭型连锁针等针法，以及隔行绣、平针绣、带花绣、顺缝绣、拼色绣、绲边绣等绣法，在棉布、帆布、金丝绒、平绒、灯芯绒、化纤布、毛毡、牛、羊、鹿、骆驼皮等介质上进行刺绣。20世纪70年代，聪明的刺绣艺人在缝纫机的基础上发明了小型手推刺绣机，刺绣的效率和质量获得了极大程度的提升。21世纪初，随着数控技术的发展，电脑数控刺绣机也开始走进寻常的哈萨克族农民刺绣专业合作社和小微企业。以上发展演变过程主要依赖于田野调查和史料梳理，虽然研究程度较低，但对于哈萨克族手工艺产业发展而言非常重要。当下，市场上流行的哈萨克族刺绣产品大致有数控机绣产品，手推刺绣机产品，手绣产品，手绣、手推刺绣机混合产品四种类型，这四种类型产品的价格、经济效益的差别较大。

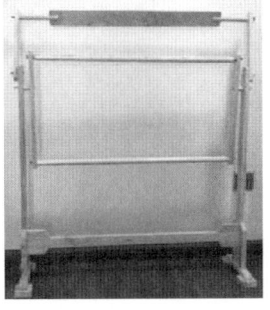

图 4-1　手绣绷子　　图 4-2　改良后的方形绷子　　　图 4-3　手推刺绣机

图 4-4　数控刺绣机（2019 年 9 月笔者拍摄于伊犁哈萨克自治州尼勒克县加哈乌斯台乡加色勒阔勒丝尔麻克刺绣专业合作社）

笔者以花帽为例，说明新材料、新技法、新机械设备运用后的工艺流程优化问题，以及核心和关键手工艺流程改进研究的重要性。当下的花帽制作，从制图，到绣花，再到缝合等核心和关键工艺都已经实现了机械化。首先，设计师在电脑上完成花帽样图的绘制。其次，使用自动绣花机绣出花帽的四个瓣，并裁剪好。最后，使用电动缝纫机将四个帽瓣缝合起来，并在花帽上添加其他装饰物。以上流程中，除了"添加其他装饰物"这一非核心和关键技艺环节为手工操作外，其他环节全部实现了机械化制造，这就使花帽制作失去了"手工艺"的特征，成了实实在在的"现代工艺"。目前，在市场交易中，经常发生以"现代工艺花帽"冒充"手工艺花帽"的事件。虽然，该类事件主要源自冒替者对利益方面的诉求，但是整个行业没有意识到新材料、新技法、新机械设备的运用对花帽产业发展的影响，核心和关键手工艺的丧失对花帽产业发展的影响也是重要原因。笔者认为，新材料、新技法、新机械设备的运用，核心和关键手工艺流程的保留或改进是决定手工艺品价格的重要因素，也是决定手工艺产业发展水平的重要因素。由此，我们应充分认识加强科学研究、运用科研成果干预手工艺产业发展的重要性和必要性。

当然，对新疆少数民族手工艺产业发展问题的研究，还包含一些更为具体和实际的问题，例如原始腰机织造技艺的历史渊源、工具、空间分布、结构规格、织造流程复原及研究[1]、柯尔克孜族地织机织造技艺与服饰结构的关系研究[2]、吐鲁番市阿斯塔那墓彩绘木俑绢衣面料织机的复原研究[3]、传统机械设备的改良，新机械设备的研发等。下面笔者以原始腰机织造技艺为例，说明科学研究对于手工艺产业发展的重要性。新疆的蒙古族、维吾尔族、哈萨克族、柯尔克孜族等众多少数民族至今仍然使用原始腰机织造捆扎蒙古包或毡房的装饰带、织造装饰袍服所用的织带，但是目前对于这一织造技艺的研究，多集中于海南的黎族、壮族等，对哈密市、巴音郭楞蒙古自治州、克孜勒苏柯尔克孜自治州、和田地区等地少数民族使用原始腰机织造技术的研究极度欠缺。

二、工艺流程研究

按道理说，工艺流程研究是一个毫无争议的研究领域。实则，由于新的机械设备以及新材料、新技法的运用，加之历史久远缺少梳理，反而变成了一个饱受争议的研究领域。新疆少数民族传统技艺工艺流程的研究，主要包括全部或部分工艺流程的复原研究、传统工艺流程的改良研究、工艺流程设计与角色分工之间的关系研究等内容。下面，笔者重点阐释工艺流程设计与角色分工之间的关系研究。家庭手工作坊一般较少使用机械设备，或仅在非核心工艺流程中使用机械设备，手工艺人

---

[1] 葛梦嘉,蒋玉秋,方丹丹,等.新疆原始腰机织造技艺考析[J].装饰,2020(3):120-123.

[2] 闫文奇,葛梦嘉,肖爱民,等.新疆柯尔克孜族地织机织造技艺与服饰结构考析[J].丝绸,2019(9):103-109.

[3] 北京服装学院的楚艳教授同两位古代丝绸面料织造技艺大师一起改造了传统织机,复原了吐鲁番市阿斯塔那墓彩绘木俑绢衣的丝绸面料。

既是产品的制作者,也是产品的设计者,还是产品的销售者,各工艺流程之间一般不作明确的角色分工,这在新疆少数民族手工艺生产中广泛存在,如"维吾尔族玉匠往往一专多能,不仅练就了识玉的高超本领,而且集设计、制作为一体,所使用的玉雕机和各种玉雕工具也均由玉匠自己制作"[1]。新疆少数民族手工艺生产经营活动具有显著的群体性特征,设计者、销售者甚至传播者等角色的加入,改变了传统手工艺的生产流程,新的工艺流程和新的角色分工之间的关系需要深入研究。下面,笔者以哈萨克族刺绣和维吾尔族模戳印花布织染技艺为例,说明工艺流程研究对于新疆少数民族手工艺产业发展的影响。

(一)哈萨克族刺绣

哈萨克刺绣工艺流程的研究范畴,主要包括传统工艺流程的复原,标准工艺流程图谱的绘制,核心和关键工艺流程的识别,新技术、新设备影响下的传统工艺流程的沿革,针法、绣法图谱的绘制,针法、绣法的发展源流,针法、绣法的改良等内容。下面,笔者重点阐释新技术、新设备影响下的传统工艺流程的沿革这一问题。

较苏绣、蜀绣、粤绣等刺绣门类,哈萨克族的绣法种类要少得多,大致有钩针绣、平针绣、辫针绣、结绣、盘金银绣、镂空绣、拼贴绣、植绒绣、串珠片绣等。经过田野调查和文献资料查阅,最传统的哈萨克族刺绣工艺一般遵循如下工艺流程:①将纹样绘制在纸上;②将纹样从纸上剪下来制作成绣样;③将绣样褙到绒布、棉布或皮等介质上;④选择合适的线及绣法,手工完成刺绣。绘图能力高超的绣娘往往会合并1~3步,使用粉笔直接在布、皮等介质上绘制图案,而绘制图案的材料一般为盐、牛奶、面粉调和的稀糊。以上工艺流程对绣娘的徒手绘图能力提出了很高的要求,这实际上提高了这一行业的准入门槛——毕竟绘制图案是刺绣的第一步,这将大多数贫困少数民族群众排斥在门槛之外(图4-5)。

---

[1] 新疆维吾尔自治区文化厅.新疆非物质文化遗产名录图典[M].乌鲁木齐:新疆青少年出版社,2012:275.

图 4-5 绣娘在布上绘制图案（作者 2019 年 9 月拍摄于伊犁哈萨克自治州尼勒克县加哈乌斯台乡加色勒阔勒丝尔麻克刺绣专业合作社）

随着打印机、水消笔、薄塑料板等设备和工具的日益普及，哈萨克族妇女们对以上工艺流程进行了改良，使之对手工艺技能的依赖程度大幅下降。改良后的工艺流程如下。

（1）将图案打印在纸上（图4-6）。

（2）将具有一定厚度的透明塑料薄板附着在绘制好的图案上，用锥针沿着图案轮廓扎出大小匀称的圆洞（图4-7）。

（3）将兽皮、毛毡、绒布、棉布等刺绣介质附着在塑料薄板下，用毛笔蘸着添加了食盐、牛奶、面粉的稀糊，或者稀释后的水粉颜料，在塑料薄板上轻轻涂抹（图4-8），将稀糊或者水粉颜料漏印到兽皮、毛毡或布上。

（4）沿着漏痕用水消笔❶描画出图案轮廓。

（5）沿着图案轮廓进行绣制（图4-9），绣完后洗净、晾干、熨平。

（6）裁剪、制作成日常生产、生活所需要的物品。

现在，一些比较大型的、实力雄厚的刺绣农民专业合作社或者小微企业，会

---

❶ 水消笔是一种用清水可以洗掉笔迹的圆珠笔。

合并1~4步，使用数码印刷机将高清数字绣样直接印制在棉布、绒布、兽皮等介质上。使用数码印刷机印制的底稿，可以绣制出细节更为丰富、生动的刺绣作品。

图 4-6　将图案打印在纸上

图 4-7　沿图案轮廓扎出圆洞

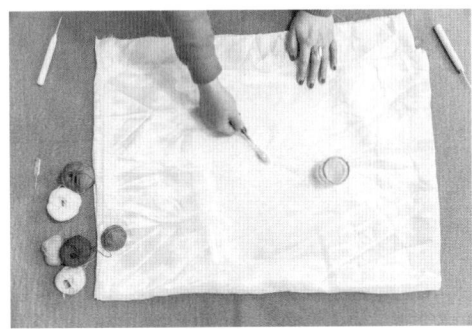

图 4-8　在塑料薄板上涂抹

图 4-9　沿图案轮廓绣制

（二）维吾尔族模戳印花布织染技艺

印花布织染技艺是维吾尔族最富有民族特色、最能体现民族气质的民间美术门类，是我国传统印花布织染体系的重要组成部分。根据模版的不同，可将其分为木质模戳、镂空版、滚筒版三种（目前后两种技艺已经失传）；根据色彩的数量，可将其分为单色、多色两种；根据印染的方法，可将其分为蘸色拓印、添色修补、套印、浸印四类。下面，笔者以模戳多色印花布和镂空版单色印花布工艺流程的复原为例，说明工艺流程研究对于手工艺产业发展的影响。

1.模戳多色印花布工艺流程的复原

模戳多色印花布代表着维吾尔族印花布织染技艺的最高水平，其工艺流程主要包含木质模戳的刻制、在棉布上打上墨线、印染棉布底色、制作盛放染料的容器和印染图案、填色描画五个环节。其工艺流程复原如下。

（1）木制模戳的刻制。传统模戳的刻制采取的是内地的凸模木版雕刻技艺，跟木制食模的制作工艺非常接近，由擅长绘制图案的印花布艺人和木刻师傅配合完成。一般先由印花布艺人用铅笔将图案绘制在梨木、核桃木或者榆木木板上，然后由木刻师傅沿着铅笔痕迹雕刻出图案的轮廓线和纹理，刻制的深度一般在2~3厘米，刻制的线条要粗细均匀，刻制过浅或者线条过细都会导致印制时出现糊色的情况。图案线条的刻制采用阳刻法，图案面的刻制则使用阴刻法。模戳一般不再单独制作抓手，为了便于抓握一般将模戳的厚度设置为2~3厘米，有时候为了节省木料还制作双面模戳。传统模戳的刻制质量高度依赖于印花布艺人和木刻师傅的技艺，在图案的精确度、模戳的精致度和刻制效率方面，当下的激光刻印技术具有更加明显的优势，因此现在的传统手工模戳的刻制基本被激光刻印技术代替。绝大部分模戳上只刻有一个图案元素，构成一个单独纹样，因此模戳的体积一般比较小，这样可以灵活、方便、自由地拼印出复杂的图案或者点缀在各个图案单元之间；作为饰带纹的二方连续图案也常常被刻制在一个模戳上，具有广泛流行度的图案单元则会被刻制成大型模戳，成为流行图案骨式的重要部分，这样可以极大地提升印制的效率和精确度（图4-10、图4-11）。

图4-10　清代木质石榴纹模戳　长7.5厘米　宽5.7厘米　厚5.5厘米

图4-11　清代木质带枝叶团花模戳　长14.7厘米　宽14厘米　厚4厘米

（2）在棉布上打上墨线。技艺高超的印花布艺人会直接在棉布上印制图案，遇上复杂的图案骨式，尤其是涉及多个图案单元时，印花布艺人会预先在棉布上打上墨线以确定各个图案单元及元素的大致位置（图4-12）。

（3）印染棉布底色。将底色所需染料和明矾一起放入锅中蒸煮，把棉布浸入锅中漂染3~5分钟之后捞出晾干，底色印染环节就完成了。

（4）制作盛放染料的容器和印染图案。先在盛放染料的器物口上罩上两三层棉纱，使棉纱刚刚没过染料，这样既可以过滤掉过多的水分，又可以过滤掉染料中的杂质。然后手持模戳通过棉纱蘸取适度的染料，用压印的方式印出图案，印花布的图案骨架就完成了（图4-13）。

图4-12 印花布艺人库尔班江准备在棉布上打墨线

图4-13 印花布艺人库尔班江用模戳在棉布上印制图案

（5）填色描画。为了使印花布的色彩更为丰富，印花布艺人还会在压印好的图案骨架内填色。填色的工具一般为毛笔或毛刷，毛笔主要用来完善压印的遗漏之处或者渲染图案的颜色，毛刷则适于大面积渲染。由此点、线、面交相辉映，形成色彩斑斓的视觉效果（图4-14）。

2. 镂空版单色印花布工艺流程的复原

镂空版单色印花布多为单色，主体图案多为团花、散花等花卉纹，图案组合多以二方连续和四方连续为主。镂空版单色印花布的制作工艺受到南方民间蓝印花布的灰缬工艺的影响，主要包含制作镂空版、涂防染剂、涂

图4-14 印花布艺人库尔班江在印制好的印花布上填色

染料、去除防染剂固色等环节，现已失传。下面，笔者以黑地白花印花布的制作为例复原该工艺流程。

（1）制作镂空版。镂空版的材质一般为质地坚硬的薄木板或者铁皮，由木刻师傅或铁艺师傅阴刻出图案。

（2）涂防染剂。将白色棉布绷于镂空版上，将防染剂涂抹于镂空处。防染剂一般由石灰粉、白石粉和黄豆粉按照一定比例调和而成。

（3）涂染料。防染剂晾干后，除去印版，将黑色染料涂抹于防染剂周围，形成黑地白花的图案。

（4）去除防染剂、固色。将黑地白花的棉布晾干，除去黏附的防染剂，将棉布浸入盐水中固色晾干后，印花布就制作完成了。

由维吾尔族模戳印花布织染技艺流程派生的研究选题比较多。手工艺的保护传承领域有传统工艺流程的复原，标准工艺流程图谱的绘制，核心和关键工艺流程的识别，图案与模戳的关系等；手工艺的创新设计领域有新技术、新设备与传统工艺流程的改良，机械印花布对传统印花布工艺流程的影响，传统印花布图案数据库的研发，传统印花布图案自动设计软件的研发等。

当然，对新疆少数民族手工艺的工艺流程问题的研究，还包含一些更为具体和实际的问题，例如花毡制品的制作方法、形制演变[1]，新疆出土的斜编毛织物的技艺复原[2]，新疆地产绵线织锦技艺的复原[3]，新疆土尔扈特部与和硕特部的蒙古族卡片编织技艺的复原[4]，维吾尔族传统手工栽绒地毯工艺的研究[5]，维吾尔族模制法土陶釉料中含铅问题、壶柄不结实、壶身易断、釉层易裂易脱问题的解决方案等。这些问题既是手工艺保护传承的基础问题，也是制约新疆少数民族手工艺产业发展的关键问题。

（三）基于木垒县哈萨克族刺绣调研的启示

扎实做好工艺流程研究，可以解决新疆少数民族手工艺产业发展中的一些困惑。2018年4月14—20日，笔者带队一行7人在木垒县妇联的帮助下，对木垒县的哈

---

[1] 迪里肉孜·迪里夏提,肖爱民,徐红.新疆地区毡制品的演变[J].丝绸,2020(10):95-99.

[2] 李影.新疆出土斜编毛织物研究[D].上海:东华大学,2017.

[3] 赵丰.新疆地产绵线织锦研究[J].西域研究,2005(1):51-59,115.

[4] 葛梦嘉,蒋玉秋.新疆蒙古族卡片编织技艺探析[J].丝绸,2018(1):28-34.

[5] 孙方姣,李强,夏克尔·赛塔尔,等.新疆维吾尔族传统手工栽绒地毯工艺研究[J].丝绸,2019(8):66-74.

萨克毡绣和布绣及其相关产业（制毡、毡房、花毡、服饰、骨雕、木器、毛线编织、银首饰等）发展情况进行了系统的调研，发现当地政府和从业者对以下三个问题存在困惑。

1. 打造"胡杨绣"，还是发展"哈萨克刺绣"

哈萨克刺绣是木垒哈萨克自治县的支柱产业之一，因建有全疆最大的哈萨克民族刺绣文化产业园，哈萨克族刺绣成为该县强有力的文化名片之一。该县除了发展哈萨克族刺绣产业外，还打造了"胡杨绣"这一新的绣种，"胡杨绣"一时甚嚣尘上，成为木垒县与哈萨克族刺绣齐名的另一张文化名片。

"胡杨绣"采用苏绣技法完成，其名称为"用苏绣绣胡杨"的简称。胡杨在南北疆、甘肃、内蒙古等地广泛分布，并非木垒县特有的树种，可见"胡杨绣"的地域、民族特色并不显著。而且从针法绣法、审美趣味、艺术质量、品牌价值等方面来看，"胡杨绣"很难从全国的苏绣体系中凸显出来，也无法与江南本地或其他汉地的苏绣媲美。这种"将哈萨克族刺绣苏绣化"的做法，隐藏着特色与风格丧失的危机，应该引起我们的警惕。

在为木垒县撰写的咨询报告中，笔者如此建议："左手哈萨克族刺绣，右手胡杨绣的做法，并不能很好地塑造木垒县的刺绣品牌，反而因为分散的宣传力量和人力、资金等要素，而消解哈萨克族刺绣这张名片的传播效果及影响力。若不加以控制，大力发展胡杨绣的结果，很可能使木垒成为苏绣的廉价代工地，这对哈萨克族刺绣的可持续性发展是不利的。"

2. 发展机绣还是手绣

哈萨克民族刺绣文化产业园是木垒县哈萨克族刺绣的集中展示之地，从其轰鸣的机器声以及近一周的调研情况推断，机绣产品几乎占据了木垒县哈萨克族刺绣近3/4的市场。但是，机绣产品存在如下问题。

第一，刺绣机，尤其是数控刺绣机，对绣线和底布的选择存在很强的局限性。其绣线比较细，底布的纹理比较粗，导致机绣产品的质量比较低劣，卖价普遍不高。

第二，大部分消费者不能正确地区分手推刺绣机产品与手绣产品的差别，甚至不能正确区分数控机绣产品与手绣产品，因此在市场交易中以机绣冒充手绣的情况比较普遍，这一行为的直接后果是破坏了手绣产品的价格生成机制。因为单从低价这一因素而言，与机绣产品相比，手绣产品几乎无任何优势。这一做法的最终后果是"低价竞争"，以及由"低价竞争"所导致的"价格与质量相互纠缠的恶性循环"——"价格低则质量差，质量差则价格更低"❶，从而影响了整个刺绣行业的价格体系。

若追求短期经济效益，笔者建议发展数控刺绣和手推刺绣机刺绣。但若从长期经济效益、手工艺可持续性发展以及传统手工艺保护传承的角度而言，笔者则建议大力发展手绣。因为培养一个技法熟练的手绣艺人需要非常漫长的时间，手绣产业链、销售渠道的培育及搭建也需要非常漫长的时间，但是其高额的回报率值得付出。以普通哈萨克刺绣抱枕为例，机绣品的价格一般为30~50元，手绣品的价格则可高达200~300元，若为高端定制，其价格甚至可达1000~2000元。

3. 保护传承为主，还是发展创新为主

笔者在木垒县调研时发现，木垒县存在用苏绣改良哈萨克族绣法的倾向，还存在变异哈萨克族传统纹样或改变传统图案配色的倾向。笔者认为，不能非黑即白、对立地看待保护传承与发展创新的关系，而应该首先做好县域哈萨克族刺绣资源禀赋的摸底梳理工作和基本的科学研究工作，进而制定短、中、长期发展规划。

在具体操作层面，可通过"设置创新要素并控制其偏重"的方法来实施。《关于进一步加强非物质文化遗产保护工作的意见》确定了非遗保护传承发展的指导思想，"坚守中华文化立场、传承中华文化基因，贯彻'保护为主、抢救第一、合理利用、传承发展'的工作方针，深入实施非物质文化遗产传承发展工程，切实提升非物质文化遗产系统性保护水平"❷。在这一工作方针的指导下，可先将创新的重点置于介质的更新、应用环境的拓展等方面，进而将创新的重点置于材料、工艺、设备的改良与研发等方面，最后将创新的重点置于手工艺知识、技能体系的设计等方面。

在新疆少数民族手工艺产业发展实践中，这三个困惑具有一定的普遍性。引发困惑的直接原因是对传统工艺流程的认识存在偏颇，根本原因是对传统工艺的科学研究不足。

三、色彩研究

新疆少数民族传统手工艺中包含着丰富的色彩知识，反映了各少数民族人民群

---

❶ 主要表现为底布和绣线的质量差、绣品设计质量差、产品制作工艺差、样式比较单一、包装差等。

❷ 中共中央办公厅 国务院办公厅印发《关于进一步加强非物质文化遗产保护工作的意见》[J]. 中华人民共和国国务院公报,2021(24):14-17.

众对现实生活的热爱和对理想生活的追求，主要包含色相体系研究、象征寓意研究、应用场域研究、色彩风格与民族性格研究、色彩搭配规律及色彩审美偏好研究、传统染料提取工艺复原研究、传统染料改良研究、新染料研发、媒染剂制备工艺复原研究、媒染剂改良研究、新的媒染剂研发等范畴。下面，笔者以维吾尔族模戳印花布织染技艺为例，说明色彩研究对于新疆少数民族手工艺产业发展的影响。

维吾尔族印花布具有非常丰富的色相体系。红色有大红、桃红、绯色诸色，黄色有柠檬黄、橙黄、杏黄诸色，蓝色有靛蓝、宝蓝、深蓝、浅蓝诸色，绿色有浅绿、青绿、翠绿、墨绿诸色，还有黑、赭石、紫、玫瑰诸色。维吾尔族形成了相对稳定的色彩搭配规律和色彩审美喜好，例如同类色、类似色、对比色、以暗衬明的色彩搭配模式。

维吾尔族印花布色彩具有丰富的象征寓意。如使用黑色象征乌云、黑夜、北方、影子等，寓意伟大、强大、勇敢、顽强、纯净、良好、美丽、高雅等；使用红色象征鲜血、西方、太阳、火焰、夏季等，寓意喜庆、青春、生命、爱情、力量、勇气、胜利、善意、吉祥、魅力等；使用橙色象征沙漠等，寓意勇敢和奉献等；使用黄色象征阳光、麦草、少年、疾病等，寓意丰收、高贵、丧气等；使用蓝色象征天空、水、生命、青草、青苗等，寓意崇高、团结、伟大、幸运等；使用白色象征太阳光、大地、月亮光、夜晚、雪、温和、东方等，寓意光明、纯洁、平安、和平、安宁、善良、吉利、幸福等；使用绿色象征生命、南方等，寓意希望、繁荣、丰饶、和平、宁静、太平等❶（表4-1）。

维吾尔族印花布具有古朴素雅和光鲜亮丽两种截然不同的色彩风格。古朴典雅的色彩风格跟沙漠区居民隐忍顽强、吃苦耐劳的区域性格有关，光鲜亮丽的色彩风格跟沙漠、绿洲居民的色彩偏好和维吾尔族豪迈率真的民族性格有关。

表4-1 维吾尔族印花布色彩象征寓意列表

颜色	象征	寓意
黑色	乌云、黑夜、北方、影子等	伟大、强大、勇敢、顽强、纯净、良好、美丽、高雅等
红色	鲜血、西方、太阳、火焰、夏季等	喜庆、青春、生命、爱情、力量、勇气、胜利、善意、吉祥、魅力等
橙色	沙漠等	勇敢和奉献等

---

❶ 吐逊江·亚森.维吾尔语颜色词及其汉译技巧研究[D].乌鲁木齐:新疆大学,2012:27-57.

续表

颜色	象征	寓意
黄色	阳光、麦草、少年、疾病等	丰收、高贵、丧气等
蓝色	天空、水、生命、青草、青苗等	崇高、团结、伟大、幸运等
白色	太阳光、大地、月亮光、夜晚、雪、温和、东方等	光明、纯洁、平安、和平、安宁、善良、吉利、幸福等
绿色	生命、南方等	希望、繁荣、丰饶、和平、宁静、太平等

维吾尔族印花布染料及媒染剂制备技艺研究中包含着丰富的民间智慧、科技常识和生活经验。植物染料多来自植物的根、茎、叶、花、果实、果皮、种子，例如棕色来自浸泡青核桃皮的酵液，红色来自浸泡红花、茜草根的酵液或者石榴汁，蓝色来自浸泡兰草、茜草、醋栗的酵液，黄色来自浸泡万寿菊或槐树花或杏树皮的酵液，绿色来自浸泡槐树籽的酵液，深肉色来自浸泡沙枣树皮或棉花壳的酵液，黑色来自浸泡石榴皮、石榴枯叶、红柳花或黑蜀葵花的酵液[1]。矿物质染料也很丰富，例如用石墨粉或软锰矿粉可以制作黑色染料，用矾绿粉可以制作绿色染料，用靛蓝粉可以制作蓝色或绿色染料，用面汤浸泡铁锈屑的酵液可以制作黑色染料，用锑粉可以制作银白色染料。矿物颜色质地松散，为了增加染料的聚合力，一般在染料中添加树胶、动物胶甚至是玉米糊。植物染料和矿物质染料多由手工加工、天然萃取而成，色泽明度较高，中间色较少，这也导致印花布成品很少出现渐变色。印花布织染技艺常用的媒染剂有炉灰（又叫作夏哈尔）、食盐、玉米糊、白矾、胡杨碱、沙枣碱等[2]。

当然，对新疆少数民族手工艺色彩问题的研究，还包含一些更为具体和实际的问题，例如吐鲁番市阿斯塔那墓彩绘木俑绢衣中大红、石榴红、牡丹、章丹、红梅等色的提取方法，维吾尔族传统印花布织染技艺的植物、矿物染料的成分分析、复原及固色问题，手工羊毛毡植物、矿物染料成分分析、复原及固色问题，维吾尔族模制法土陶釉料成分分析与复原等。

---

[1] 夏克尔·赛塔尔.维吾尔族民间制毡工艺研究[D].乌鲁木齐:新疆大学,2011:15-16.
[2] 热娜·买买提.浅谈维吾尔族印花棉布艺术[J].艺术理论,2010(11):72-73.

四、材料研究

"材美"是决定手工艺品质量的重要指标。材料的产地、品质、价格、运输等要素，制约着新疆少数民族手工艺产业发展的实效，导致在具体的手工艺生产实践中很难达到"材美"的要求。2019年9月，笔者一行赴尼勒克县喀拉苏乡民族手工艺品刺绣厂调研时，看到该厂生产的手工花毡存在厚薄不均、呈杂色、扎手、有羊膻味等问题（图4-15），由成品毡制作完成的毡绣制品则存在羊毛含量低、起毛、扎手、颜色艳丽飘浮等问题。

图 4-15　手工花毡❶（2019 年 9 月，笔者一行在尼勒克县喀拉苏乡民族手工艺品刺绣厂调研）

出现这一问题的根本原因在于缺少先进的羊毛分类与处理、羊毛毡制作技术与设备，材料没有达到国家或行业要求的质量标准。由此，笔者认为，新疆少数民族传统手工艺的材料研究，大致包含加工、处理材料的技术与设备研发，传统材料的复原研究，传统材料的改良研究，材料的批量生产工艺研究，新材料的研发，材料的国家、地方、行业标准的研究等范畴。下面，笔者以哈萨克族刺绣、花毡及其所使用的棉布、毛料、棉线为例，说明材料研究对于新疆少数民族手工艺产业发展的影响。

---

❶ 因为没有先进的羊毛分类与处理、羊毛毡制作技术与设备，哈萨克族手工艺者制作的花毡被称作"杂毛毡"。

(一)棉布

经调查,新疆少数民族传统手绣一般使用棉白布、平绒、金丝绒、条绒、绸缎等作为底布,这些底布色彩较少且灰暗,质地比较粗糙,但价格比较贵,洗涤后容易褪色、变形。随着国内棉纺织业的快速发展,一些新型的布料被研发出来并运用于刺绣中。总体来说,当下新疆少数民族刺绣用布的材质、质感、色彩、纹理、性能等都变得越来越丰富,变得更坚实耐用且不易变形,价格也越来越低廉。但是,随着半自动刺绣机和电脑数码刺绣机的普及,刺绣制品的价格变得越来越低,在现代刺绣制品的冲击下,手工艺人不得不降低手绣制品的材料品质,开始大量使用化纤布、腈纶布、腈纶线、塑料薄片等廉价材料,这在一定程度上维持了手工艺人的利润,却降低了刺绣产品的品质,不利于手工艺产业的可持续性发展。

笔者认为,可将棉布的相关国家、地方或行业标准运用于刺绣、印花布织染技艺、民族服饰制作技艺等手工艺品的生产中。例如,《棉本色布》的国家标准,从内在质量、品种分类等方面,对产品质量做了明确的界定,如表4-2、表4-3所示。

表4-2 棉本色布内在质量分等规定[①]

项目	标准		优等品	一等品	二等品
织物组织	按设计规定		符合设计要求	符合设计要求	符合设计要求
幅度偏差率[②③]/%	按产品规格		-1.0~+1.2	-1.0~+1.5	-1.5~+2.0
密度偏差率[③]/%	按产品规格	经向	-1.2~+1.2	-1.5~+1.5	—
		纬向	-1.0~+1.2	-1.0~+1.5	—
单位面积无浆干燥质量偏差率/%	按设计标称值		-3.0~+3.0	-5.0~+5.0	-5.0~+5.0
断裂强力偏差率/%	按设计断裂强力	经向	≥-6.0	≥-8.0	—
		纬向	≥-6.0	≥-8.0	—

注 织物组织对照贸易双方确认样评定。

[①] 国家市场监督管理总局,中国国家标准化管理委员会.棉本色布:GB/T 406—2018[S].北京:中国标准出版社,2018.

[②] 当幅宽偏差率超过+1.0%时,经密负偏差率不超过-2.0%。

[③] 幅宽、经纬向密度应保证成包后符合本表规定。

表4-3　棉本色布产品品种分类[①]

分类名称	布面风格	织物组织	结构特征			
			总紧度（%）	经向紧度（%）	纬向紧度（%）	经纬向紧度比例
平布	经纬向密度比较接近，布面平整	$\frac{1}{1}$	60～80	35～60	35～60	1：1
府绸	高经密、低纬密，布面经纱浮点呈颗粒状	$\frac{1}{1}$	75～90	61～80	35～50	5：3
斜纹	布面呈斜纹，纹路较细	$\frac{2}{1}$	75～90	60～80	40～55	3：2
哔叽	经、纬纱紧度比较接近，总紧度小于华达呢，斜纹纹路接近45°，质地柔软	$\frac{2}{2}$	纱 85以下 / 线 90以下	55～70	45～55	6：5
华达呢	高经度、低纬度，总紧度大于哔叽，小于卡其，质地厚实而不发硬，斜纹纹路接近63°	$\frac{2}{2}$	纱 85～90 / 线 90～97	75～95	45～55	2：1
卡其	高经密、低纬密，总紧度大于华达呢，布身硬挺厚实，单面卡其斜纹纹路粗壮而明显	$\frac{3}{1}$、$\frac{2}{2}$	纱 85以上 / 线 90以上 / 纱 90以上 / 线 97以上（10×2 tex及以下为95以上）	80～110	45～60	2：1
直贡	高经密织物，布身厚实或柔软（羽绸），布面平滑匀整	$\frac{5}{3}$、$\frac{5}{2}$ 经面缎纹	80以上	65～100	45～55	3：2
横贡	高纬密织物，布身柔软，光滑似绸	$\frac{5}{3}$、$\frac{5}{2}$ 纬面缎纹	80以上	45～55	65～80	2：3
麻纱	布面呈挺直条纹路，布身爽似麻	$\frac{2}{1}$ 纬重平	60以上	40～55	45～55	1：1
绒布坯	经纬纱特数差异大，纬纱捻度少，质地松软	平纹、斜纹组织	60～85	30～50	40～70	2：3

① 国家市场监督管理总局，中国国家标准化管理委员会.棉本色布：GB/T 406—2018[S].北京：中国标准出版社，2018.

此外，与刺绣、印花布织染技艺、民族服饰制作技艺等手工艺品生产制作相关的国家、行业标准还有《棉印染布》《涤纶长丝绣花线》《涤纶绣花线色卡》等，具体信息如表4-4所示。

表4-4 可借鉴的国家和行业标准列表（材料）

产品类别	标准名称	标准内容	起草单位	主管单位/归口单位	发布单位及时间
纺染织绣	棉印染布（GB/T 411—2017）	规定了棉印染布的术语和定义、分类、要求、试验方法、检验规则、标志和包装等内容，适用于机织生产的各类漂白、染色和印花的棉布①	福建众和股份有限公司等②	中国纺织工业联合会/全国纺织品标准化技术委员会	中华人民共和国国家质量监督检验检疫总局、国家标准化管理委员会，2017-12-29
	涤纶长丝绣花线（GB/T 28466—2012）	规定了涤纶长丝绣花线产品的分类、要求、分等规定、试验方法、验收规则以及包装、标识和贮运，适用于涤纶长丝绣花线③	—	中国纺织工业联合会/全国纺织品标准化技术委员会	中华人民共和国国家质量监督检验检疫总局、国家标准化管理委员会，2012-06-29
	涤纶绣花线色卡（GB/T 28467—2012）	规定了原液着色涤纶绣花线色卡的颜色组成和标号、尺寸和规格、质量要求、使用和保存方法，适用于对涤纶绣花线颜色的量化表示④	浙江华欣新材料股份有限公司、北京服装学院	中国纺织工业联合会/全国纺织品标准化技术委员会	中华人民共和国国家质量监督检验检疫总局、国家标准化管理委员会，2012-06-29

① 中华人民共和国国家质量监督检验检疫总局，国家标准化管理委员会.棉印染布：GB/T 411—2017[S].北京：中国标准出版社，2017.
② 完整的起草单位名单为福建众和股份有限公司，山东欧化印染家纺有限公司，华纺股份有限公司，浙江世纪天龙科技有限公司，鲁丰织染有限公司，新乡市护神特种织物有限公司，愉悦家纺有限公司，广东溢达纺织有限公司，上海市纺织工业技术监督所，中国印染行业协会。
③ 中华人民共和国国家质量监督检验检疫总局，国家标准化管理委员会.涤纶长丝绣花线：GB/T 28466—2012 [S].北京：中国标准出版社，2012.
④ 中华人民共和国国家质量监督检验检疫总局，国家标准化管理委员会.涤纶绣花线色卡：GB/T 28467—2012[S].北京：中国标准出版社，2012.

（二）毛料

涉及毛料的新疆少数民族手工艺项目有擀毡、花毡、毡绣、毛线编织等。以上手工艺项目所使用的原材料主要有羊毛、毛线、羊绒、羊绒混纺纱、毛毡、毛呢等，其工艺流程主要有羊毛清洗、分类、染色、毛毡或毛呢制作、刺绣、产品制作等。根据工艺流程，可建构以上手工艺项目的周边产业集群，主要有羊毛处理（包含剪羊毛、羊毛清洗、羊毛分类、羊毛染色等）、羊皮处理及制作、羊毛纺织（包含毛线、毛绒、混纺、毛毡、毛呢）、羊毛服装等。上述与毛料相关的手工艺项目所需要的毛线、毛毡等材料，基本上都依赖于上述产业集群的发展。但是，在以上产业集群中，新疆本地仍有诸多缺环，严重制约了与毛料相关的新疆少数民族手工艺产业项目的发展。例如，虽然哈萨克族的手工擀毡技艺入选了国家级非物质文化遗产代表性项目，但是手工擀制的毛毡存在如下问题：厚薄不均，粗细、软硬、长短不一❶，多色混杂，清洗不干净且有羊膻味，染色不均且易褪色。可见，对羊毛的精细化分类水平不高，尤其是按照羊毛的颜色、软硬程度或品质进行分类的水平不高，直接影响了手工花毡的质量；羊毛的植物染色或矿物质染色水平不高，直接影响了毛毡、毛呢和毡绣的质量。也就是说，虽然新疆的羊毛产量非常丰沛，但是还没有建立起与手工艺产业发展相匹配的、先进的、健全的羊毛产业链条和体系。

笔者认为，可将毛料的相关国家、地方或行业标准运用于擀毡、花毡、毡绣、民族服饰制作技艺等手工艺品的生产中。例如，《新疆山羊》国家标准从产绒性能和毛绒颜色等方面，对刺绣、花毡等手工艺项目所需要的羊绒质量做了明确的界定："产绒性能。因南北疆气候和水草条件不同，产绒量差异较大。在四季放牧条件下，新疆山羊产绒量130~550g，平均产绒量周岁公羊310g，周岁母羊300g，成年公羊380g，成年母羊360g；山羊绒纤维直径范围10~19μm。""毛绒颜色。被毛颜色作为新疆山羊分级参考项目，应在新疆山羊鉴定记录表中进行记录。根据毛色分为三类：一类全身为白色或黑色；二类体躯为白色；三类全身为棕黄色、青色。"❷其他国家、地方、行业标准有《山羊绒与细羊毛的鉴别方法 近红外光谱法》《绵羊毛毛束长度、强度试验方法 毛束长度强度快速检测一体仪测定法》《羊毛及其他动物纤维平均直径、长度与分布试验方法 全天候细度长度快速检测一体仪测定法》等。

（三）棉线

涉及棉线的新疆少数民族手工艺项目有刺绣、毡绣、花帽、传统服饰制作技艺等。目前，传统棉线存在色号少、颜色暗沉、容易褪色，粗细不匀、易断，质地过于柔软、容易打结，价格较高等问题。随着国内纺纱技术的提高，一些新的类型的

---

❶ 新疆畜牧科学院发明的全天候便携式毛绒细度长度检测仪，将这一问题的解决向前推进了一步。

❷ 国家市场监督管理总局，中国国家标准化管理委员会．新疆山羊：GB/T 36185—2018[S]．北京：中国标准出版社，2018．

线被研发出来，色泽更为丰富，性能更为多样，韧性、固色更好，价格也更为便宜，这些线也被用来刺绣（图4-16）。例如，为了突出刺绣作品的质感和光泽，哈萨克族妇女喜欢使用金线、银线，并搭配宝石、碎珠、银圆、饰针等装饰物，使之看上去珠光宝气、雍容华贵。实际上，在新疆少数民族手工艺产业的发展过程中，有些生产经营主体为了降低生产成本、维持更高的利润，常常使用廉价材料替换昂贵材料，使用化学染料代替植物和矿物染料，使用现代工艺产品冒充手工艺品等。笔者认为，有必要强化材料标准的研发与运用，以指导、规范和促进新疆少数民族手工艺产业的健康发展。

与棉花、棉线相关的国家、地方或行业标准有《天然彩色棉产业标准体系 总则》《长绒棉标准体系总则》《细绒棉标准体系总则》等，将以上标准运用于新疆少数民族手工艺品的生产中，必将促进手工艺产业的发展。

图 4-16　用腈纶线绣制的包等手工艺品（2018 年 3 月，笔者在昌吉回族自治州昌吉市阿什里哈萨克族乡二道水村哈萨克村民家拍摄）

综上所述，虽然新疆少数民族传统技艺的研究范畴比较广泛，但基本可以分为两部分内容，一部分为传统技艺的保护传承研究，另一部分为传统技艺的创新发展研究。实际上，无论是对传统手工艺保护传承的理论或实践而言，还是对手工艺产业创新发展的理论或实践而言，两者之间的分界线都不甚明晰。正如英国人类学家杰克·古迪（Jack Goody）所言："把文化传承看作遗传的精确复制、一种文化模仿，是错误的；遗传复制多半是自我复制，但人类的学习包含着生成过程及所谓的'学会了解'。资料中发生了某些变化，因为有外界的压力，迫使或激励调整；其他一些变化是因为有意识地创造行为，这和这种调整几乎没关系。"❶新疆少数民族手工艺产业发展是一个全新的、动态变化的领域，没有太多可以借鉴的经验，其所面临

---

❶ 杰克·古迪. 口头传统中的记忆 [M]// 法拉, 帕特森. 剑桥年度主题讲座·记忆. 户晓辉,译. 北京:华夏出版社,2006 :84.

的传统技艺问题，有手工艺人的主动创造，但更多的可能是由乡村振兴的目标所决定，这是学术研究过程中需要注意的问题。

第四节　新疆少数民族工艺品的质量标准研究

当下，不少新疆少数民族家庭作坊、农民专业合作社、小微企业生产的手工艺品，存在原材料、包装比较低劣，技艺、设计、制作水平不高，制作周期漫长，产品质量不稳定，定价比较高等问题。这些情况跟当下新疆林果业的发展现状颇为相似。其中的原因既与以上生产经营主体的产品质量意识、精品意识、设计创新意识、品牌意识、市场意识比较淡漠有关，还与手工艺行业缺少产品质量标准有关。《国务院办公厅关于转发文化部等部门中国传统工艺振兴计划的通知》指出："支持有条件的地方注册地理标志证明商标或集体商标，培育有民族特色的传统工艺知名品牌。"由此，引入产品质量标准体系，从原材料、工艺、设计、包装、品牌等方面全方位地保障和提升手工艺品的质量变得特别重要。

产品质量标准建设，是新疆少数民族手工艺产业健康、规范发展的重要保障。目前，质量标准多见于种植产品、养殖产品、工业产品以及手工艺产品中等地理标志保护产品❶，或一些地特产品的生产制作工艺❷中。国家标准、地方标准、行业标准是衡量手工艺品质量高低的重要指标❸。在中国当下的标准分类体系中，手工

---

❶ 地理标志保护产品是最容易塑造区域形象和品牌形象的产品，主要包括两类，一类为来自本地区的种植、养殖产品；另一类为原材料全部来自本地区或部分来自其他地区，并在本地区按照特定工艺生产和加工的产品。《地理标志产品标准通用要求》指出，地理标志保护产品是一种"产自特定地域，所具有的质量、声誉或其他特性本质上取决于其产地的自然因素和人文因素，经审核批准以地理名称进行命名的产品"。见中华人民共和国国家质量监督检验检疫总局，中国国家标准化管理委员会.地理标志产品标准通用要求：GB/T 17924—2008[S].北京：中国标准出版社，2008.

❷《地理标志产品标准通用要求》对"工艺"做了如下界定："应规定产品独特的加工工艺，必要时应规定关键工艺和关键设备。""应规定生产过程的安全、卫生和环保要求，并应符合国家相关法律、法规的规定。"见中华人民共和国国家质量监督检验检疫总局，中国国家标准化管理委员会.地理标志产品标准通用要求：GB/T 17924—2008[S].北京：中国标准出版社，2008.

❸ 中华人民共和国国家质量监督检验检疫总局，中国国家标准化管理委员会.地理标志产品标准通用要求：GB/T 17924—2008[S].北京：中国标准出版社，2008.

艺产品的质量标准一般被归入"轻工、文化与生活用品"之下的"工艺美术品与其他日用品"类；在国际标准分类体系中，一般被归入"家用和商用设备、文娱、体育"之下的"艺术和手工艺品"类。手工艺产品质量标准的认定工作，一般都归口于全国日用杂品标准化中心或相关中央部委的标准化技术委员会管理❶，发布单位则多为国家市场监督管理总局和中国国家标准化管理委员会。

一、全国工艺品质量标准建设现状

经检索CNKI中国标准全文数据库发现，发布的手工艺国家标准或行业标准有《苏绣》（GB/T 38029—2019）、《地理标志产品　汝瓷》（GB/T 23397—2009）、《地理标志产品　钧瓷》（GB/T 23403—2009）、《地理标志产品　德化白瓷》（GB/T 21998—2008）、《地理标志产品　宣纸》（GB/T 18739—2008）、《地理标志产品　云锦》（GB/T 21930—2008）、《地理标志产品　扬州漆器》（GB/T 19959—2005）、《玉雕制品工艺质量评价》（GB/T 36127—2018）、《苎麻手工夏布》（FZ/T 33017—2018）、《手工打结真丝地毯》（QB/T 2215—1996）、《手工打结藏毯》（GB/T 22768—2008）、《手工编织奥比松—皇宫地毯》（QB/T 2756—2005）等。从全国而言，与全国数量众多的手工艺项目相比，公布国家标准或行业标准的手工艺项目的占比仍然很低；从全新疆而言，尚无新疆手工艺项目发布国家标准或行业标准，也无起草单位参与国家标准或行业标准的制定工作，说明新疆在国家地理标志产品认定领域存在巨大的发展空间。

虽然可以利用国家标准或行业标准来处理新疆少数民族手工艺产业发展中的具体问题，但是也应该意识到加强国家标准或行业标准的重要性。《玉雕制品工艺质量评价》这一国家标准就对雕刻琢磨工艺和打磨抛光工艺作了明确的界定❷，新疆的玉雕从业者应尽快学习贯彻该文件，使用该文件来规范玉雕工艺流程，提升产品

---

❶ 例如《新疆山羊》（标准号：GB/T 36185—2018）的归口单位是全国畜牧业标准化技术委员会。

❷ 雕刻琢磨工艺要求包括：a)造型雕琢准确，整体表现风格协调,工艺水准均衡；b)弧面、平面平滑顺畅，起伏有致，不出现波浪状或其他雕刻瑕疵，完美地反映玉质之美；c)线刻线条平顺，粗细均匀，深浅一致；游丝毛雕形若游丝，细如毛发，若隐若现，跳刀不断，线条短而密实。打磨抛光工艺要求包括：a)打磨遵照先粗后细的原则，依次使用合理细度的研磨材料；b)打磨不破坏、不损伤、不改变原有的线条和弧面及图案；c)整件作品的打磨光洁度均匀，无沙坑、划痕、波纹面，不留死角；d)整件玉雕制品抛光光亮程度均匀，亮度与作品的属性相契合，表面无抛光粉或其他残留物。见国家市场监督管理总局,中国国家标准化管理委员会.玉雕制品工艺质量评价：GB/T 36127—2018[S].北京：中国标准出版社,2018.

质量，以促进玉雕产业健康发展。但是，也该意识到，哪怕是同一种手工艺门类，不同地区之间的差异仍然非常大。例如，哈密市维吾尔族传统服饰中的刺绣图案受汉文化的影响较多，"多为牡丹、莲、梅等花卉"❶；但喀什、和田地区维吾尔族服饰中的刺绣图案则与其差别较大，多为"花卉、植物、生活用品类图案"❷。

二、新疆工艺品质量标准建设现状

经检索"地方标准信息服务平台"，发布地方标准的手工艺项目有维吾尔族手鼓、艾捷克等，共计20项（表4-5）。根据《第一批国家传统工艺振兴目录》的分类方法，20项共分布在纺染织绣、雕刻剪塑、文房制作、食品制作、器具制作、中药炮制等现代机械普及率较高，与旅游产业衔接密切，且具有一定产业规模的行业领域。

表4-5　已出台或正在制定的新疆地方标准列表（手工艺）

产品类别	标准名称（批准编号）	主要起草单位	提出单位/归口单位	发布日期/实施日期
器具制作	《维吾尔乐器分类与术语》（DB65/T 3940—2016）①	乌鲁木齐苏甫尔乐器文化发展有限公司、新疆艺术学院、新疆维吾尔自治区质量技术监督局、新疆维吾尔自治区标准化研究院	新疆维吾尔自治区质量技术监督局/新疆维吾尔自治区轻工行业管理办公室	2016-10-14/2017-01-01
	《维吾尔手鼓》（DB 65/T 3943—2016）			
	《艾捷克》（DB 65/T 3944—2016）			
	《萨它尔》（DB 65/T 3945—2016）			
	《独它尔》（DB 65/T 3941—2016）			
	《喀什噶尔热瓦普》（DB 65/T 3942—2016）			
纺染织绣	《和田手工羊毛地毯》（DB 65/T 038—2014）	和田地区质量技术监督局等②	新疆维吾尔自治区质量技术监督局/新疆维吾尔自治区轻工行业管理办公室	2014-01-01/2014-01-20
	《国家非物质文化遗产——刺绣制作技艺》	新疆维吾尔自治区标准化研究院、哈密市文化馆		纳入2021年自治区地方标准制（修）订项目计划

① 规范了维吾尔族乐器的分类、术语、结构、部件、质量、材质、音质及各技术指标的检验方法。
② 和田地区质量技术监督局、和田地区纤维检验所、新疆维吾尔自治区种羊与羊毛羊绒质量安全监督检验中心、新疆维吾尔自治区标准化研究院。

---

❶ 新疆维吾尔自治区文化厅. 新疆非物质文化遗产名录图典 [M]. 乌鲁木齐：新疆青少年出版社，2012：230.

❷ 同❶.

续表

产品类别	标准名称（批准编号）	主要起草单位	提出单位/归口单位	发布日期/实施日期
纺染织绣	《国家非物质文化遗产——刺绣制作技艺培训管理规范》	新疆维吾尔自治区标准化研究院、哈密市文化馆	新疆维吾尔自治区质量技术监督局/新疆维吾尔自治区轻工业行业管理办公室	纳入2021年自治区地方标准制（修）订项目计划
文房制作	《国家非物质文化遗产——桑皮纸》（DB 65/T 4138—2018）	新疆维吾尔自治区标准化研究院等①	新疆维吾尔自治区非物质文化遗产保护研究中心/新疆维吾尔自治区文化厅	2018-09-01/2018-09-20
雕刻剪塑	玛纳斯碧玉（DB 65/T 3420—2012）	新疆维吾尔自治区岩矿宝玉石产品质量监督检验站、新疆维吾尔自治区产品质量监督检验研究院、新疆玛纳斯县质量技术监督局	新疆玛纳斯县质量技术监督局、玛纳斯县玉石奇石行业商会/新疆维吾尔自治区地质矿产勘查开发局	2012-07-13/2012-8-10
雕刻剪塑	《金丝玉》（DB 65/T 3442—2013）	新疆油田公司实验检测研究院等②	克拉玛依市人民政府/新疆维吾尔自治区地质矿产勘查开发局	2013-09-10/2013-10-10
雕刻剪塑	《和田玉（碧玉）分级规范》（DB 65/T 4771—2023）	新疆维吾尔自治区产品质量监督检验研究院、国家和田玉产品质量检验检测中心(新疆)、新疆和田玉石交易中心、新疆维吾尔自治区岩矿宝玉石产品质量监督检验站、和田东山矿业有限责任公司、新疆和田玉市场信息联盟商会	新疆维吾尔自治区地质矿产勘查开发局/新疆维吾尔自治区地质矿产勘查开发局	2023/2024
雕刻剪塑	《和田玉（青玉）分级规范》（DB 65/T 4683—2023）	新疆维吾尔自治区产品质量监督检验研究院等③	新疆维吾尔自治区产品质量监督检验研究院、国家和田玉产品	2023-07-20/2023-09-20

续表

产品类别	标准名称（批准编号）	主要起草单位	提出单位/归口单位	发布日期/实施日期
雕刻剪塑	《和田玉（白玉）分级》（DB 65/T 4492—2022）	新疆维吾尔自治区产品质量监督检验研究院等[3]	质量检验检测中心(新疆)/新疆维吾尔自治区地质矿产勘查开发局	2022-05-09/2022-07-01
食品制作	《食品安全地方标准 馕》（DBS 65/022—2021）	新疆维吾尔自治区产品质量监督检验研究院、乌鲁木齐质量技术检验检测研究院、新疆农业大学	新疆维吾尔自治区产品质量监督检验研究院/新疆维吾尔自治区卫生健康委员会	2021-05-26/2021-05-26

① 新疆维吾尔自治区标准化研究院、国家纸制品质量监督检验中心、新疆艺术研究所、和田地区质量技术监督局等。

② 新疆油田公司实验检测研究院、克拉玛依市质量技术监督局、克拉玛依市旅游局、克拉玛依市金丝玉促进会。

③ 新疆维吾尔自治区产品质量监督检验研究院、国家和田玉产品质量检验检测中心（新疆）。

可见，相较于丰裕的新疆少数民族手工艺资源，已发布的地方标准的数量依然非常有限。较如火如荼的新疆少数民族手工艺产业发展趋势而言，地方标准的制定工作明显滞后，仍存在巨大的发展空间。工艺质量标准的建设是指导手工艺产业健康、规范发展的前提，也是手工艺产业健康快速发展的重要指标，应进一步加强地方标准的研究、认定与建设工作。

三、制定工艺品质量标准的必要性

（一）更好地保护新疆少数民族手工艺发展

随着现代工艺的快速发展，传统手工艺受到挤压，处于越来越不利的营销环境。现代工艺，又被称作"机器制作"。现代工艺生产经营单位的分布非常广泛，遍布于南北疆的农牧区及城市中，他们生产的工艺品既可以作为日常生产、生活用品，又可以作为陈设品或文化旅游产品。现代工艺的经营主体非常丰富，既包含工厂、扶贫车间、卫星工厂，又包含农民专业合作社、小微企业。现代工艺的行业类型非常丰富，既包含完全机械化的现代服饰制作、棉毛纺织、羊毛毡、鞋帽袜手套制作、酿酒制造等行业，又包括核心技艺已经实现机械化但仍含有不少手工劳作成分的传统民族服饰、地毯、艾德莱斯绸、绣花、桑皮纸制作、金属雕刻、包袋抱枕制作等行业。

较之传统手工艺生产经营主体，在生产效率、规模化生产以及价格等方面，现代工艺企业表现出更为明显的优势。第一，从成立背景和经营主体来看，很大一部分现代工艺企业都属于"对口援疆"政策支持的"三来一补"❶型企业——他们是新疆各级政府重点招商引资的对象，其母公司多为全国或新疆知名的工艺企业，或疆外工厂和品牌委托的代工企业，这些企业背后有强大的资本、品牌支持，以及成熟完善的产品类型和健全稳定的产销体系。第二，大部分现代工艺企业都具有先进的工业机械设备和现代技术，拥有先进的现代企业管理制度和健全的分工体系，拥有现代化、机械化的生产线，实现了全生产流程或核心、关键生产流程的机械化，大多建有标准化的厂房，使用标准化的材料，具有较好的设计感、现代感和时尚性，可极大地提升工艺品的批量化、规模化生产能力，降低工艺品的人力资源成本和销售价格，提升生产效率和产品的市场占有率。第三，现代工艺企业在扩大新疆少数民族群众的就业渠道、拓宽新疆少数民族群众脱贫增收的路径、推动区域GDP发展等方面具有重要作用，其所倡导的审美观、现代生活方式和生产方式，也促进了新疆传统手工艺者及家庭作坊、农民专业合作社的现代化、时尚化和产业化进程。

较之现代工艺生产经营主体，在与当地文化或自然资源禀赋的匹配度、产品的独特化等方面，传统工艺生产经营主体表现出更为明显的优势。位于莎车县的新疆宝威地毯有限公司❷，是新疆第一家集生产、设计、营销、物流和品牌推广于一体的综合性纺织企业，但该公司却不生产维吾尔、哈萨克、蒙古等民族日常生活需要的传统地毯，而是主要生产阿克明地毯和威尔顿地毯——这是其母公司浙江宝威纺织股份有限公司的主要生产内容。当然，其受众群体及市场销路——宾馆、酒店、写字楼、办公室等商用空间，或现代家居空间也全部沿袭其母公司。也就是说，服务母公司的战略是其主要目的，他们甚至不将服务当地市场作为主要经营目标。可见，是否能够激发贫困群众的内生动力、是否能够促进当地政治经济文化的可持续性发展、是否能够让代表性传承人和一般手工艺人等群体受益是判断产业项目好坏的重要依据。现代工艺的背后是商业资本，传统手工艺的生产经营主体则多是普通手工艺者、家庭作坊、农民专业合作社，后者在前者面前根本无任何招架之力。因此，虽然我们不否定新疆宝威地毯有限公司这一发展模式的价值，但是我们更希望

---

❶ "三来"，即来料加工、来件装配、来样加工；"一补"，跟东部地区的"补偿贸易"略有不同，为"就业补贴"。

❷ 新疆宝威地毯有限公司为莎车县招商引资企业，由母公司浙江宝威纺织股份有限公司全款出资，注册资金为3099万元。

看到后者这种依托当地文化或自然资源禀赋而建设的产业项目。与之形成鲜明对比的是位于英吉沙县芒辛镇尤喀克霍加艾日克村的喀什新银鹤地毯有限公司，其就以当地的特色产品——维吾尔族地毯为主打产品。该公司建好后，积极致力于维吾尔族地毯工艺的改良和提升，在实现脱贫增收功能的同时，还促进了维吾尔族地毯工艺的保护传承和产业发展。这就要求我们理性地审视、判断现代工艺的综合效益，进而引导两者之间确立起一种和谐共生的关系。

图 4-17　现代化的刺绣机

（二）营造良好的竞争秩序，避免恶性竞争

随着乡村振兴、现代化进程以及文化旅游市场的快速发展，新疆少数民族传统手工艺的发展规模和速度越来越难以满足大众消费市场、文创市场以及线上市场的需求。强化新设备、新技术在传统手工艺产业中的运用，将传统手工艺的生产流程，或整体，或部分地迭代升级，将传统手工艺人转化为现代产业工人，成为当下工艺产业发展的重要趋势。巴燕·保尔江在对哈密市维吾尔族刺绣工艺传承与保护情况的调研报告中说："企业和合作社生产的产品没有统一的质量标准，加之工作人员无法进行集中管理，因为很多合作社里的绣工们都分散在自己家中进行刺绣制作，绣工们从合作社领回图案模板，由于技艺娴熟度的不同，故同一种图案模板会出现优劣等级区分，此外，家庭分散式的生产缺乏技术交流指导，无法完成精细大件合作式的绣制，故高质量高规格的刺绣产品很难完成。"[1]

在产品的标准化及廉价度等方面，较之现代工艺产品，手工艺品几乎不占优势。这一现象在刺绣、枝条编织、地毯等手工艺门类中较为普遍。笔者援引巴燕·保尔江对哈密市刺绣生产情况的调研报告来说明这一现象，"企业和合作社普

---

[1] 巴燕·保尔江.哈密维吾尔刺绣工艺传承与保护研究[D].乌鲁木齐:新疆大学,2019:31.

遍使用机绣，虽有部分绣工掌握手工刺绣技艺，但因为市场需求量较少，所以她们很少使用手工刺绣的方式来绣制产品，除非有消费者主动要求手工刺绣。企业和合作社的管理人员认为，传统的手工刺绣方式太浪费时间，占用大量的人力，而且需要精湛技艺的绣工，这就致使劳动力工资成本过高，影响产品的销售额。"❶ 2018年4月14—20日，笔者曾带队赴木垒哈萨克自治县调研手工艺的生产经营情况，在位于哈萨克刺绣文化产业园的木垒县哈依娜尔民族手工艺品制造有限责任公司❷，对绣娘古丽巴合提❸进行的访谈也验证了上述结论。古丽巴合提说："我们公司主要生产机绣的壁挂、抱枕、服饰、罩单以及一些小工艺品，手绣的东西比较少。"当笔者问起，她们是否会手绣、技艺如何、为什么手绣的产品较少等问题时，她如此回答："我们公司35岁以上的绣工基本上都会手绣，不少人的绣活还不错。来公司之前，我们经常将自己绣好的东西拿到周边的市场上去买，机绣产品流行之前，一件手绣的壁挂或者头巾可以卖不少钱。后来，机绣产品流行了，一件手绣的壁挂就卖不上钱了。一件手绣需要半个月完成的壁挂，而机绣只需要1~2小时。"她也承认，手工刺绣或许更有意义，但是却很难赚到钱，她说："机器制作的壁挂看上去更平整、细腻，最重要的是价格要便宜得多，除非客户非要买手绣的，手绣与机绣产品相比，在价格上其实没什么竞争力。手绣需要自己买材料，绣的速度又很慢，还要自己到市场上去卖，又卖不上什么钱，长期下去大家就不愿意干手绣的活了。"

此外，与传统手工艺品相比，现代工艺产品对技艺的依赖程度要低得多。代表性传承人和一般手工艺人的技艺优势，在机器大生产中很难体现出来，这在一定程度上打击了代表性传承人等群体的传承热情。甚至在一定程度上，出现了现代工艺品挤压原本就不丰裕充盈的手工艺品市场，甚至垄断旅游文创手工艺品市场的极端局面，这就使传统手工艺的发展受到严峻的挑战。另外，现代工艺的批量化、规模化，还对传统手工艺的器型、形制、纹样、图像等系统造成了一定程度的冲击，这个问题也应该引起我们的重视。

---

❶ 巴燕·保尔江．哈密维吾尔刺绣工艺传承与保护研究[D]．乌鲁木齐：新疆大学，2019：32.

❷ 木垒县哈依娜尔民族手工艺品制造有限责任公司，企业类型为有限责任公司（自然人投资或控股），所属行业为文教、工美、体育和娱乐用品制造业，位于新疆昌吉州木垒县园林东路898号哈萨克刺绣文化产业园一期1-103号，成立于2006年5月，注册资本为503万元，认缴资本为503万元，股东有2名，其中法定代表人为赛开尔·胡山认缴252.0万元，持股50.0994%。主要经营范围包括工艺美术品及礼仪用品制造、工艺美术品及礼仪用品销售、服饰制造、珠宝首饰制造、珠宝首饰批发等。

❸ 当年38岁。

可见，手工艺和现代工艺具有不同的功能，具有各自不同的、相对独立的客户群体。不同的客户群体，会根据各自不同的心理或实用需求，选择适合自己的手工艺品或现代工艺品。因此，对于管理者而言，应从规范发展、重建市场秩序的角度看待两者之间的竞争问题。具体策略如下。

第一，制定现代工艺品的质量标准，为手工艺与现代工艺产品的区分提供技术支持和法理依据。《国务院办公厅关于转发文化部等部门中国传统工艺振兴计划的通知》指出："鼓励传统工艺从业者在自己的作品或产品上署名或使用手作标识，支持发展基于手工劳动、富有文化内涵的现代手工艺。"标准的内容应包含范围、定义、技法、要求内容、分等规定、基本安全性能、内在质量要求、外观质量要求、基本安全性能试验方法、含量试验方法、断裂或撕破强力试验方法、蠕变伸长度试验方法、纰裂程度试验方法、水洗或干洗尺寸变化率试验方法、色牢度试验方法、色差试验方法、检验分类、检验项目、组批、抽样、检验结果的判定、复验、包装和标识等内容。以工艺质量标准为准绳，规范和约束生产经营主体的市场行为，将现代工艺品冒充手工艺品的行为纳入生产经营主体诚信经营的范畴。

第二，制定不同的价格体系，为手工艺和现代工艺产业发展提供健康的市场环境。当下，在手工艺品市场交易中存在某些售卖者为追求短期经济效益，故意混淆手工品与现代工艺产品的差别，以现代工艺产品冒充手工艺品的现象。购买者不具备分辨能力，售卖者也不愿意明说，这就导致同一类产品的价格体系、市场秩序非常混乱，甚至还出现了"现代工艺品驱逐手工艺品"的后果。笔者认为，在生产、设计、制作、包装、展览展示、售卖过程中，应主动帮助消费者确立对于手工艺品与现代工艺品差别的认识，将手工艺产业与现代工艺产业分别引向不同的发展方向。例如，在手工艺品上，统一镌刻手工艺标识，设计不同的包装风格，在产品标签或说明书上增加手工艺品文化内涵、社会意义、工艺流程、制作者、设计者、联系方式、生产地点、生产单位、生产件数等信息，尽可能强化手工艺品的独特性。

第三，引进或建设某一种现代工艺企业时，要科学评估其对当地手工艺发展的影响，理性审慎地判断其产业、社会价值。因为在绝大多数时候，现代工艺不是以手工艺的推动者这一身份进入人们的视野的，而是以手工艺产业最大的竞争者身份出现的。

综上所述，通过工艺质量标准建设来强化两者之间的差别，帮助新疆少数民族手工艺行业逐步建立产品质量标准，规范手工艺品的设计、制作、包装流程，不仅有利于保障手工艺品的品质，提升手工艺品的产值利润，还有利于规范手工艺和现代工艺两个产业的健康发展。

余 论

科学研究是推动新疆少数民族手工艺保护、传承、创造性转化和创新性发展的基础和重要前提，也是提升新疆少数民族手工艺品质量、推动品牌化进程的保障和重要前提，更是推动新疆少数民族手工艺产业发展的重要动力。实际上，国家及新疆各级政府、援疆政府、企业、高校等单位，都已经意识到了科学研究对于新疆少数民族手工艺及产业发展的重要性。但是，在具体操作层面仍然存在一系列问题，诸如：研究问题不是源于新疆少数民族手工艺产业发展实际，而是源自其他省市手工艺发展的类比思维，或者某个缺乏现实根基的学理问题，这就陷入了"为了科研而科研"的误区；盲目迷信所谓的"国际或国内一流科研团队"，而聘请对新疆少数民族手工艺发展情况缺乏了解，或者缺少情感共鸣、认同的科研团队，最终导致科研成果缺乏现实基础和实践方面的支撑而无法落地；科学研究缺乏长远规划，多偏重于应用研究或问题研究，而缺乏基础研究，这就导致很多研究成果呈碎片式，难以系统化，给后续研究带来了很大的困难；目前科研成果转化、宣传的机制也不健全。笔者认为，可按照上文梳理的框架（新疆少数民族手工艺的知识生产、新疆少数民族传统技艺研究、新疆少数民族工艺品的质量标准研究）来制定科学的研究规划；既重视当下迫切需要解决的问题的研究，又重视一些基础问题的研究，绵绵用力、久久为功，以基础研究来推动应用研究；既重视建设本地研究力量，又重视依靠外部研究力量，确立以本地科研团队为主、外部科研团队为辅的科研团队建设。

知识生产为设计师高效、快速介入新疆少数民族手工艺设计实践提供了很大的方便。当下，从外地引进知名设计师参与传统手工艺设计，进而打造"利益相关者协同设计体系"，是政府、大型企业推动少数民族手工艺产业发展的举措之一。但是，这些来自外地的知名设计师对新疆少数民族传统文化一般不甚了解，或者仅有一定的感性经验，或者仅有一知半解的、粗浅的、模糊的认识。与之相反，这些知名设计师一般都具有系统的设计专业知识、较好的文化素养、较为宽阔的眼界、较强的设计能力。他们希望获得准确的、可靠的、规范化的、经典化的设计素材，以及关于设计主题文化内涵的正确理解。但是，目前不管是手工艺人，或是家庭作坊、农民专业合作社、小微企业等生产经营主体，甚至是专门从事教学和科研工作的高校教师等，都无法向设计师提供上述知识。这就给设计师快速介入手工艺设计带来了很大的困难。可见，手工艺知识生产，不仅是做好手工艺设计工作的前提，还是搞好手工艺产业发展的基础。

知识生产为新疆少数民族手工艺人才的培养提供了很大的方便。代表性非遗传承人、工艺美术大师、骨干等群体，虽然对新疆少数民族手工艺有着深入的了解，但是多集中在经验和感性层面，或者限于"知其然而不知其所以然"的水平。此外，他们也缺乏相关学科的知识背景和生活经验，缺乏相对宽阔的研究视野，缺乏将手工艺经验和感性认知转化为学术语言的能力。系统性强、规范化强、准确性高的手工艺知识的缺失，给代表性传承人、工艺美术大师、骨干等群体的传艺收徒工作带来了很大的困难，也在无形之间提高了手工艺传承的门槛。由此，笔者认为，手工艺知识生产，不仅是搞好手工艺传承工作的基础，还是做好手工艺产业发展的基础。

知识生产为新疆少数民族手工艺品牌的塑造提供了丰富的资源。在后工业时代，以手工艺为主要内容的非物质经济——符号经济、知识经济、创意经济和文化产业已经成为一种新的经济增长点，受到各级政府的高度重视。作为一种重要的商品符号和文化产业资源，手工艺知识中蕴含着丰富的经济商业价值。贝拉·迪克斯认为，"'遗产'不仅仅是被动的保护对象，而且是已经成为商人有利可图的资源"❶。也就是说，手工艺知识中蕴含着的丰厚的品牌价值，是搞好手工艺产业发展的重要基础。

可见，要激活设计助力手工艺产业发展的力量，吸引更多的设计师或其他力量参与到新疆少数民族手工艺产业发展中来，降低设计师或其他力量参与手工艺产业的"地方性知识"的门槛，就必须建构起一个系统的知识体系，而这个知识体系的建构，离不开科研力量的推动。

---

❶ 贝拉·迪克斯.被展示的文化:当代"可参观性"的生产[M].冯悦,译.北京:北京大学出版社，2012:126.

第五章

新疆少数民族手工艺设计与手工艺产业问题研究

现代设计是推动新疆少数民族手工艺创造性转化和创新性发展的重要动力，也是提升手工艺品市场竞争力和品牌影响力，还是推动传统手工艺品融入现代时尚生活的关键。中共中央办公厅、国务院办公厅印发《关于实施中华优秀传统文化传承发展工程的意见》指出："坚持创造性转化和创新性发展。坚持辩证唯物主义和历史唯物主义，秉持客观、科学、礼敬的态度，取其精华、去其糟粕，扬弃继承、转化创新，不复古泥古，不简单否定，不断赋予新的时代内涵和现代表达形式，不断补充、拓展、完善，使中华民族最基本的文化基因与当代文化相适应、与现代社会相协调。"[1]《国务院办公厅关于转发文化部等部门中国传统工艺振兴计划的通知》指出："提高传统工艺产品的设计、制作水平和整体品质。强化质量意识、精品意识、品牌意识和市场意识，结合现代生活需求，改进设计，改善材料，改良制作，并引入现代管理制度，广泛开展质量提升行动，加强全面质量管理，提高传统工艺产品的整体品质和市场竞争力。"当下，新疆各级政府、设计师、手工艺从业者都已经充分意识到了这种介入的积极意义。

早在2018年，文化和旅游部办公厅和国务院扶贫开发领导小组办公室就联合发布了《关于支持设立非遗扶贫就业工坊的通知》提出"组织专家团队，对传统工艺产品进行专业设计和改造提升"。2022年，文化和旅游部、教育部等六部门联合发

---

[1] 中共中央办公厅 国务院办公厅印发《关于实施中华优秀传统文化传承发展工程的意见》[J]. 中华人民共和国国务院公报，2017(6)：18—23.

布了《关于推动文化产业赋能乡村振兴的意见》，提出"引导创意设计企业、平台、工作室及设计师向乡村拓展业务、落地经营，为乡村集体经济组织和各类企业、农民合作社、农户等提供创意设计服务。……鼓励高校艺术、设计类专业结合教学、科研和社会实践，为乡村建设提供创意设计支持。""充分运用现代创意设计、科技手段和时尚元素提升手工艺发展水平，推动手工艺创意产品开发。"影响新疆少数民族手工艺设计质量、扶贫实效、产业发展水平的因素有很多，其中设计资源库建设是基础——帮助疆外知名设计师快速理解设计选题、快速介入设计任务；设计需求分析是前提——帮助设计师明确受众需求，增强设计解决现实问题的针对性和有效性。设计资源库建设和设计需求分析构成了循证设计（evidence based design）的主要内容，既是设计策略实施的前提。而设计策略研究，又是确保新疆少数民族手工艺产业项目和方案能够落地的关键。

日常生产、生活需求孕育出了光辉璀璨的传统手工艺。新疆少数民族手工艺者生产的绝大部分手工艺品，都属于当地人民群众的日常生产生活必需品。这些手工艺品的销售对象，或是本地或周边村镇的居民，或是由乡村迁移到城市生活的居民，或是赴新疆的"游客"……这类手工艺品的种类非常丰富，既有枕头、被罩、床罩、窗帘、地毯、壁挂等日常家居用品，以及桌布、壶套、杯垫、餐盒等餐具，还有民族服饰包括花帽、鞋靴、褡裢、坎肩、裙、手包、腰带、手绢、丝巾、披肩、首饰等服饰，以及牌、玉、包、垫、盒、杯等文化礼品或手工艺文创品。不同的生计方式、环境以及功能，衍生出了不同的设计需求和策略。为人民而设计、为生活而设计、为市场而设计，是确定手工艺品设计策略的主要依据。不同的设计策略，既是新疆少数民族手工艺品融入现代生活、走向社会、进入市场的重要举措，也是提升手工艺产业价值的重要举措。本章主要从新疆少数民族手工艺品设计现状调查、传统生活方式下的手工艺设计需求与策略、现代生活方式下的设计需求与策略、手工艺旅游文创产品的设计需求与策略四个方面来进行论证。

第一节 新疆少数民族手工艺品设计现状调查

一、设计质量调查

据调查，在新疆少数民族手工艺行业中，拥有较高水平设计师的合作社或者小微企业的数量非常少。伊犁哈萨克自治州伊宁县博尔博松村五媳妇绣品有限公司是麻扎乡的明星企业，在解决乡镇贫困群体的就业方面取得了显著的成绩，但是设计质量不高这一问题却严重制约着其发展。2021年11月，笔者曾赴该厂调研，谈到刺绣设计师的现状时，该公司负责人昆努尔·吐尔干别克如此说："哈萨克刺绣有自己独特的审美风格，这是一代代传承下来的，我们对此非常重视。我们厂是半机械化的，都是流水线，图案、色彩什么的都是提前设定好的。我们也知道设计很重要，但是我们现在缺少可以独立设计、能创新的人，那些上了大学的，哪愿意再回来啊，所以我们的发展就没有其他行业好。目前这种状态，生产的多，但买单的人还是那么多，销路并没有拓展，反而会造成积压。我们也在研发新的刺绣产品，但是这种文化色彩比较浓厚的东西，一是得设计好，二是要有比较好的销售平台，比如把产品放在旅游景点代卖或者有好的电商平台。再就是，现在年轻的小姑娘都不怎么愿意干这个行业了。"可见，在当下新疆少数民族农民专业合作社或者小微企业中，手工艺设计师的数量和质量，显然很难满足手工艺产业高质量发展的需求。昆努尔·吐尔干别克也谈到，她们生产的手工艺品利润比较低、销路不好，独立设计师不愿意来，她们也聘请不起。但设计质量不高，又导致了利润不高、销路不好。由此，形成了一个死循环。

"适用"也是评价手工艺品质量优劣的重要指标，主要通过造型设计、色彩设计、包装设计、功能设计等具体指标表现出来。目前，新疆少数民族群众生产的很多手工艺品，在造型、色彩设计方面，存在着"模仿传统的多，锐意创新的少"❶，过于简单、陈旧、老套、单调，甚至低劣等问题。在包装设计方面，存在同质化、地域特色不明显甚至安全隐患等问题。在功能设计方面，存在"适应传统生活方式的手工艺品多，适应现代生活方式的手工艺品少"，脱离大众日常生活、与现代生活的结合点不明晰，"陈设把玩的多，实用日用的少"❷等问题。由此引发了民族区域特色不明显、顾客群越来越小众、品牌影响力不大、产品附加值不高、普通手工艺者收入过低、经济实效不彰等问题。易善炳、杨昊在《喀什英吉沙县模戳印花布工艺调查研究》中说："从市场方面来看，模戳印花布没有竞争优势。由于模戳印花布制作程序复杂，耗时较长，人工成本较高，一块模戳印花布在制作上花费的劳

---

❶ 贾小琳. 关于在陕西贫困农村地区实施手工艺精准扶贫的建议[J]. 新西部，2018(Z1)：134-135.

❷ 同 ❶.

动成本远比市场上所销售的花布成本要多。大部分消费者会选择廉价的纺织品来替代传统的模戳印花布。长此以往，模戳印花布不能够带来经济效益。"❶

这说明，部分新疆手工艺品的设计需求还没有兼顾到各族人民群众已经发生变化了的生产、生活环境。随着"农牧民安居工程"的持续推进，砖瓦结构的房屋取代了之前的毡房或木结构房屋；随着异地转移扶贫以及城镇化进程的加快，大量农牧民由乡村移居到城市生活成为打工者、管理者；汽车、摩托车、电动车等新式交通工具也逐渐走进普通人民群众的生活。一方面，在新的生产、生活环境的推动下，需要研发大量新款式、新功能的手工艺品来填充；另一方面，生产、生活环境的变化，也引发了审美趣味的变化，需要对老的手工艺品进行改良以适应新的文化情境。例如，莎车县新疆宝威地毯有限公司生产的地毯、地垫、坐垫、毛毯、窗帘、浴帘等产品，就存在民族特色图案挖掘不够，图案设计缺乏创新性、时尚性，款式过于陈旧等问题。

笔者认为，应加快新疆手工艺质量标准的制定步伐。虽然，部分手工艺的国家标准也涉及设计质量方面的要求，但并不完全适用于新疆手工艺。例如《玉雕制品工艺质量评价》这一国家标准，将玉雕制品分为器皿、人物、花鸟、瑞兽、山子、牌子、盆景、插屏、屏风等类型，并逐一界定了各类型的设计要求。总体要求如下。

a）雕刻题材的设计应充分利用玉石材料的特性，取势造型、俏色巧雕，充分展示玉质美；

b）雕刻构图布局合理、疏密得当、比例均衡、重心平稳；

c）纹饰线清晰顺畅、精细紧密、简洁大方，有强烈对比和节奏变化；

d）主题突出、题材新颖、意蕴深刻、情趣盎然；

e）陪衬物与主体协调，不喧宾夺主。

其中，玉雕人物的设计要求如下。

a）以人物造型为主要表现题材，造型结构准确、体态自然；

b）可恰当使用夸张的艺术手法，对局部人体结构进行变形、变化，突出主题；

c）服饰衣纹要随身合体，线条流畅，翻转折叠自如；

---

❶ 易善炳, 杨昊. 喀什英吉沙县模戳印花布工艺调查研究[J]. 山东工艺美术学院学报, 2019 (2): 75–78.

d）群体题材人物之间神情应有呼应，互为一体。❶

新疆手工艺特有的形制、技法、材料以及对"在地化"特征的追求，决定了不能将该标准生硬地套用于新疆手工艺中。例如，纳斯（口烟）瓶、奥斯玛瓶、墨水瓶、玉灯、玉权杖、化妆涂料捣磨杵臼等只出现于新疆维吾尔族玉雕中的形制；正面磨割、正面钻琢、错位踏板等不同于其他地区玉雕的技法，以及"库姆塔西"研磨石、矿物研磨砂、天然胡杨树胶等独特材料的运用，都让新疆维吾尔族玉雕设计表现出不同的特征。当然，《玉雕制品工艺质量评价》仍然可以给新疆维吾尔族玉雕的发展以启示，如美容用脸部按摩棒、玉图章、玉茶碗、玉盏、玉烟锅、玉烟嘴、玉带扣、玉戒指、玉手镯❷等都有的形制就可以参照该工艺质量评价标准。

二、受众调查

新疆少数民族大部分手工艺品的受众都是本族群内的人民群众。从功能上来说，贴近本族群人民群众的生产生活；从风格和特征上来说，民族风格、地域特征强烈。这种适切性，很好地满足了本族群人民群众的生活生产需求，但也将其他民族和地区的人民群众的需求排斥在外。由此，笔者认为，无论是从手工艺者创业增收的角度，还是从传统手工艺传播的角度，都应该重视受众的开拓工作。以新受众、新需求倒推新疆少数民族手工艺品的设计研发工作。新疆少数民族手工艺品的受众开拓，需要做好如下两方面的工作。

第一，增强手工艺品的实用性功能。随着生活方式的变迁，新疆少数民族手工艺品的实用性功能有所减退，并逐渐蜕化为纯粹的文化礼品或装饰品。新疆旅游经济的快速发展加速了这一演化趋势。一旦手工艺品成为旅游文创产品，其与受众便脱离了原本的社会—文化生态环境，手工艺品与受众之间原本密切的联系会变得越来越脆弱，甚至会走向断裂，那么，维系受众持续购买欲望的动力就只剩下实用性这一指标了。因此，从实用性角度夯实手工艺品与异地游客之间的联系，尤其是夯实手工艺品与现代生活需求的契合度，是拓展手工艺品受众的重要策略。

第二，增强手工艺品的共情能力。能否与受众产生共情，也是受众是否购买手

---

❶ 国家市场监督管理总局,中国国家标准化管理委员会.玉雕制品工艺质量评价：GB/T 36127—2018[S].北京：中国标准出版社,2018.

❷ 新疆维吾尔自治区文化厅.新疆非物质文化遗产名录图典[M].乌鲁木齐：新疆青少年出版社,2012：274-275.

工艺品的重要原因。笔者认为，各民族交往交流交融的历史、中华民族共同体意识、各民族共有精神家园等都是非常重要的共情资源，手工艺品的设计与研发要重视对这些共情资源的挖掘和呈现。新疆本土手工艺设计师路兵剑创作的《高昌王与王后陶瓷人偶》（图5-1）为我们提供了一个成功的案例。其设计灵感源自吐鲁番市柏孜克里克石窟第二十窟的高昌王、王后供养人像，路兵剑对该形象进行了卡通化、通俗化处理，将高昌王表现为身穿红底黑花服饰、类似"绍兴师爷"的形象，将高昌王后表现为身穿红底白花服饰、类似唐三彩的"胖妞"形象。将这两个形象，不仅呆萌可爱，而且喜庆富贵，极易引发外地受众的共鸣。来自上海的游客陈欣茹非常喜欢这件手工艺品，她说："这对人偶看起来很喜庆，又有历史故事，我准备放在自己的书房里，看到它们就会想到遥远的新疆。"❶另外，增强手工艺品与当下审美时尚和现代生活方式的契合度，也可以增强共情能力。

图5-1 新疆末胡营文化传媒公司设计的"高昌智慧"系列手工艺品之高昌王与王后陶瓷人偶，新疆博物馆文创店，姚刚摄

第二节　新疆少数民族传统生活方式下的手工艺设计需求与策略

《国务院办公厅关于转发文化部等部门中国传统工艺振兴计划的通知》指出："立足中华民族优秀传统文化，学习借鉴人类文明优秀成果，发掘和运用传统工艺所包含的文化元素和工艺理念，丰富传统工艺的题材和产品品种，提升设计与制作水平，提高产品品质，培育中国工匠和知名品牌，使传统工艺在现代生活中得到新

---

❶ 姚刚,任江,张海峰,等. 新疆礼物·新疆之韵 文创产品 用奇思妙想展现新疆韵味[N]. 新疆日报,2020-5-14.

的广泛应用，更好满足人民群众消费升级的需要。"由此，本节主要从传统生活方式下的手工艺品设计需求、基于保护传承的手工艺品设计策略两个方面来进行论证。

一、传统生活方式下的手工艺品设计需求

笔者认为，传统手工艺品乃至传统生活方式，都是维系传统社会秩序、结构和行为模式的重要手段。传统手工艺品，在重要民俗节日或人生节日的庆祝活动中，有着丰富的使用空间。"在（传统）节日期间，男女老幼都穿上节日盛装，走亲串邻，祝贺节日。"❶哈萨克族人民群众身穿民族传统服饰，参加赛马、叼羊、姑娘追、摔跤、阿肯弹唱等庆祝活动。2019年9月，笔者曾在尼勒克县加哈乌拉斯台乡加哈乌拉斯台村调研，发现在重要民俗节日或人生礼仪庆祝活动中，不同年龄阶段的哈萨克族群众穿戴民族服饰的情况呈现如下规律：35岁及以下年龄段的人，一般喜欢穿现代服饰；35岁以上的一部分人喜欢穿传统服装，另一部分人不喜欢穿；55~65岁的人，大部分都喜欢穿传统服饰；在有政府领导或游客参与的情况下，大部分人都会穿传统服饰。下面，笔者以哈萨克族婚礼习俗为例，详细说明传统手工艺品的使用及需求情况（图5-2~图5-4）。

传统手工艺品，不仅是哈萨克族嫁聘的重要内容，还是氛围营造的重要手段。传统手工艺品被频繁地运用于说亲、订婚、吉尔提斯❷、送彩礼、吉尔提斯阿修❸、出嫁、迎亲、婚礼等环节的仪式活动中。例如，婚房多用富有特色的传统手工艺品来装饰，参加婚礼的人们大多穿传统民族服饰，主家将食品盛放在传统手工艺器皿上招待客人，男方的彩礼、女方的嫁妆中也包含大量传统手工艺品❹；遮挡新娘的帐幔、面纱，青年男女对唱"加尔加尔"时互赠的手绢或方巾，以及婚服、花帽、丝巾、被褥、被套、枕套、枕巾、抱枕、罩单、餐巾、门帘、花毡、婚房内的盆、壶、柜、箱、首饰等都是传统手工艺品。马媛和古丽夏·托依肯娜曾如此描述哈萨克族的婚房——"吾陶"内的传统手工艺品陈列情况，"房子里面被刺花、绣花和补花的装饰品打扮得十分漂亮。婚喜之日，将新娘的全部嫁妆摆在'吾陶'里，使整个新屋显得五彩缤纷，表现出热烈喜庆的气氛。这样的场面犹如哈萨克人绣花、

---

❶ 牛顺莉.精神家园的守望:巴里坤非物质文化遗产集萃[M].桂林:广西师范大学出版社，2015:334.

❷ 送彩礼之前,男方家庭将彩礼展示给众人的一种仪式。

❸ 送彩礼之后,女方家庭将彩礼展示给众人的一种仪式。

❹ 例如地毯或地毡、花毡、壁挂、罩单、箱柜、被面、床单、床罩、枕头、枕巾等。

图 5-2　哈萨克族婚礼中身穿民族服饰对唱"加尔加尔"的男青年

图 5-3　哈萨克族婚礼"送新娘"仪式中穿民族服饰的人们

刺花、补花工艺品的展览"❶。

其他人生礼仪、民俗和节日庆祝活动，也为传统手工艺品提供了丰富的应用空间和需求。例如，婴儿"摇篮礼"仪式中的摇篮，刺绣婴儿枕、枕巾、被单、花帽、小花被、小褥子、头巾等都属于传统手工艺品（图5-5）；婴儿"满月礼"仪式中的刺绣婴儿衣服、串珠、手镯等也都属于传统手工艺品❷；古尔邦节、肉孜节、诺鲁孜节等节日，阿肯弹唱、赛马会、姑娘追（图5-6）等民俗活动所穿的民族服饰、所使用的手工艺器具都属于传统手工艺品；民俗活动期间举行的民族服饰、马具（马刺绣披风、马鞍、马鞭等）、餐具等手工艺品展销会（图5-7）。这一设计需求在国家文件中也有丰富的体现，例如，"实施中华节庆礼仪服装服饰计划，设计制作展现中华民族独特文化魅力的系列服装服饰"。❸"鼓励各地发掘乡村传统节庆、赛事和农事节气，结合中国农民丰收节、'村晚''乡村文化周''非遗购物节'等活动，因地制宜培育地方特色节庆会展活动。……推进特色文化制造业发展，积极开发传统文化节日用品、特色文化产品"。❹

---

❶ 马媛,古丽夏·托依肯娜.从游牧到定居:新疆布尔津县杜来提乡阿合达木村调查报告[M].北京:社会科学文献出版社,2020:118.

❷ 其他人生礼仪还有降生礼、骑马礼、猎礼、婚礼、葬礼等。

❸ 中共中央办公厅 国务院办公厅印发《关于实施中华优秀传统文化传承发展工程的意见》[J].中华人民共和国国务院公报,2017(6):18-23.

❹ 文化和旅游部 教育部 自然资源部 农业农村部 国家乡村振兴局 国家开发银行关于推动文化产业赋能乡村振兴的意见[J].中华人民共和国国务院公报,2022(23):53-57.

图 5-4 哈萨克族婚礼"喜宴"中穿民族服饰的人们 　　图 5-5 哈萨克族"摇篮礼"中的传统民族服饰及手工艺品

图 5-6 "姑娘追"活动中身穿传统服饰的哈萨克族青年男女

图 5-7 二道水村举办重要民俗节日或人生节日时的水泥毡房（2018 年 3 月，笔者在昌吉回族自治州昌吉市阿什里哈萨克族乡二道水村拍摄）

二、基于保护传承的手工艺品设计策略

传统手工艺品不仅在新疆少数民族的重要民俗节日和人生节日活动中有广泛的

运用，而且具有重要的社会价值。首先，传统手工艺是新疆"美丽乡村"建设、特色城镇建设的重要内容，是农村文化生态修复的重要对象。其次，新疆少数民族传统手工艺包含乡土文化的基因，是乡土文化复兴的重要内容，为新时代的文化建设提供了取之不尽、用之不竭的创意源泉。最后，传统手工艺可以促进新疆少数民族乡土社会秩序的重构，促进对传统社会价值的认同，疏解移居后人民群众对新文化、新环境的不适感。这类手工艺品的设计需要遵循以下原则：保存在地文化记忆，延续在地文脉。选择具有显著地域和民族文化特色的典型纹样，选择人民群众喜好的配色方案，选择与人民群众日常生产生活密切相关的器物类型，在保留核心和关键技艺特征的基础上，改变图案附着的介质，按照图案形式与工艺逻辑进行再设计。下面笔者以《哈萨克族星毛虫草图案抱枕》和《瓶花装饰画》为例，说明具体的设计策略。

《哈萨克族星毛虫草图案抱枕》（图5-8）是由霍城县职业技术学校艺术设计专业教师居玛古丽设计并手工制作完成的。同时，该抱枕还是居玛古丽参加石河子大学承办的国家艺术基金项目"新疆少数民族刺绣衍生品设计人才培养"的结课作品。这三件抱枕，虽然配色不同，但都采用了满绣方式，其主体图案都是哈萨克族的传统图案——星毛虫草图案。这件作品的构图采用抱枕类产品最为典型的正方形围合结构，主要由四层组成：第一层是一朵"八瓣花"，位于整个抱枕的绝对中心；第二层是围绕"八瓣花"的四朵"十二瓣花"，呈正方形；第三层是四个星毛虫草图案，向中心张开；第四层是四朵"十二瓣花"，位于抱枕的四个角；八朵"十二瓣花"以"八瓣花"为中心，呈对角线放射状分布，四个芽纹被填充在四个星毛虫草图案的相交处，整个构图看上去饱满、充实。第一件抱枕以白色棉布为底布，以红色系、绿色系、黄色系等诸色绣线填充图案，正反面刺绣后缝制而成，整个抱枕看上去素朴淡雅；第二、第三件抱枕以红色棉布为底布，以赭石色系、蓝色系、灰色系、白色系等诸色绣线填充图案，正反面刺绣后缝制而成，整个抱枕看上去典雅华贵。

图 5-8 哈萨克族风格的星毛虫草图案抱枕

《瓶花装饰画》（图5-9）是由兵团广播电视大学师范学院艺术设计专业教师努尔古丽·苏唐汗设计并手工制作完成的。该装饰画同时还是努尔古丽·苏唐汗参加石河子大学承办的中国非遗传承人群研培计划"新疆刺绣项目"的结课作品。这件《瓶花装饰画》的图案原型来自哈萨克族的日常生活用品——手巾❶。作为日常生活用品的手巾，其材料一般选用单色长方形的土布、平布、长毛绒、硬缎、锦纶、绉布等布料，这些布料吸湿、吸油、透气性能好，质地柔软、色泽柔和、不易染色。《瓶花装饰画》沿袭了原型的针法绣法、主体图案及配色偏好，但改变了原型的材料，采用了更昂贵、具有更好的视觉美感的软缎——颜色洁白、光泽柔和、质地滑爽，使该作品看上去更像一件高档的装饰品，而非实用品。

图 5-9　哈萨克族传统手巾❷　瓶花装饰画

---

❶ 按照用途和尺寸，这类手巾又分成两种，一种用于饭前饭后洗手后擦拭手上的水，另一种用于吃手抓肉、纳仁等食品后擦拭手上的油。

❷ 新疆伊犁哈萨克自治州《哈萨克民间图案集》编辑委员会.哈萨克民间图案集[M].乌鲁木齐：新疆人民出版社,1980:42.

第三节　新疆少数民族现代生活方式下的手工艺设计需求与策略

一、现代生活方式下的手工艺品设计需求

自20世纪末以来，随着国家"牧民安居工程""转移扶贫工程"的实施以及城镇化进程的加快，新疆各族人民群众的生活空间、生活方式、生产方式、审美趣味等都发生了显著的变化。他们对手工艺品的需求，也发生了显著的变化，主要表现在以下六点。

第一，手工艺的使用者发生了显著的变化。"牧民安居工程"大规模实施后，哈萨克族、蒙古族、柯尔克孜族、塔吉克族等游牧民族的生计方式发生了很大的变化。如今，新疆90%以上的游牧人口已经实现了定居，他们一般在春末、夏、秋初放牧，冬天则居住在政府提供的安居房中（图5-10）。他们由逐水草放牧、分散居住的游牧民，变成了牧圈农耕、定居的农民或农牧民。加之，随着城镇化进程的日益推进，大量农牧民从农村移居到城市生活，成为工人、服务人员……他们对工艺品的审美及需求也发生了显著的变化。根据城镇新增就业人口的数量可大致推断这个群体的数量，"2019年，（按农牧区赴）城镇新增就业48.09万人，其中，妇女22.81万人，占比47.43%"❶，他们的设计需求也是一个不可忽视的问题。

图5-10　牧民安居后的住房（2018年3月，笔者在昌吉回族自治州昌吉市阿什里哈萨克族乡二道水村哈萨克村民家拍摄）

第二，手工艺的门类发生了显著的变化。马媛和古丽夏·托依肯娜在《从游牧到定居：新疆布尔津县杜来提乡阿合达木村调查报告》一书中，曾分析过少数民族群众定居后日常生产生活中不穿民族服饰的原因，"以前是游牧生活，使用劳动工

---

❶ 中华人民共和国国务院新闻办公室. 新疆的劳动就业保障[M]. 北京：人民出版社，2020：16.

具的情况少（所以穿民族服饰的机会多），而现在定居以后，是在田里进行耕作，长衣长裤的穿着更便于在地里除草、播种、收割。以前骑马穿靴子是必不可少的，但现在定居后，多是在固定区域内劳动，鞋子则是穿着方便劳动的，因而服饰也就有所改变。"❶

第三，手工艺品的使用空间发生了显著的变化。"牧民安居工程"大规模实施之前，哈萨克族等游牧民族主要生活在草原、林场、山区等地，春、夏、秋三季居住在毡房这种"移动的房子"中，冬天则居住在用土坯或石块垒筑的、被称作"冬窝子"的房子中，或居住在木屋中。为了转场的方便，一座三十来平方米的毡房便集中了房屋的所有功能，毡房内的手工艺品非常丰富，既有用于保暖隔湿的外毡、门帘、芨芨草帘、内毡、围毡、蓬毡、顶毡、地毡等手工艺品，还有用于分割空间的挂帘帏、床前的缎幔、遮盖衣服的布幔等手工艺品，具有实用功能的栅栏绳、围绳或织带、雕花木门、坐垫、垫桌、箱子、绣花褥、枕头、枕巾、枕套、手巾、帽子、靴子、杂物袋等手工艺品，还有壁挂、挂毯、花毡、箱套、包被褥的罩单等装饰品（图5-11）。"牧民安居工程"大规模实施后，牧民的主要生活空间变成了砖混或砖木结构的固定住房，客厅、书房、卧室、餐厅、厨房、卫生间、阳台等空间和功能逐渐分化出来，自来水、电器、天然气、暖气、沙发、床等生活设施也日益普及，电动车、汽车等现代交通工具替代了马、牛、骆驼等畜力。哈萨克族人将装饰毡房的热情转移到了砖瓦房或楼房上，因此砖瓦房或楼房中仍然保留了大量毡房装饰的痕迹。这些新出现的空间需要什么样的手工艺品来填充，这些新出现的器物需要什么样的手工艺品来装饰，这些新出现的功能需要什么样的手工艺品来承载，就成为当

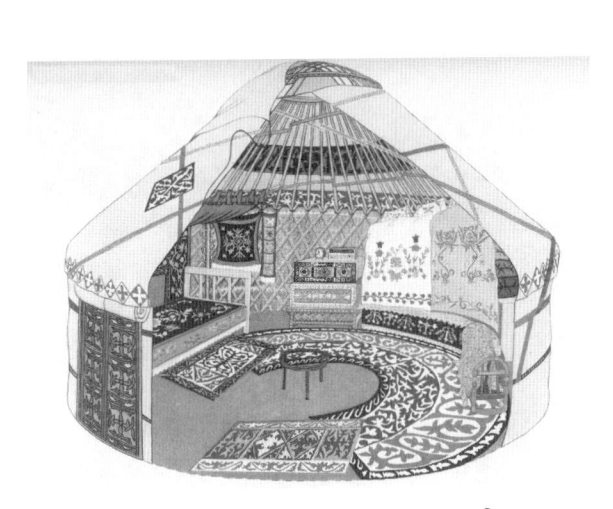

图 5-11　哈萨克族的传统生活空间 ❶

---

❶ 马媛,古丽夏·托依肯娜.从游牧到定居:新疆布尔津县杜来提乡阿合达木村调查报告[M].北京:社会科学文献出版社,2020:116-117.

下手工艺设计迫切需要解决的问题。[1]

第四，手工艺品的功能发生了显著的变化，由以实用为主，转向以装饰性为主。新疆冬天的气温很低，为了保暖，牧民们多选用羊皮、马皮、牛皮、骆驼皮、山羊皮、狐皮等动物的毛皮来制作服饰，其他手工艺品也多围绕动物的皮毛等材料展开制作。此时，牧民的主要需求是保暖等实用性功能，款式、颜色、装饰、时尚等要素并不重要。"牧民安居工程"大规模实施之后，牧民的生活生产环境、设施、条件等都得到了很大程度的改善，保暖的问题已经解决，其不再是手工艺品设计与制作的重要指标，并逐渐让位于款式、颜色、装饰、时尚等需求（图5-12、图5-13）。

图 5-12　哈萨克族"牧民安居"后的"客厅"、火炕与床桌（2018 年 3 月，笔者在昌吉回族自治州昌吉市阿什里哈萨克族乡二道水村哈萨克村民家拍摄）

第五，手工艺所依存的生计方式发生了显著的变化。"牧民安居工程""转移扶贫工程"大规模实施后，新疆各族人民群众的生活环境在得到极大改善的同时，他们的生计方式也发生了显著的变化。2014—2018年，300多户、1500多名哈萨克族人民群众，从中蒙边境的北塔山牧场，搬迁至第六师共青团、芳草湖农场和新湖农场。他们"不再从事游牧生产，转而成为拥有宅基地和耕地的农业种植者"[2]，为了降低他们面对新的生活环境的不适感，政府在原居住地为他们划定了牧场，来维系跟之

---

[1] 新疆伊犁哈萨克自治州《哈萨克民间图案集》编辑委员会.哈萨克民间图案集[M].乌鲁木齐：新疆人民出版社,1980:54.

[2] 马媛,古丽夏·托依肯娜.从游牧到定居:新疆布尔津县杜来提乡阿合达木村调查报告[M].北京:社会科学文献出版社,2020:50.

前生计方式之间的联系。但是,"牧民安居"对游牧民族传统生计方式的冲击和影响依然非常大,之前单一的游牧经济,变为以农为主,或农牧结合的复合型经济。在春、夏、秋这三个宜牧季节,一部分哈萨克族人不再外出放牧,而是在家及周边从事农业或其他产业,他们的牲畜一般会委托给"代牧者"。在不宜牧的冬季,外出的牲畜则会回到主人家里,进行圈棚饲养。也就是说,安居后,传统牧民们的生计方式发生了根本性的变化,农业和养殖业成为主要的生计方式,而游牧成为土地耕种和养殖之外的补充。

第六,游牧民族的审美趣味发生了显著的变化。"牧民安居工程"大规模实施之前,人们喜欢"构图紧凑规整,纹样粗犷夸张,色彩艳丽和谐,刺绣方法奔放自如"❶的刺绣制品(图5-14)。但是,"牧民安居工程"大规模实施之后,哈萨克族人更喜欢构图疏简、纹样细致、色彩柔和、风格细腻的刺绣制品。

图 5-13 哈萨克族"牧民安居"后的"客厅"火炕上层叠的被褥与罩布(2018年3月,笔者在昌吉回族自治州昌吉市阿什里哈萨克族乡二道水村哈萨克村民家拍摄)

图 5-14 哈萨克族"牧民安居"后的"客厅"之火炕上悬挂的壁挂(2018年3月,笔者在昌吉回族自治州昌吉市阿什里哈萨克族乡二道水村哈萨克村民家拍摄)

---

❶ 牛顺莉. 精神家园的守望:巴里坤非物质文化遗产集萃[M]. 桂林:广西师范大学出版社,2015:227.

二、基于时尚生活的手工艺品设计策略

该类手工艺品主要为"牧民安居工程""转移扶贫工程"实施后的少数民族群众，或生活在城镇、城市的少数民族群众而设计，多用作日常家居装饰或实用。这类产品种类丰富繁多，既有土陶、印花布、花毡、刺绣壁挂、地毯等，又有铜腰牌、葫芦烙画、铜雕、骨雕、木雕等。笔者曾在2018年、2019年暑假，连续两次带领石河子大学科技特派员团队和大学生"三下乡社会实践团队"，赴和田地区墨玉县阔依其乡羌古村手工艺厂，实施手工艺扶贫工作。笔者发现该厂生产的地毯存在如下问题：工艺比较粗糙，颜色、纹样款式比较陈旧，品种比较单一，缺乏时代感和时尚性，生产成本高但售价不高，工人劳动负荷大但收益小，这就导致职工的生产积极性不高。他们生产的艾德莱斯绸制品、民族服饰也存在上述问题。下面笔者以家有草原系列仿生儿童凳（图5-15）为例，说明具体的设计策略。

家有草原系列仿生儿童凳是由哈萨克族刺绣设计师——巴彦·卡德尔别克设计并手工制作完成的。同时，该儿童凳还是巴彦·卡德尔别克参加石河子大学承办的国家艺术基金项目"新疆少数民族刺绣衍生品设计人才培养"的结课作品。巴彦·卡德尔别克是由伊犁哈萨克自治州新源县走出的"内高班"哈萨克族学生，后本科考入沈阳建筑大学、硕士考入上海同济大学，毕业后留在上海工作。她非常了解生活在都市的少数民族群众的设计需求，她在这件作品的"设计说明"中如此说："定居之后，尤其是迁入都市生活的哈萨克族人对草原生活一直存在着深深的牵挂，家有草原就成为这些哈萨克族人一生遥不可及的梦想。孩子是哈萨克族人的希望，让孩子了解草原、铭记传统是我们这一代不可推卸的责任，所以该作品是为孩子设计的。"

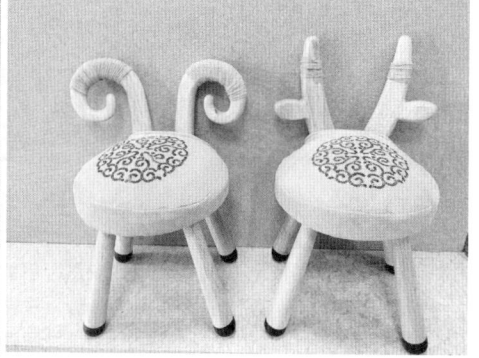

图5-15　为生活在都市的哈萨克族人设计的家有草原系列仿生儿童凳

家有草原系列仿生儿童凳由《羊之萌》《鹿之灵》两件作品组成。鹿和羊在哈萨克族传统文化中具有非常重要的地位。哈萨克族人认为鹿是最美丽、最富有灵性、最聪明、最纯洁的动物，它的角非常美丽，躯体形态和运动姿态都非常漂亮，其声音蕴含着无穷的力量，因此与鹿相关的图案一般都是吉祥、力量、辟邪、纯洁的象征。羊物尽其用，其角可以用来制作乐器、装饰、药材，其肉可以用来食用，其肠可以用来制作琴弦，其皮可以用来制作服饰、鞋帽等。在哈萨克族文化中，羊比鹿具有更为丰富的象征寓意，与羊相关的图案一般都是吉祥、高贵、力量、平安的象征。该组作品宽为30厘米，长为30厘米，高为46厘米，包含实木雕刻和刺绣两种手工艺门类。椅身采用仿生设计，由实木打造，《羊之萌》的主体造型为一只羊的形象，全部用带毛的软羊皮包裹，椅面无毛，其上用赭石色系绣线搭配白色系绣线，运用钩针、斜针等针法绣制出变异羊角纹；《鹿之灵》的主体造型为鹿的双角形象，椅面部分用赭石色系绣线，运用钩针、树枝针、连锁针等针法绣制出变异鹿角纹。

中共中央办公厅、国务院办公厅印发《关于实施中华优秀传统文化传承发展工程的意见》指出："注重实践与养成、需求与供给、形式与内容相结合，把中华优秀传统文化内涵更好更多地融入生产生活各方面。"[1]现代设计师的介入，不仅促进了传统手工艺的技术革新、工艺流程改良和媒材拓展，改善了传统手工艺品的美学品质，使传统手工艺焕发出新的生命力，还提升了传统手工艺的时尚感，促进了传统手工艺的创造性转化和创新性发展，加快了传统手工艺融入现代生活的进程。

第四节　新疆少数民族手工艺旅游文创产品的设计需求与策略

一、手工艺旅游文创产品的设计需求

新疆各级政府都非常重视旅游经济，不仅组织了"援疆省市游客包机入疆"活

---

[1] 中共中央办公厅 国务院办公厅印发《关于实施中华优秀传统文化传承发展工程的意见》[J]. 中华人民共和国国务院公报,2017(6):18-23.

动，还鼓励"新疆人游新疆"，从各方面活跃旅游消费市场。但是，新疆少数民族手工艺旅游文创产品存在选材低劣、制作粗糙、品位不高等问题。出现这一现象的原因，既与旅游经济中一次性消费占比过高、顾客回购率低有关，还与景区文创商店或摊点垄断经营、旅游商品售价偏低有关。以上问题应该引起旅游经济管理者和手工艺品设计者、制作者、销售者的重视。

  景区市场的受众与农村市场具有显著的差异。新疆手工艺类文化旅游品追求鲜明的民族印记和地域特色，这对于新疆形象的传播具有重要的作用。这类手工艺品的目标消费群体是来新疆旅游的人，或是在新疆工作的外地人，或是游览各类综合博览会或手工艺博览会的人，他们购买的主要动机多是基于一种对新疆少数民族文化的猎奇心态。笔者认为，在手工艺旅游文创产品设计时，应对"猎奇心态"保持警惕。新疆西域神游文化艺术有限公司曾推出"抱着新疆美食睡觉"系列工艺文创产品，其中有几款产品为馕、拌面、手抓饭、烤包子、大盘鸡抱枕或靠枕（图5-16）。虽然有人认为"这样的抱枕受到内地游客追捧，成为新疆礼物中的爆款"[1]，但笔者对此不太认同。因为它忽略了"产品的适切性"这一工艺品最基本的审美原则。由食品到家居用品，这种转折或跨度是极富跳跃性的，可能有些游客会因"新奇""另类"而购买，但从本质上而言，这种"新奇""另类"的获得却是以"大众性"的牺牲为代价的，该类手工艺品很难在游客的日常生活中占据很长时间，因为将其融入游客的日常生活是一件非常困难的事情。从新疆手工艺品市场的长期发展而言，这种做法是不利的。

图5-16　新疆西域神游文化艺术有限公司设计的"抱着新疆美食睡觉"系列抱枕

---

[1] 姚刚,任江,张海峰,等. 新疆礼物·新疆之韵 文创产品 用奇思妙想展现新疆韵味[N]. 新疆日报,2020-5-14.

另外,新疆少数民族手工艺品的受众,除了旅游者,还有专攻此研究的学者、学生等群体。他们对新疆的自然人文环境和手工艺知识有着比较全面、深入的认识,他们怀着学术探索的目标,将手工艺品视作窥探该地或民族文化发展机制的重要媒介,因此他们往往偏向于购买具有本真性的手工艺品,而不将猎奇作为购物的主要动力。

二、手工艺旅游文创产品设计策略

手工艺旅游文创产品的主要受众,不是持有该技艺的本地民众,而是到此地旅游的游客。因此,满足游客的心理需求和期待,就成为新疆少数民族手工艺旅游文创产品设计必须要考虑的问题。潘鲁生说:"社会学意义的'脱嵌',不仅表征为生命个体的'人'在地球村不同国别生存场景间的迅速切换,也表现为作为流通商品的手工'物',在脱离了村落原生环境后意义价值的延续与生发。具体而言,一件手工艺品在村落空间被制作出来之后,不仅要在附近的市集、庙会售卖,还会借助旅游业及商品交易、网络交易等形式,进入更为阔大的国内市场乃至全球市场。"❶下面笔者以《松树图案女士时尚护腕》(图5-17)为例,说明具体的设计策略。

《松树图案女士时尚护腕》由伊犁哈萨克自治州尼勒克县哈萨克毡绣和布绣县级代表性传承人加米拉·阿布都热苏力设计并手工制作完成。该护腕的主体图案是松树纹。在哈萨克族传统文化体系中,松树象征着希望、坚强、坚毅、长寿、雄伟、挺拔、抗争和奋斗,常用于床罩、饰帘、被褥盖单、枕套、被罩、手巾、衣罩、针线包、百物袋等物品上。该护腕由两个以松树为主体图案的复合型图案构成。第一个是"四向松树纹",由呈对角线分布的四个单体松树纹和围绕圆圈呈放射状排列的四个不规则三角形图案组成。第二个是"对变形羊角、松树复合纹",由上下对称的两个基本元素组成。每个基本元素的上部为松树纹,下部为变形羊角纹。

图5-17 松树图案女士时尚护腕

---

❶ 贾淘文."女红类"非遗正成为新时代乡土手艺 通过融入品牌、打造IP、引入科技、走向时尚的方式多维度发展[N]. 消费日报,2021-05-12.

综上所述，新疆少数民族手工艺品的设计，理应反映这一变化、满足这一需求。但是经调查，笔者发现当下在市场上流通的新疆少数民族手工艺品，要么沉醉在传统样式里缺少现代性，要么一股脑地追求时尚和现代性而脱离少数民族群众生产生活的语境和文脉，真正满足少数民族群众现代生活需求的手工艺品类却屈指可数。笔者认为，手工艺设计应该在传承优秀传统文化、传播现代生活理念、重塑现代生活方式等方面发挥更重要的作用，但是目前这一作用的彰显并不充分。

余　论

要破解新疆少数民族手工艺设计中存在的上述问题，"组织利益相关者协同设计"是一种被广泛证实的有效措施。丁俊认为："这种方式符合设计的发展趋势，体现了从参与式设计向协同设计（co-design），从重视用户到尊重利益相关者意见的转变。"[1] 当下一般流行如下协同合作模式：政府或公益组织提供资金，科研人员攻克工艺难点，手工艺人提供技术支持，设计师提供创新思路，家庭作坊、农民专业合作社或小微企业提供实践平台。新疆大学、新疆师范大学、石河子大学等承担新疆非遗研培任务的高校以及哈密市传统工艺工作站，在组织利益相关者协同设计领域，进行了不少积极的尝试，取得了显著的成效。下面，笔者以哈密市传统工艺工作站为例，说明"组织利益相关者协同设计"的操作模式。

哈密市传统工艺工作站的主要推动者之一——雅昌文化（集团）有限公司，曾多次组织MOODBOX、灌木、密扇等品牌的优秀设计师赴哈密市调研、学习维吾尔族刺绣，协助维吾尔族绣娘优化图案和产品样式。他们将"利益相关者协同设计"的思路，贯穿进手工艺设计资源挖掘、手工艺品制作、包装设计、品牌培育、销售链条拓展的全过程中。他们在设计过程中，与哈密刺绣艺人的分工与合作，不仅提升了传统手工艺人的审美能力、接受能力，还丰富了设计师的在地知识，加强了设计师对设计对象及受众的了解。手工艺人和设计师等利益相关者，在"协同设计"的过程中，都获得了成长。

---

[1] 丁俊. 新疆维吾尔族模戳印花布图案的转化设计路径[J]. 装饰，2021(5)：142-143.

在"铸牢中华民族共同体意识""文化润疆"时代背景下,"组织利益相关者协同设计"这一模式还具有重要的社会意义。"新疆哈密站的驻站设计师们,因长期住在绣娘家,已经与当地人产生了深厚的感情,在哈密文化局局长的主持下,他们举行了认亲仪式,每个人都认到了自己的维吾尔族亲戚,还有了维吾尔族的名字。"❶目前,这一协同设计模式已成为高校设计学科办学、成果转化与技术推广、社会服务能力提升、民族团结的重要载体。承担文化和旅游部、教育部、人力资源和社会保障部非遗研培计划的石河子大学文学艺术学院和新疆非遗研究中心,也因此获得"第十批全国民族团结进步示范区示范单位"荣誉称号。

---

❶ 张晓莉. 文化的力量——传统工艺工作站综述 [EB/OL]. 光明网,2018-03-11.

参考文献

[1] 中华人民共和国国务院新闻办公室. 新疆的劳动就业保障[M]. 北京：人民出版社, 2020.

[2] 中华人民共和国国务院新闻办公室. 新疆的职业技能教育培训工作[N]. 人民日报, 2019-08-17.

[3] 中华人民共和国国务院新闻办公室. 新疆的文化保护与发展[M]. 北京：人民出版社, 2018.

[4] 宋俊华. 非物质文化遗产蓝皮书：中国非物质文化遗产保护发展报告(2021)[M]. 北京：社会科学文献出版社, 2022.

[5] 肖远平, 柴立, 王伟杰, 等. 少数民族非遗蓝皮书：中国少数民族非物质文化遗产发展报告(2020)[M]. 北京：社会科学文献出版社, 2021.

[6] 宋俊华. 非物质文化遗产蓝皮书：中国非物质文化遗产保护发展报告(2019)[M]. 北京：社会科学文献出版社, 2020.

[7] 肖远平, 柴立, 王伟杰, 等. 少数民族非遗蓝皮书：中国少数民族非物质文化遗产发展报告(2019)[M]. 北京：社会科学文献出版社, 2020.

[8] 宋俊华. 非物质文化遗产蓝皮书：中国非物质文化遗产保护发展报告(2018)[M]. 北京：社会科学文献出版社, 2018.

[9] 肖远平, 柴立, 王伟杰, 等. 少数民族非遗蓝皮书：中国少数民族非物质文化遗产发展报告(2018)[M]. 北京：社会科学文献出版社, 2018.

[10] 宋俊华, 李惠. 非物质文化遗产蓝皮书：中国非物质文化遗产保护发展报告(2017)[M]. 北京：社会科学文献出版社, 2017.

[11] 肖远平, 柴立, 王伟杰. 少数民族非遗蓝皮书：中国少数民族非物质文化遗产发展报告(2017)[M]. 北京：社会科学文献出版社, 2017.

[12] 柴立, 肖远平, 王伟杰. 少数民族非遗蓝皮书：中国少数民族非物质文化遗产发展报告(2016)[M]. 北京：社会科学文献出版社, 2016.

[13] 陈平, 朱钢. 非物质文化遗产蓝皮书：中国非物质文化遗产发展报告(2015)[M]. 北京：社会科学文献出版社, 2015.

[14] 柴立, 肖远平, 王伟杰. 少数民族非遗蓝皮书：中国少数民族非物质文化遗产发

展报告(2015)[M].北京:社会科学文献出版社,2015.

[15] 姜晓兵,石佳婷.2021年丝绸之路经济带电子商务发展报告[M]//司晓宏,白宽犁,谷孟宾.丝绸之路蓝皮书:丝绸之路经济带发展报告(2022).北京:社会科学文献出版社,2022:62-80.

[16] 姜晓兵,赵于壄.2020年丝绸之路经济带电子商务发展报告[M]//司晓宏,白宽犁,谷孟宾.丝绸之路经济带发展报告(2021).北京:社会科学文献出版社,2021.

[17] 李婷."十三五"打赢新疆深度贫困区脱贫攻坚战[M]//丁守庆,刘国防,王宁.西北蓝皮书:中国西北发展报告(2021).北京:社会科学文献出版社,2021:129-143.

[18] 姜晓兵,杜步元.2019年丝绸之路经济带电子商务发展报告[M]//司晓宏,白宽犁,谷孟宾.丝绸之路经济带发展报告(2020).北京:社会科学文献出版社,2020.

[19] 宋建华.2019年新疆生态文明建设报告[M]//陈玮,孙发平,马起雄,等.西北蓝皮书:中国西北发展报告(2020).北京:社会科学文献出版社,2020:161-177.

[20] 王保卫,姜月,郑凯鑫.新疆新兴经济特区发展报告[M]//陶一桃,袁易明.经济特区蓝皮书:中国经济特区发展报告(2019).北京:社会科学文献出版社,2020:364-385.

[21] 姜晓兵,刘力明.2018年丝绸之路经济带电子商务发展报告[M]//白宽犁,谷孟宾.丝绸之路蓝皮书:丝绸之路经济带发展报告(2019).北京:社会科学文献出版社,2019:54-67.

[22] 姜晓兵,曹鹏.2017年丝绸之路经济带电子商务发展报告[M]//任宗哲,白宽犁,谷孟宾.丝绸之路经济带发展报告(2018).北京:社会科学文献出版社,2018:49-61.

[23] 刘作奎.中国和中东欧16国电子商务发展状况报告[M]//刘作奎.中国和中东欧国家电子商务合作发展报告(2017).北京:社会科学文献出版社,2018:1-34.

[24] 姜晓兵,李亚楠,何珊.2016年丝绸之路经济带电子商务发展报告[M]//任宗哲,白宽犁,谷孟宾.丝绸之路蓝皮书:丝绸之路经济带发展报告(2017).北京:社会科学文献出版社,2017:215-231.

[25] 周子强,平懿,聂丽清.传统技艺类非物质文化遗产发展报告[M]//张圣才,傅安平,刘爱华.江西非物质文化遗产发展报告(2016).北京:社会科学文献出版社,2016:155-169.

[26] 中国地标品牌声誉评价课题组.2021中国地理标志农产品品牌声誉评价报告[R].北京:中国农业品牌研究中心,2022.

[27] 宋建华.新疆"十三五"规划主要目标完成情况评估报告[M]//丁守庆,刘国防,王宁.西北蓝皮书:中国西北发展报告(2021).北京:社会科学文献出版社,2021:202-224.

[28] 王丹.2019年中国少数民族非物质文化遗产保护实践与传承创新研究报告[M]//

丁宏,马金生.少数民族发展蓝皮书:中国少数民族事业发展报告(2019~2020).北京:社会科学文献出版社,2020:131-155.

[29] 劳秀汶.2020年中国非物质文化遗产数字化保护研究综述报告[M]//李凤亮,周建新,胡鹏林,等.文化科技蓝皮书:文化科技创新发展报告(2020).北京:社会科学文献出版社,2020:306-323.

[30] 马衣努·沙那提别克.2019年北京市对口支援新疆研究报告——以和田地区为例[M]//丁宏,马金生.少数民族发展蓝皮书:中国少数民族事业发展报告(2019~2020).北京:社会科学文献出版社,2020:220-231.

[31] 孙若风,宋晓龙,王冰,等.湖南,新疆,海南乡村振兴大事摘编[M]//孙若风,宋晓龙,王冰,等.乡村振兴蓝皮书:中国乡村振兴发展报告(2021).北京:社会科学文献出版社,2022:330-330.

[32] 王宏丽.2021年新疆经济高质量发展状况分析[M]//司晓宏,白宽犁,王建康,等.西北蓝皮书:中国西北发展报告(2022).北京:社会科学文献出版社,2022:149-162.

[33] 郭东旭,张辉,张满菊.2020年乡村妇女手工艺发展与后扶贫时代的贫困治理——基于贵州的实践案例[M]//王兴骥,王国勇,高刚,等.贵州社会发展报告(2021).北京:社会科学文献出版社,2021:344-360.

[34] 新疆维吾尔自治区企业社会责任的地方性法规制[M]//朱海珅.企业社会责任地方立法研究.北京:社会科学文献出版社,2021:302-330.

[35] 王保卫,陈仕敏,李聿岢.2019年新疆新兴经济特区发展报告[M]//陶一桃,袁易明.经济特区蓝皮书:中国经济特区发展报告(2020).北京:社会科学文献出版社,2021:341-362.

[36] 张栋.中国新疆与中亚五国合作的现状及展望[M]//孙力,肖斌,杨进.中亚黄皮书:中亚国家发展报告(2020).北京:社会科学文献出版社,2020:215-232.

[37] 新疆电子商务研究课题组.新疆跨境电子商务发展调研报告(2019)[M]//张大卫,喻新安,王小艳,等.中国跨境电商发展报告(2020).北京:社会科学文献出版社,2020:437-463.

[38] 于宝升,单雄强,张蓓.2019年新疆温泉县康养产业发展报告[M]//何莽,彭菲,杜洁,等.中国康养产业发展报告(2019).北京:社会科学文献出版社,2020:287-302.

[39] 国家质量监督检验检疫总局,国家标准化管理委员会.地理标志产品标准通用要求:GB/T 17924—2008[S].北京:中国标准出版社,2008.

[40] 国家市场监督管理总局,中国国家标准化管理委员会.新疆山羊:GB/T 36185—2018[S].北京:中国标准出版社,2018.

[41] 国家市场监督管理总局,国家标准化管理委员会.棉印染布:GB/T 411—2017.

[S].北京:中国标准出版社,2017.

[42] 国家市场监督管理总局,中国国家标准化管理委员会.棉本色布:GB/T 406—2018[S].北京:中国标准出版社,2018.

[43] 国家质量监督检验检疫总局,国家标准化管理委员会.涤纶长丝绣花线:GB/T 28466—2012[S].北京:中国标准出版社,2012.

[44] 国家质量监督检验检疫总局,国家标准化管理委员会.涤纶绣花线色卡:GB/T 28467—2012[S].北京:中国标准出版社,2012.

[45] 国家市场监督管理总局,中国国家标准化管理委员会.玉雕制品工艺质量评价:GB/T 36127—2018[S].北京:中国标准出版社,2018.

[46] 中华人民共和国工业和信息化部.草编制品:QB/T 2934—2018[S].北京:中国标准出版社,2018.

[47] 国家市场监督管理总局,中国国家标准化管理委员会.苏绣:GB/T 38029—2019[S].北京:中国标准出版社,2019.

[48] 国家质量监督检验检疫总局,国家标准化管理委员会.手工打结藏毯:GB/T 22768—2008[S].北京:中国标准出版社,2008.

[49] 国家质量监督检验检疫总局,国家标准化管理委员会.手工地毯 绒头长度的测定方法:GB/T 15965—2008[S].北京:中国标准出版社,2008.

[50] 国家质量监督检验检疫总局,国家标准化管理委员会.紫砂陶器:GB/T 10816—2008[S].北京:中国标准出版社,2008.

[51] 高莉,王京鑫,牛乐.乡村振兴背景下的妇女手工艺生产——临夏州东乡县刺绣扶贫车间调查研究[J].青海民族大学学报(社会科学版),2022(1):51-57.

[52] 李婷.新疆全面推进乡村振兴路径研究[M]//司晓宏,白宽犁,王建康,等.西北蓝皮书:中国西北发展报告(2022).北京:社会科学文献出版社,2022:304-317.

[53] 唐璐璐.荷兰传统手工艺的当代发展路径及对中国的启示[J].艺术评论,2022(1):38-46.

[54] 吾斯曼·吾木尔.新时期新疆不断强化丝绸之路经济带核心区建设发展研究[M]//司晓宏,白宽犁,王建康,等.西北蓝皮书:中国西北发展报告(2022).北京:社会科学文献出版社,2022:221-233.

[55] 刘继文,良警宇.生活理性:民族特色产业扶贫中农村妇女的行动逻辑——基于贵州省册亨县"锦绣计划"项目的经验考察[J].中国农村观察,2021(2):15-27.

[56] 王黎明.1995~2019年新疆维吾尔自治区工业化进程[M]//黄群慧,李芳芳.中国工业化进程报告(1995~2020).北京:社会科学文献出版社,2020.

[57] 艾哈迈德·艾维达,贾铮,王业娜,等.文化遗产与可持续旅游:世界银行集团在消除极端贫困方面的努力(2011~2017)[M]//宋瑞,金准,李为人,等.旅游绿皮书:2019—2020年中国旅游发展分析与预测.北京:社会科学文献出版社,

2020:136-147.

[58] 陆继霞,吴丽娟,李小云.扶贫车间对农村妇女空间的再造——基于河南省的一个案例[J].妇女研究论丛,2020(1):36-46.

[59] 陈麟.组织,技术与效率:浙江省手工业社会主义改造研究[M].北京:社会科学文献出版社,2020.

[60] 胡宜挺,王亚南,李敏楠.手工艺专业合作社促农增收成效及对策研究——基于新疆15家刺绣专业合作社、140个农户的调查[J].中国农民合作社,2020(7):59-62.

[61] 朱韬,谢洪忠,肖杰丁.民族服饰的保护与传承及其产业扶贫路径研究——基于怒江傈僳族自治州民族服饰非物质文化遗产扶贫就业工坊的考察[J].民族艺术研究,2020(4):150-156.

[62] 蔡昉.中国奇迹背后:改革的逻辑与学理[M].北京:社会科学文献出版社,2020.

[63] 李小云,陈邦炼,宋海燕,等."妇女贫困"路径的减贫溢出与赋权异化——一个少数民族妇女扶贫实践的发展学观察[J].妇女研究论丛,2019(2):5-16.

[64] 邱春林.2018年度中国工艺美术发展研究报告[R].北京:中国艺术研究院,2019.

[65] 刘倩,夏文菁,胡玥,等.新疆民俗数字博物馆的原型设计与科普应用[M]//中国科学技术馆.科普资源开发与创新实践.北京:社会科学文献出版社,2019:366-372.

[66] 董鸿安,丁镭.基于产业融合视角的少数民族农村非物质文化遗产旅游开发与保护研究——以景宁畲族县为例[J].中国农业资源与区划,2019(2):197-204.

[67] 马建云."乡村旅游+文化创意"产业融合发展的发力点[J].人民论坛,2019(16):138-139.

[68] 杜娟.新疆牧民定居问题调查研究——以富蕴县为例[M]//何星亮,郭宏珍.宗教信仰与民族文化(第十一辑).北京:社会科学文献出版社,2018:291-297.

[69] 阿赫麦德·约瑟夫.埃及手工艺和民间艺术的保护与发展[M]//陈平,李凌川."一带一路"文化遗产合作交流(2017)国际高峰论坛成果集.北京:社会科学文献出版社,2018:19-23.

[70] 塔提雅娜·西涅利尼科夫娃.俄罗斯民间艺术与手工艺保护经验[M]//陈平,李凌川."一带一路"文化遗产合作交流(2017)国际高峰论坛成果集.北京:社会科学文献出版社,2018:56-62.

[71] 皮埃尔·弗朗西斯科·傅马利.意大利艺术、手工艺和人文传统的保护与可持续发展[M]//陈平,李凌川."一带一路"文化遗产合作交流(2017)国际高峰论坛成果集.北京:社会科学文献出版社,2018:52-55.

[72] 潘浩.新疆"访惠聚"驻村工作的实践与思考[M]//高建龙,苏成.2017~2018年

新疆经济社会形势分析与预测.北京:社会科学文献出版社,2018:316-327.

[73] 马艳.新疆维吾尔自治区成立60周年新疆研究专题综述[M]//郭宏珍,何星亮.宗教信仰与民族文化(第十一辑).北京:社会科学文献出版社,2018:326-333.

[74] 潘鲁生.保护·传承·创新·衍生——传统工艺保护与发展路径[J].南京艺术学院学报(美术与设计),2018(2):46-52.

[75] 张建军,汪俊.富民工程与民生改善[M].北京:社会科学文献出版社,2018.

[76] 臧小戈.老手艺的新语境——电视媒体在传统手工艺传承中的功能[M]//赵屹,张长征,孔宏图.2017民间文艺研究论丛年选佳作·民间工艺.北京:社会科学文献出版社,2018:225-230.

[77] 穆罕德塞·侯赛因·萨曼.手工艺的保护与传承——论手工艺在培植地方制作能力、激励自主创业、增加旅游吸引力中的作用、重要性及必要性[M]//陈平,李凌川."一带一路"文化遗产合作交流(2017)国际高峰论坛成果集.北京:社会科学文献出版社,2018:38-41.

[78] 徐福英,刘涛.产业融合视域下乡村旅游产品创新路径:价值链的解构与重构[J].社会科学家,2018(4):106-111.

[79] 朱文博,陈永福,司伟.基于农业及其关联产业演变规律的乡村振兴与农村一、二、三产业融合发展路径探讨[J].经济问题探索,2018(8):171-181.

[80] 韩江波."环—链—层":农业产业链运作模式及其价值集成治理创新——基于农业产业融合的视角[J].经济学家,2018(10):97-104.

[81] 李玉双,邓斌.我国乡村产业发展面临的困境及对策[J].湖湘论坛,2018(6):159-165.

[82] 刘海洋.乡村产业振兴路径:优化升级与三产融合[J].经济纵横,2018(11):111-116.

[83] 张祖群.我国饮食类非物质文化遗产的传承与发展(2003~2017)[M]//邢颖,黎素梅,于干千.餐饮产业蓝皮书:中国餐饮产业发展报告(2018).北京:社会科学文献出版社,2018:239-262.

[84] 张安虎.新疆南疆地区精准扶贫问题研究[M]//任宗哲,白宽犁,王建康,等.西北蓝皮书:中国西北发展报告(2017).北京:社会科学文献出版社,2017:316-328.

[85] 赖力.精准扶贫与妇女反贫困:政策实践及其困境——基于贵州省的分析[J].华中农业大学学报(社会科学版),2017(6):20-26,148-149.

[86] 地力木拉提·吾守尔.加快新疆特色农业转型升级的对策[M]//魏后凯,王兴国,翁鸣,等.农业转型升级与农村全面发展.北京:社会科学文献出版社,2017:120-125.

[87] 梁树广,马中东.农业产业融合的关联度、路径与效应分析[J].经济体制改革,2017(6):79-84.

[88] 杨晶,丁士军.农村产业融合、人力资本与农户收入差距[J].华南农业大学学报(社会科学版),2017(6):1-10.

[89] 张朵朵.风险中的具身知识:设计师介入地方传统手工艺的人类学反思[J].南京艺术学院学报(美术与设计),2016(2):36-40,187.

[90] 马楠.民族地区特色产业精准扶贫研究——以中药材开发产业为例[J].中南民族大学学报(人文社会科学版),2016(1):128-132.

[91] 刘彦随,周扬,刘继来.中国农村贫困化地域分异特征及其精准扶贫策略[J].中国科学院院刊,2016(3):269-278.

[92] 谢尚果,胡美术.少数民族地区精准扶贫问题研究[J].学术论坛,2016(9):118-123.

[93] 闫坤,于树一,刘新波.论引入性别因素的精准扶贫——以绵阳市特困县为例[J].华中师范大学学报(人文社会科学版),2016(6):1-7.

[94] 赵斌,托合塔尔·塔吾肯.合作社发展与民族文化传承:以新疆昌吉市阿什里哈萨克族乡刺绣专业合作社为例[J].昌吉学院学报,2016(1):17-23.

[95] 金江波.地方重塑:非遗传承与乡村复兴[J].公共艺术,2016(2):58-60.

[96] 张文松,王敏.当代维吾尔族民间刺绣工艺的活态与反思——基于对吐鲁番地区部分民族手工艺农民专业合作社的考察[J].装饰,2016(7):99-101.

[97] 陈岸瑛.非物质文化遗产保护中的守旧与革新[J].美术观察,2016(7):11-14.

[98] 张黎.个人想象与集体认同:手作设计的当代意涵[J].装饰,2016(2):86-88.

[99] 王林,李敏.产业集聚与文化变迁:旅游场域中的民族手工技艺传承——以"靖西绣球"与"新华银器"为例[J].广西民族研究,2016(4):135-141.

[100] 张学渝.技艺社会史:传统工艺研究的另一种视角[J].东北大学学报(社会科学版),2017(1):15-19.

[101] 徐艺乙.城镇化进程中传统手工艺的保护与发展[J].贵州社会科学,2015(9):77-83.

[102] 汪三贵,郭子豪.论中国的精准扶贫[J].贵州社会科学,2015(5):147-150.

[103] 李建军,陈彤.新疆文化事业发展战略[M]//李建军,陈彤.新疆文化发展战略研究.北京:社会科学文献出版社,2015.

[104] 赵华,于静.新常态下乡村旅游与文化创意产业融合发展研究[J].经济问题,2015(4):50-55.

[105] 刘解龙,陈湘海.精准扶贫的几个基本问题分析[J].长沙理工大学学报(社会科学版),2015(6):98-104,125.

[106] 王国勇,邢溦.我国精准扶贫工作机制问题探析[J].农村经济,2015(9):46-50.

[107] 马盛德.非物质文化遗产生产性保护中的相关问题[J].艺术设计研究,2014(2):73-75.

[108] 雅各布·伊弗斯,胡冬雯,张洁.人类学视野下的中国手工业的技术定位[J].民族学刊,2012(2):1-10,91.

[109] 马东平.社会性别视角下的少数民族妇女贫困问题研究[J].甘肃理论学刊,2011(5):79-84,106.

[110] 向云驹.保护与传承老手艺的五条原则[J].设计艺术(山东工艺美术学院学报),2009(5):45.

[111] 马文静.民族地区传统手工艺的传承与发展问题探讨[J].贵州民族研究,2009(1):37-41.

[112] 郑世艳,吴国清.消除能力贫困——农村反贫困的新思路[J].农村经济与科技,2008(6):24-26,62.

[113] 华觉明.传统手工技艺保护、传承和振兴的探讨[J].广西民族大学学报(自然科学版),2007(1):6-10.

[114] 蔡丰明.中国非物质文化遗产的文化特征及其当代价值[J].上海交通大学学报(哲学社会科学版),2006(4):64-69,80.

[115] 伍琼华.云南少数民族妇女手工艺品市场化策略[J].云南民族大学学报(哲学社会科学版),2005(4):36-39.

[116] 亚西,扎呷.西部大开发中的西藏传统民族手工艺[J].中国藏学,2003(2):8-14.

[117] 方李莉.文化生态失衡问题的提出[J].北京大学学报(哲学社会科学版),2001(3):105-113.

[118] 胡平.中国传统手工艺的复兴[J].装饰,1999(6):10-14.

[119] 折晓叶.村庄的再造:一个超级村庄的变迁[M].北京:商务印书馆,2020.

[120] 严飞.穿透:像社会学家一样思考[M].上海:上海三联书店,2020.

[121] 李俊.中国古村落旅游开发适宜性研究:以新疆南疆地区为例[M].武汉:华中科技大学出版社,2020.

[122] 刘娜娜.新疆农村一二三产业融合发展研究[M].北京:中国农业出版社,2020.

[123] 蔡昉.中国奇迹背后:改革的逻辑与学理[M].北京:社会科学文献出版社,2020.

[124] 李培林.社会学与中国社会巨变[M].北京:社会科学文献出版社,2020.

[125] 国家统计局新疆调查总队.新疆调查研究报告(2019)[M].北京:中国统计出版社,2019.

[126] 张霞,潘明明,胡建元.基于人力资本视角的新疆反贫困问题研究——以新疆集中连片特困区为例[M].北京:经济管理出版社,2019.

[127] 孔祥智,等.乡村振兴的九个维度[M].广州:广东人民出版社,2018.

[128] 刘林.新疆连片特困地区少数民族贫困农户自我发展能力提升研究[M].北京:经济科学出版社,2018.

[129] 夏文斌.区域公平的当代建构——以新疆为例[M].北京:中国社会科学出版社,2016.

[130] 闫海龙.丝绸之路经济带——新疆开放发展新机遇[M].北京:经济管理出版社,2016.

[131] 夏敏.当代中国农村地区社会资本研究[M].北京:社会科学文献出版社,2015.

[132] 王灵桂.新疆民族发展简史[M].北京:社会科学文献出版社,2015.

[133] 王灵桂.新疆发展简史[M].北京:社会科学文献出版社,2015.

[134] 李建军,陈彤,等.新疆文化发展战略研究[M].北京:社会科学文献出版社,2015.

[135] 安·邓纳姆.困境中求生存——印度尼西亚的乡村工业[M].徐鲁亚,等译.北京:民族出版社,2013.

[136] 新疆维吾尔自治区党委政策研究室.新疆人口发展与计划生育研究[M].北京:社会科学文献出版社,2013.

[137] 新疆维吾尔自治区文化厅.新疆非物质文化遗产名录图典[M].乌鲁木齐:新疆青少年出版社,2012.

[138] 李盛刚.中国西部民族地区农村发展:基于自我发展能力研究[M].北京:民族出版社,2010.

[139] 柳宗悦.工艺文化[M].徐艺乙,译.桂林:广西师范大学出版社,2006.

[140] 费孝通,张之毅.云南三村[M].北京:社会科学文献出版社,2006.

[141] 爱德华·露西·史密斯.世界工艺史:手工艺人在社会中的作用[M].朱淳,译.杭州:中国美术学院出版社,1993.

[142] 廖盖隆.马克思主义百科要览·下卷[M].北京:人民日报出版社,1993.